Oetinger

W0416401

ISABELL MAY

BLOODSONG

ODINES PROPHEZEIUNG

Verlag Friedrich Oetinger · Hamburg

1. Auflage

Dieses Werk wurde vermittelt durch die
Langenbuch & Weiß Literaturagentur
© Umschlaggestaltung: M. D. Hirt
Unter Verwendung © Shutterstock, VolodymyrSanych /
Nik Merkulov / Bokeh Blur / Background / NotjungCG
und © Adobe Stock Cattallina / warmtail / Sergi /
mitev / human_antithesis / ZinetroN / pablomundo
Druck und Bindung: GGP Media GmbH,
Karl-Marx-Straße 24, 07381 Pößneck, Deutschland
Printed 2024
ISBN 978-3-7512-0458-3

www.oetinger.de

TEIL 1

KAPITEL 1

Oona

Die Kraya fixiert mich mit ihrem tiefroten Auge.

Das Blut in meinen Adern singt, sein Rauschen schwillt an, reagiert auf die Nähe der Bestie. Es schreit nach ihr.

Doch ich bleibe ganz ruhig. Stehe mitten auf der Lichtung, die von dunklen Baumriesen wie von düsteren Wächtern umgeben ist.

Wie von selbst findet meine Hand das Kit. Mit einer raschen Bewegung löse ich die Schnürung und wickle das glattschwarze Leder auf, in das die filigranen Nadeln und Klingen eingerollt sind. Silbrig reflektieren sie das Licht des Mondes, der bleich und voll am Nachthimmel steht. Mit großer Sorgfalt wähle ich das richtige Instrument: eine lange Hohlnadel mit feiner Spitze.

Ich weiß, dass ich genug Zeit für dieses Ritual habe. Ich habe meine Gegnerin studiert und kenne sie gut genug, um zu wissen, dass sie mich noch nicht attackieren wird, sondern mich noch eine kleine Weile aus der Ferne beobachtet. Dennoch lasse ich die

Bestie während meiner Vorbereitungen nicht aus den Augen, keine Sekunde lang. Trotz aller Studien bleibt sie letztendlich unberechenbar. Jede Unaufmerksamkeit könnte mein Ende bedeuten.

Nur undeutlich kann ich ihre Umrisse zwischen den Bäumen erkennen, doch ihr Unheil verkündend loderndes Auge verrät mir, wo sie ist. Witternd hebt sie den Kopf, atmet gierig meinen Geruch ein. Mein Fleisch ist es, wonach sie sich verzehrt: Menschenfleisch. Doch sie hat nicht begriffen, dass ich kein Mensch bin.

Nicht wirklich.

Nicht ganz.

Den Schmerz nehme ich kaum wahr, es ist nur ein winziges Piksen, mit dem die Nadel die Haut an meiner Fingerspitze durchdringt. Im bleichen Mondlicht wirkt der Blutstropfen, den ich mir entnommen habe, beinahe schwarz. Das Rauschen wird lauter, wie das Summen eines Bienenschwarms dröhnt es von innen gegen meine Ohren.

Augenblicklich wird die Nacht heller, alle Konturen klarer. Einen Blutstropfen habe ich geopfert, doch was ich dafür bekomme, ist so viel mehr: Stärke. Schnelligkeit. Schärfere Sinne. Mein Atem beschleunigt sich, und ich kann nicht anders, als zu grinsen. Der Kampf steht unmittelbar bevor, ich vibriere förmlich vor Anspannung.

Die Nadel passt perfekt in die Vertiefung am Griff

meines Neuntöters. Ein Ruck schießt durch die Waffe, als das Blut in die feinen Rillen sickert. Ein leichter, kaum wahrnehmbarer Schimmer geht vom dunklen Metall aus.

Sobald ich am Griff drehe, schnellt eine schmale Dolchklinge hervor. Meine Waffe ist einsatzbereit.

Ich bin bereit.

Und wie auf ein geheimes Kommando hin bricht die Kraya zwischen den Bäumen hervor, wird von den Schatten förmlich ausgespien. Ein fleischgewordener Albtraum aus Zähnen, Klauen und borstigem schwarzem Fell, das in spärlichen Büscheln kaum die bleiche Haut bedeckt. Die sehnigen Muskeln treten deutlich hervor.

Ein runder Kopf thront auf ihren breiten Schultern. Ihr breites Maul verzieht sich zu einer Mischung aus Grinsen und Zähnefletschen, wobei sie viel zu viele Zähne entblößt. Das Grauenhafteste ist das einzelne riesige Auge, das mitten auf ihrer Stirn sitzt und in flammenden Farben leuchtet. Der Blick jagt mir eine Gänsehaut über den Rücken.

»Komm doch.« Der Wind trägt mein Flüstern weit. »Komm und versuch dein Glück.«

Und das tut sie. Mit gewaltigen Sprüngen setzt sie auf mich zu. In ihren Bewegungen und ihrer Statur ähnelt sie einem der hageren Affen, die in den Tiefen der dunklen Tannenwälder hausen, schießt es mir durch den Kopf – mit ihren langen Armen und der gebeugten Körperhaltung. Doch die langen, gifttriefenden Klauen und Zähne, der Blick und ihre Blutgier lassen gar keinen Zweifel daran: Das ist kein Tier. Die Kraya ist etwas völlig anderes. Eine Bestie.

Reglos wie eine Statue stehe ich da, bis sie ganz nah bei mir ist. So nah, dass mir ihr übler Geruch in die Nase steigt. Sie kann ihr Glück kaum fassen, weil ihr vermeintliches Opfer es ihr so leicht macht. Die Mundwinkel ziehen sich noch weiter in die Breite, beinahe bis zu den Ohren – zu einem grausamen, mordlüsternen Grinsen.

Im letzten Moment lasse ich mich fallen, drehe mich geschickt, stütze mich mit einer Hand auf dem Boden auf und ramme mit der anderen den Neuntöter empor. Die Kraya setzte gerade zum tödlichen Sprung an und segelt über mich hinweg. Der Dolch dringt mit Leichtigkeit durch ihre Haut und hinterlässt einen langen Schnitt seitlich an ihrem Bauch.

Sie kreischt auf, mehr aus Überraschung als vor Schmerz. Hat sie je erlebt, dass ein Mensch, den sie als Beute im Blick hatte, ihr etwas entgegensetzte? Wurde sie je von einer Waffe verletzt? Vermutlich nicht. Aber eine Blutjägerin ist kein normaler Mensch, und ein frisch geschliffener, durch freiwillig geopfertes Blut verstärkter Neuntöter durchdringt selbst dicke, ledrige Bestienhaut.

Ein paar Schritte von mir entfernt kommt sie zum Stehen. Wir starren einander an. Gier und Hunger schreien mir aus ihrem Blick entgegen. Meine Hand schließt sich fester um den Metallgriff des Neuntöters.

Noch eine Drehung am Griff, und der komplexe Mechanismus im Inneren der Waffe setzt sich mit einem Klacken und Rattern in Bewegung. Der Dolch verschwindet, stattdessen schnellt eine Schwertklinge hervor. Ich brauche eine größere Reichweite.

Diesmal warte ich nicht auf ihren Angriff. Ein Schrei bricht aus mir hervor und macht meiner Anspannung Luft. Mein Arm zuckt nach vorn, das Schwert beschreibt einen silbrigen Bogen und schnellt auf die Kraya zu.

Alles scheint gleichzeitig zu geschehen. Sie macht einen Satz zur Seite, doch noch während sie sich in Sicherheit bringt, schlägt sie nach mir.

Sie ist unglaublich schnell. Das Blutopfer hat meine Reflexe verbessert, aber sie reichen nicht aus. Die Wucht, mit der ihr Arm gegen meine Brust prallt, treibt mir die Luft aus der Lunge. Tränen schießen mir in die Augen, und einen Moment lang kann ich nicht atmen. Verschwommen sehe ich den nächsten Schlag auf mich zukommen.

Das Gift! Die Krallen der Krayas bringen den Tod, ich darf mich nicht kratzen lassen. Alle wissen, dass eine Kratz- oder Bisswunde einem ausgewachsenen Mann nach einer Stunde den Tod bringt, einem Pferd nach einem halben Tag. Einer jungen Frau? Mit Sicherheit schneller, als mir lieb ist.

Keuchend werfe ich mich zur Seite. Bei der ruckartigen Bewegung schießt ein greller Schmerz durch meinen Brustkorb.

Die Krallen streifen meine Schulter – gleiten aber an meinem Rüststück aus Rostkrabbenpanzer ab, das meine Schultern und Oberarme schützend umschließt. Die knöchernen Platten sind hart genug, um der Bestienattacke zu widerstehen. Gleichzeitig federt das Moos, das die Lichtung bedeckt, meinen Sturz ab.

Der Geruch feuchter Erde in meiner Nase.

Das Klimpern, mit dem mir der Anhänger vors Gesicht rutscht: die Glasphiole, die ich an einem eisenbeschlagenen Lederband um den Hals trage.

Gestochen scharfe Eindrücke, die ich nur einen Herzschlag lang wahrnehme.

Kaum dass ich den Boden berühre, bin ich auch schon wieder auf den Beinen, federe hoch, springe nach hinten und fixiere die Kraya.

Niemals unvorsichtig werden, habe ich Marus' ruhige Stimme im Ohr. *Ganz gleich, wie viele Bestien du schon erlegt hast, es wird nie zur Routine.*

Einer Urgewalt gleich fällt sie über mich her. Krallen blitzen im Mondlicht auf. Zähne schlagen direkt vor meinem Gesicht zusammen. Mein blasses Antlitz spiegelt sich im Blutrot ihres Auges.

Ich weiche aus, springe zurück, ducke mich haarscharf unter ihren Angriffen hindurch. Frustriert heult sie auf. Sie will fressen, will die Zähne in mein Fleisch graben, statt mich quer über die Lichtung zu verfolgen. Sie reißt die langen Arme hoch, lässt sie auf mich niederrasen. Und diesmal ist es nicht nur Geschicklichkeit, sondern pures Glück, dass ich nicht getroffen werde.

Ich stoße mich vom Boden ab, bringe mich mit einem verzweifelten Hechtsprung in Sicherheit. Verliere das Gleichgewicht und lande auf den Knien, statt sofort wieder auf die Füße zu kommen.

Jeder meiner Atemzüge ist ein Keuchen. Ich brauche mehr: mehr Stärke, mehr Geschwindigkeit. Und um mehr zu bekommen, muss ich mehr geben.

Keine Zeit, das Nadelkit hervorzuholen. Blitzschnell fahre ich mit der Hand über die scharfe Schwertschneide. Mein dickflüssiges Blut glitzert schwarzrot im Mondlicht, fließt zäh über die Klinge. Der Neuntöter scheint es regelrecht zu trinken, und das Metall schimmert sofort intensiver.

Frischer Sauerstoff strömt in meine Lunge. Ich spüre die Kraft, die in mir anschwillt. Mein Herz pocht schneller. Ich springe aus meiner knienden Position auf die Bestie zu wie eine angreifende Schlange. Sie faucht, als das Schwert ihren Arm streift.

Schlag um Schlag, Schritt für Schritt treibe ich sie vor mir her. Ihr Blick verändert sich. Sie ist überrascht, vielleicht beunruhigt. Doch ihre Gier überwiegt.

Sie täuscht von rechts an, wirft sich dann unvermittelt nach links, segelt mit einem Brüllen von der Seite auf mich zu – rasant, doch dank meines Blutopfers scheint alles verlangsamt abzulaufen, als würde sich die Welt um mich herum durch zähen Honig bewegen. Blanke Zähne und gifttriefende Klauen nähern sich meinem Gesicht.

Unzählige Male habe ich für solche Situationen trainiert. Unzählige Male haben meine Muskeln diese Bewegungen durchgeführt – nicht nur im Training, sondern auch in etlichen Kämpfen.

Ich bin vorbereitet.

Die Kraya kreischt markerschütternd auf, als das Schwert in ihr Fleisch dringt. Ich habe den Neuntöter zwischen uns gebracht und meinen Oberkörper gleichzeitig zurückgebeugt. In rasender Wut schnappt sie nach mir, kommt aber nicht an mich heran. Ich rieche den muffigen Gestank ihres Atems und ihres Fells.

Ich muss es zu Ende bringen. Dazu bin ich hier. Ich setze ihr einen Fuß auf die Brust, zerre das Schwert mit einem kräftigen Ruck aus der Wunde.

Eine weitere Drehung am Griff meiner Waffe. Ein weiteres hartes, metallisches Klacken. Die Sensenklinge, die aus dem Griff hervorschießt, sirrt leise, als sie die Nachtluft durchschneidet.

Meine Muskeln spannen sich an. Ich stoße mich ab, springe aus dem Stand hoch, schwinge die Sense. Die gebogene Klinge saust durch die Luft und trifft ihr Ziel.

Einen Augenblick lang scheint die Zeit stillzustehen. Die Kraya erstarrt. Ihr Auge wird matt, blickt ins Leere. Mit einem Seufzen, das beinahe menschlich klingt, sinkt sie in sich zusammen.

Schwer atmend stehe ich über meiner Beute. Eine tiefe Stille hat sich wie eine Decke über die Lichtung gesenkt und hüllt sie ein. Der laue Nachtwind streichelt meine Haut.

Die Schnittwunde an meiner Hand pocht und fühlt sich heiß an. Bei jedem Atemzug schießt ein Stich durch meinen Brustkorb. Doch die Blessuren sind nicht der Rede wert, sie werden schnell verheilen. So viel schneller als bei den meisten Menschen.

Die Verletzungen, die meine Gegnerin erlitten hat, werden hingegen nicht heilen. Blut färbt ihr schütteres Fell an Hals, Brust und Bauch dunkel und lässt es nass glänzen. Das hungrige Lodern in ihrem Auge ist erloschen. Nun starrt sie bloß noch ins Leere, in eine andere Welt, ins Nichts.

Und einen winzigen Moment gestatte ich mir, in mich hineinzuhorchen, mich zu fragen, was das gerade mit mir gemacht hat. Spüre ich Triumph? Erleichterung? Einen Hauch von Trauer um meine tapfere Gegnerin?

Nein. Nichts davon. Nichts regt sich in mir, nur das dumpfe Pochen meines Herzens nehme ich wahr.

Es musste getan werden, und ich habe es geschafft. So einfach ist das.

Meine Hand schließt sich um die Glasphiole, die um meinen Hals baumelt und in der sich ein kleines Büschel schwarzer, borstiger Haare befindet. Seit es mir ausgehändigt wurde, hat es mich geleitet und mir wie ein Kompass den Weg zu meinem Ziel gezeigt. Je näher ich der Kraya kam, desto heißer hat sich das Glas der Phiole angefühlt. Jetzt aber ist es eiskalt, die Wärme des magischen Artefakts ist erloschen, ebenso wie das Leben der Kraya. Der Auftrag ist erfüllt.

Die Kraft, die mir die Blutmagie verliehen hat, ebbt ab. Die Nacht wird dunkler, die Konturen weicher. Die Bäume, die die Lichtung einrahmen und an denen ich gerade noch jedes Detail wahrgenommen habe, verschwimmen mit dem nächtlichen Himmel und verlieren sich schwarz vor dem tiefen Dunkelblau. Und ganz langsam, allmählich, kehren zaghafte Waldgeräusche zurück: der Schrei eines Käuzchens, ein Rascheln im Unterholz, sachtes Flügelschlagen. Die Tiere, die wegen der Nähe der wilden Kraya atemlos und angsterstarrt verharrt haben oder geflohen waren, wagen sich wieder aus ihren

Verstecken. Während unseres Kampfes war der Wald kurzzeitig wie leer gefegt, jetzt ist die Gefahr vorbei, und die ganze Tierwelt atmet auf.

Drei Dinge eigne ich mir von jeder Beute an, die ich erlegt habe. Wieder kommt mein Kit zum Einsatz. Geradezu feierlich entrolle ich das weiche Leder, ziehe eine Hohlnadel und ein Skalpell hervor. Das Blut, das ich der Bestie entnehme, muss ich Marus mitbringen. Es verleiht uns Blutjägerinnen und Blutjägern Stärke.

Das Zweite, was ich der Kraya entreiße, ist ein Zahn: ein Beweis dafür, dass ich den Auftrag erfolgreich abgeschlossen habe. Der Dorfvorsteher, der die Jägergilde beauftragt hat, muss mit eigenen Augen sehen und begreifen, dass die Bevölkerung nicht mehr in ständiger Furcht vor der Bestie leben muss, die die Gegend terrorisiert hat.

Das Dritte, was ich an mich nehme, ist für mich allein bestimmt. Eine Trophäe. Um die Bestie nicht zu vergessen, die durch meine Hand ihr Leben verloren hat. Etwas, was ich bei mir trage, was ein Teil meiner Rüstung wird oder was ich als Waffe nutzen kann.

So wie die rotbraunen Panzerplatten der Rostkrabbe, die Fischerboote nahe der Küste versenkt und badende Kinder verschleppt hat. Nun umschließen sie meine Schultern und schützen mich wie eine zweite Haut.

Oder wie die Knochenschale, die ich aus dem Schädel eines Mantikors gefertigt habe. Wie das nachtschwarze Feuerkatzenleder, aus dem meine eng anliegende Hose besteht. Und die dunkel schimmernden Schuppen, die meine Korsage verstärken.

Mit ruhigen Handgriffen schneide ich der Kraya eine ihrer langen, scharfen Krallen mitsamt der Giftdrüse ab. Der Tag, an dem ich sie einsetzen kann, wird bestimmt kommen.

Ich halte mein Gesicht in den Nachtwind, atme den Duft des umliegenden Waldes ein und schließe für einen Moment die Augen. Mein rasender Puls beruhigt sich. Ich ziehe mir die Kapuze meines Umhangs über den Kopf, um meine flammend roten Locken zu verbergen. Der Umhang ist schwarz, wie beinahe all meine Kleidungsstücke, damit ich zu meiner bevorzugten Jagdzeit besser mit meiner Umgebung verschmelze.

Bevor ich mich auf den Rückweg zur Festung begebe, schaue ich die leblose Kraya ein letztes Mal an und streiche über ihr Gesicht, um das jetzt mattrote, glanzlose Auge zu schließen. Sogar nun, da sie mit verdrehten Gliedern auf dem Moos liegt, wirkt sie gigantisch.

Sie war eine Bestie. Zu gefährlich, um weiterzuleben – aber wie schon so oft frage ich mich, ob ich mich wirklich so stark von ihr unterscheide.

KAPITEL 2

Odine

Kandierte Pfirsiche aus dem Süden Garas. Zuckermandeln. Der Veilchensirup, nach dem die Damen bei Hof momentan so verrückt sind … Das Öl, mit dem ich mich hinter den Ohren und an den Handgelenken betupfe, lässt mich wie eine Dessertkreation duften. Wäre ich gerade nicht so nervös, würde mir bestimmt der Magen knurren.

Meine Füße, die in Seidenschuhen mit kleinen Absätzen stecken, scheinen den weißen Marmorboden kaum zu berühren. Ich schwebe förmlich durch den Ballsaal, will alles gleichzeitig sehen, überall gleichzeitig sein. Mein fliederfarbenes Kleid raschelt bei jedem Schritt, der weit schwingende Rock wippt, und das silberbestickte Korsett zaubert mir eine Wespentaille. Wie voluminöse Wolken umschmeicheln die hauchfeinen Ärmel meine Schultern.

Mein Blick fällt in einen der goldgerahmten Spiegel, die zwischen der Seidentapete und den Gemälden an den Wänden angebracht ist. Die Zofe, die mir heute geschickt wurde, versteht ihr Handwerk:

Kunstvoll geflochtene, schmale Zöpfe sind zu einem Kranz um meinen Kopf gelegt und mit lila Blumen geschmückt. Der Rest meiner Haare fließt in sanften Wellen goldblond bis zu meiner Taille. Ich blicke in meine eigenen Augen – glänzend und erwartungsvoll geweitet. Die Aufregung zaubert eine sanfte Röte auf meine Wangen.

Wie lange habe ich auf diesen Tag gewartet? Es fühlt sich an, als wäre mein ganzes Leben auf dieses eine Ereignis zugesteuert. Auf diesen einen, rauschenden Ball am Königshof. Die größte Veranstaltung, die ich je besucht habe und auf der ich in die Gesellschaft eingeführt werde, weil ich nun kein Kind mehr bin.

Das Bild im Spiegel verändert sich, es verrutscht um eine Winzigkeit, als verschöbe sich die Wirklichkeit. Immer noch sind es meine Gesichtszüge, mein spitzes Kinn, meine Lippen, meine dunklen Augen, die mir entgegengeworfen werden. Und doch ist auf einmal etwas anders als zuvor. Da liegt etwas in meinem Blick, das gerade noch nicht da war – etwas Fremdes. Eine Fremde, die nur so aussieht wie ich, schaut mir aus meinen Augen entgegen.

Doch ganz fremd ist sie mir nicht, und sie macht mir auch keine Angst. Seit meiner Kindheit ist sie mir vertraut, wenngleich sie noch nie ein Wort an mich gerichtet hat.

»Mädchen«, flüstere ich dem Spiegel zu und lächle.

Das Mädchen, anders habe ich sie nie genannt, einen anderen Namen hat sie nicht.

Seit ich denken kann, ist sie da. Manchmal blickt sie mir aus dem Spiegel oder aus glatten Wasseroberflächen entgegen, oder sie besucht mich in meinen Träumen. Meine imaginäre Freundin, so haben meine Zofen, meine Eltern und Geschwister sie genannt. Bis ich irgendwann aufgehört habe, sie zu erwähnen, weil mir aufgefallen ist, dass mein Umfeld die Geschichten von ihr nach einer Weile seltsam oder beunruhigend fand.

Sie redet nie. Oft erwidert sie mein Lächeln, manchmal winkt sie mir sogar zu, jetzt aber wirkt sie besorgt. Ernst schaut sie mich an, ihre braunen Augen sind verdunkelt.

Ich zwinkere ihr unbeschwert zu, dann wende ich mich mit einem Schulterzucken ab. Jetzt gibt es andere Dinge, mit denen ich mich beschäftigen muss. Es ist der Abend, dem ich so lange entgegengefiebert habe. Über den ich nächtelang voll Aufregung mit Freundinnen getuschelt habe und den ich jetzt aus vollen Zügen genießen will.

Tanzpaare wirbeln durch den Raum und sind dabei herausgeputzt wie Paradiesvögel, schillern in allen Nuancen des Regenbogens. Mein Herz hüpft in meiner Brust, als wolle es einen eigenen Tanz aufführen, und schon gleich werde ich mich in diesen Reigen einreihen und mich von der Musik mitreißen lassen. Doch noch zögere ich den Moment hinaus, genieße die prickelnde Vorfreude.

Die üppigen Perlen und Edelsteine, die an Hälsen, Armen und Ohren der Damen glitzern, fangen das Licht der unzähligen Kerzen ein. Taft und Seide, kostbarer Brokat und schwerer Samt glänzen um die Wette.

Die Musiker auf der Bühne tragen Weiß und Gold. Die Melodien, die sie spinnen, sind so mitreißend, dass ich kaum stillhalten kann. Während sie ihren Saiteninstrumenten herzergreifend schöne Klänge entlocken, tobt hinter den Bleiglasfenstern ein Unwetter, das uns hier drin nichts anhaben kann.

»Na, Schwesterherz? Was dir der Spiegel wohl zeigen wird? Bist du schon gespannt?« Nerina hakt sich bei mir unter. Ihre Locken sind sorgfältig auf dem Kopf aufgetürmt und mit unzähligen juwelengeschmückten Nadeln in Form gehalten.

Wie auf ein gemeinsames Kommando hin schauen wir zum Spiegel. Nicht zu einem der vielen verzierten, die an den Wänden hängen und den Raum um ein Vielfaches größer wirken lassen. Sondern zu dem klobigen, eckigen Spiegel, der das Herzstück des Ballsaals bildet und den vorhin zehn Männer hereintragen mussten. Noch ist er mit dunklen Tüchern verhüllt – bis zum Höhepunkt des Abends: dem Wahrspruch.

Eine prickelnde Gänsehaut bildet sich auf meinen

Armen. Um Mitternacht wird der Spiegel enthüllt. Die weise Frau wird allen Mädchen, die in diesem Jahr achtzehn Jahre alt geworden sind und auf dem Ball in die Gesellschaft eingeführt werden, mithilfe des Spiegelglases die Zukunft vorhersagen. So will es die Tradition.

Ich grinse, um die atemlose Spannung abzuschütteln, die mich befallen hat. »Hauptsache, ich bekomme nicht den gleichen Schicksalsspruch wie du. Mit allem anderen kann ich leben.«

Nerina zieht eine leidende Grimasse. Meine Schwester ist gerade mal ein Jahr älter als ich und hatte dementsprechend letztes Jahr ihren großen Auftritt auf dem Ball. Ich war mit meinen siebzehn Jahren damals zu jung, um dabei zu sein, doch sie hat mir alles so lebhaft geschildert, dass ich es förmlich vor meinen eigenen Augen gesehen habe. Sowohl ihre Vorfreude konnte ich mir gut vorstellen als auch ihr fassungsloses Gesicht, als ihr der Spiegel nicht etwa eine Heirat mit einem schönen Mann oder ein Leben in ewig währendem Reichtum prophezeite, sondern üppigen Kindersegen: Vier Söhne und vier Töchter soll sie gebären.

»Das hat noch Zeit«, beschließt sie jetzt energisch. »Viel, viel Zeit. Niemand sagt, dass sich ein Wahrspruch innerhalb der nächsten Jahre bewahrheiten muss.«

Ich nicke. »Stimmt. Das Thema kannst du immer

noch in Angriff nehmen, wenn du ein achtzigjähriges Weiblein bist.«

Sie kneift mich in den Arm. »Biest. Jetzt lachst du noch, aber wenn dir der Spiegel dein Gesicht mit Pockennarben zeigt, fließen bittere Tränen.«

»Prinzessin Odine.« Ein junger Mann in elegantem azurblauem Dreiteiler verneigt sich anmutig vor mir. »Darf ich um diesen Tanz bitten?«

»Prinz Leander Hohenfels. Gute Partie, ehrwürdige Familie, weitläufige Ländereien«, raunt Nerina mir zu, bevor ich meine Hand in seine lege, mich mitreißen lasse und meine Schwester aus dem Blick verliere.

Die Klänge der Violinen und Klarinetten, Harfen und Lauten ziehen mich in ihren Bann. Ich spüre den Seidenstoff, aus dem das Jackett des Prinzen gefertigt ist, unter meinen Fingern und rieche sein Parfum, das meinem ähnelt: süß, fruchtig und so üppig, dass mir beinahe schwindelig wird.

Prinz Leander hat ein umwerfendes Lächeln und ist ein hervorragender Tänzer. Gekonnt führt er mich durch die kompliziertesten Tanzfiguren. Ich folge möglichst grazil den Kreuzschritten, drehe mich um die eigene Achse, hebe und senke die Arme, wann immer der Takt der Musik es vorgibt. Jeden der Tänze, die bei Hofe üblich sind, beherrsche ich im Schlaf, und jeder Schritt ist mir in Fleisch und Blut übergegangen. Es ist ein essenzieller Teil der höfischen Bildung, die jedem Mädchen aus hohen Kreisen zuteilwird.

Immer schneller spielen die Musiker, immer schneller drehen wir uns im Walzer über die Tanzfläche, bis alles vor meinem Blick verschwimmt – die anderen Tanzpaare ebenso wie das große, dunkle Rechteck des verhüllten Spiegels. Nerina tanzt derweil mit ihrem Verlobten. Natürlich handelt es sich um eine arrangierte Ehe, doch meine Schwester hat es gut getroffen und hegt tatsächlich Gefühle für den Prinzen, mit dessen Familie die Verbindung geschmiedet wurde.

Meine großen Brüder stehen etwas abseits und unterhalten sich lachend mit anderen jungen Adligen.

Meine Eltern sitzen an der langen Tafel mit all den anderen Fürsten und Fürstinnen, Grafen und Gräfinnen, die das Geschehen im Ballsaal aufmerksam verfolgen und in Gespräche vertieft sind, statt selbst am Tanz teilzunehmen. An diesem Tisch werden vermutlich gerade Bündnisse geschlossen, Vereinbarungen getroffen, Intrigen geschmiedet. Verbündete werden verraten, es wird um Macht und Einfluss gefeilscht. Diese hochherrschaftlichen Damen und Herren sind eine Meute von Hyänen, jederzeit bereit, ihrem Nächsten, den sie gerade mit schönen Worten umgarnen, ein Messer in den Rücken zu stoßen, nur um die Grenzen ihres eigenen Einflussbereichs um ein paar Meilen zu verschieben.

Und in der Mitte der Tafel das Königspaar, beide silberhaarig und hochgewachsen. Hoheitsvoll und milde lächeln sie, doch hinter diesem Lächeln verbirgt sich eine Härte, die nötig ist, um sich innerhalb Garas in einer solchen Machtposition zu halten. Die Wachen, die sich hinter König Arren und Königin Megwar platziert haben, halten sich zwar diskret im Hintergrund, stehen da jedoch nicht ohne Grund. Ihre bloße Präsenz macht klar, dass sie jederzeit bereit sind, ein Attentat abzuwehren, wenn es nötig sein sollte.

Auf rauschenden Festen wie diesem kommt die hohe Gesellschaft Garas zusammen, alle scheinen einander wohlgesonnen zu sein, doch das täuscht. Unser Zwergkontinent ist ein Flickenteppich aus kleinen Königreichen, Fürstentümern, Grafschaften, die einander permanent bekriegen und stets um die Oberhand ringen. Morgen schon kann es sein, dass einer dieser feinen Herren oder eine der eleganten Damen die eigenen Soldaten gegen jene der benachbarten Grafschaft in die Schlacht schickt. Wo heute höfliche Konversation betrieben wird, kann morgen Blut fließen. Wer das Spiel nicht mitspielt, wird von ihm verschlungen.

Aber darüber muss ich mir nicht den Kopf zerbrechen. Als jüngste Tochter an einem Fürstenhof werde ich nie diejenige sein, die die Fäden zieht. Meine einzigen Aufgaben bestehen darin, pflichtbewusst zu meinen Unterrichtsstunden zu erscheinen, die mich zu einer formvollendeten, heiratsfähigen Lady machen sollen – um schlussendlich eine Partie zu machen, die meinem Elternhaus nutzt.

An der Hand von Prinz Leander wirble ich durch den Raum. Mein weit schwingender Rock bauscht sich um meine Beine und fliegt, als ich mich drehe. Der kostbare Familienschmuck an meinem Hals klimpert. Ein Lachen bahnt sich den Weg aus meiner Kehle. Wie herrlich das alles ist! Nicht zu vergleichen mit den kleinen Tanzbällen, die meine Eltern manchmal bei uns auf dem Hof abhalten, um die langen, harten Winter zu versüßen.

Im Schwung schnappe ich mir eines der Gläser mit Perlwein, die auf Tabletts umhergetragen werden, löse mich von Leander und fertige ihn mit einem strahlenden Lächeln ab. Wunderbar süß prickelt das Getränk in meinem Mund, verschafft mir aber nicht die Abkühlung, die ich mir erhofft habe. Meine Wangen fühlen sich warm an.

»Prinzessin Odine. Wie reizend, Eure Bekanntschaft zu machen. Ich muss gestehen, ich habe dem Tag Eures ersten Balls entgegengefiebert. Man hört viel über Eure Schönheit, und keines der Worte war eine Übertreibung«, schmeichelt ein weiterer Adelssohn, kniet nieder und bittet galant um den nächsten Tanz. Tief schaut er mir in die Augen. Nur zu gern lege ich meine Hand in seine.

Noch rasanter spielt die Musik. Ich spüre das Pochen meines Pulses in meiner Kehle. Der Raum scheint sich um mich zu drehen wie ein einziges großartiges Karussell voller Attraktionen, Glitzer und Glanz. Ich bin trunken, trunken vor Glück.

Viel zu schnell verfliegt die Zeit, die Stunden erscheinen mir wie ein Augenblick, der mit einem Wimpernschlag vorüber ist. Das Schlagen des Gongs bringt mich zur Besinnung, schwankend und lächelnd halte ich inne. Die Musiker lassen ihre Instrumente sinken.

Königin Megwar erhebt sich. Zu ihrer Linken und Rechten stehen Wächter. Ihre klare Stimme ist nicht laut, trägt aber weit in dem Raum, in dem von einem Augenblick auf den anderen völlige Stille herrscht.

»Es ist an der Zeit«, sagt sie. »Zeit, zu hören, welche Zukunft den jungen Damen und welche Zukunft Gara damit beschieden ist.«

Wir wissen, was zu tun ist. Jede von uns hat sehnsüchtig auf diesen Moment gewartet und ihn wieder und wieder im Kopf durchgespielt. Das ist der eigentliche Grund, warum wir an den Königshof eingeladen wurden. Aus allen umliegenden Grafschaften und Fürstentümern Garas sind wir angereist, um hier, am Regierungssitz, unser Schicksal zu erfahren.

Mit gemessenen Schritten gehe ich mit den anderen Mädchen nach vorn, die im Laufe des Jahres seit dem letzten Ball die Volljährigkeit erlangt haben. Vor dem Spiegel stellen wir uns auf. Das Herz schlägt mir bis zum Hals, verstohlen wische ich mir die verschwitzten Hände am Seidenrock ab.

Die Menge teilt sich, als die weise Frau den Ballsaal betritt und nach vorn kommt. Ich weiß nicht, was ich erwartet habe – vielleicht weiße Haare und ein runzliges Gesicht? Wallende Gewänder und klimpernde Armreifen? Auf den ersten Blick ist sie unscheinbar, eine schlanke, fast hagere Frau ungefähr im Alter meiner Mutter. Doch im Gegensatz zu dieser unternimmt sie nichts, um die Fältchen um ihren Mund und die Augen zu kaschieren. Ihr Kleid ist einfach und schmucklos und erinnert in dem tristen Grau an die Aufmachung einer Gouvernante. Zwei Wächter machen Anstalten, sie nach vorn zu geleiten, doch mit einer ungeduldigen Geste verscheucht sie die beiden Männer.

Ich halte den Atem an und merke, dass alle ringsumher es mir gleichtun, als die weise Frau das Tuch packt und den Spiegel mit einem einzigen, kräftigen Ruck enthüllt. Im ersten Moment unterscheidet er sich optisch kaum von einem normalen Alltagsgegenstand, ist schlicht und hat keine Verzierungen. Ein Rahmen aus dunklem Holz fasst das rechteckige Glas ein, in dem ich jetzt die staunenden Gesichter der Ballgesellschaft sehe. Doch als die Frau die Oberfläche beinahe zärtlich berührt, findet eine unheimliche Wandlung mit dem Gegenstand statt: Was gerade noch starr war, scheint auf einmal flüssig zu werden und sich zu bewegen. Der Spiegel verdunkelt sich, gleicht auf einmal schwarzem Wasser, das stetig durch den Rahmen fließt. Ein Raunen geht durch die Menge.

Von außen peitscht der Wind Regen gegen die Fenster. Bisher haben Musik, Stimmen und Gelächter den Lärm des Gewitters beinahe vollständig übertönt, doch nun, da die Klänge verstummt sind, kann man es nicht mehr überhören. Der Wind heult wie ein wildes Tier. Oder eher wie eine der grauenhaften Bestien, die sich da draußen tummeln. Kurz frage ich mich tatsächlich, ob dort gerade eine dieser Kreaturen umherschleicht, auf der Suche nach einem hilflosen Menschen, den sie töten und fressen kann.

Die Vorstellung jagt mir einen Schauer über den Rücken, doch es ist eher ein wohliges Gruseln. Denn auch bei Unwetter und Sturm sind wir hier drinnen im Schloss geschützt. All die Ballgäste werden die Nacht hinter den hohen Mauern verbringen und erst am nächsten Tag, wenn die Sonne scheint und die Gefahr kleiner ist, in ihre gepanzerten Kutschen steigen und auf direktem Wege zu ihren eigenen Schlössern, Burgen oder Gutshäusern fahren. Zu jeder Zeit werden sie dabei von bewaffneten Leibgardisten begleitet werden. Und am Ziel angekommen, werden sie sich auch dort hinter Mauern verschanzen.

Der stechende Blick der weisen Frau mustert mich und die anderen Achtzehnjährigen. Lilian neben mir zittert. Ich kenne sie schon lange und möchte wetten, dass sie nervös ist, statt sich auf ihren Wahrspruch zu freuen. Aber was könnte es Aufregenderes geben? Ich kann es kaum erwarten, an die Reihe zu kommen.

»Du. Eredyn. Komm nach vorn.« Ohne sich mit Floskeln aufzuhalten, deutet die Frau mit ihrem dünnen Finger auf ein Mädchen, das ich noch nie gesehen habe. Vielleicht eine Adlige aus den äußeren Provinzen nahe der Küste.

Hat jemand die weise Frau zuvor darüber aufgeklärt, wer von uns welchen Namen trägt? Es hätte mich nicht gewundert, wenn sie einfach so gewusst hätte, wer wir sind. Schon ihre Augen verraten ihre Außergewöhnlichkeit. Gelb und habichtartig sind sie, Augen, aus denen sie aufmerksam jede von uns mustert und mit denen sie jetzt Eredyn fixiert.

Hocherhobenen Hauptes und mit durchgedrücktem Rücken tritt das Mädchen nach vorn. Die Anspannung ist ihr anzumerken. Der straffe Flechtzopf fällt ihr schwarz glänzend und mit Perlen geschmückt über den Rücken. Das waldgrüne Samtkleid betont ihre schlanke Statur. Ihre Hände zittern, aber in ihren Augen liegt ein erwartungsvoller Glanz, als sie sich vor den Spiegel stellt. Ich sehe sie von hinten, doch als die weise Frau den Spiegelrahmen kurz berührt, wird das Bild wieder klar, und wir alle sehen die Reflexion von Eredyns blassem, schönem Gesicht im Glas.

Die Frau murmelt ein Wort, das so fremdartig klingt, dass ich es mir weder merken noch es aussprechen könnte. Im Spiegel ist immer noch Eredyn zu sehen, doch der Rest des Raumes verblasst und macht einem anderen Bild Platz: Endlos weite Wiesen erstrecken sich bis zum Horizont, Gräser und Wildblumen wiegen sich sachte im Wind, und Pfirsichbäume stehen in voller Blüte. In der Ferne sind vereinzelt Berge mit markant geformten Gipfeln zu sehen, die ich von Bildern und Landkarten kenne, die mir einer meiner Lehrmeister in unserer Bibliothek gezeigt hat.

»Dein Weg führt dich in den Süden«, spricht die weise Frau aus, was im Spiegel zu sehen ist.

Tosender Applaus folgt auf ihre Worte.

Detaillierter ist Eredyns Wahrspruch nicht. Nun kann sie sich den Kopf darüber zerbrechen, wann und auf welche Weise sie im milden Süden Garas landen wird. Wird eine Heirat sie dorthin führen? Oder erwartet sie ein ganz anderes Schicksal? Als Eredyn nun zurückkommt und sich wieder zwischen uns einreiht, sind ihre Wangen sanft gerötet.

»Siehst du? Alles nicht schlimm«, flüstere ich der nervösen Lilian aufmunternd zu.

Diese bringt ein schwaches Lächeln zustande und wirkt nicht mehr so verzagt.

»Odine.« Als ich meinen Namen aus dem Mund der weisen Frau höre, zucke ich zusammen. Jetzt spüre ich sie auch, die Aufregung, die Nervosität. Tief atme ich ein und aus, als ich mich mit wackeligen Knien vor den Spiegel stelle. Mein Herz donnert wie wild in meiner Brust.

Er ist da. Der große Moment ist gekommen. Ich bin an der Reihe.

Ich sehe mich selbst, mein fliederfarbenes Kleid, die Goldwellen meiner Haare bis zu meinen Hüften. Die Neugier im Braun meiner Augen. Die Ballgesellschaft hinter mir, dann die anderen Mädchen, weiter hinten meine Eltern, Nerina, das Königspaar.

Was ist mir vorbestimmt? Großes? Schönes? Tief in mir weiß ich, dass mir der Spiegel etwas Aufregenderes prophezeien wird als Nerina mit ihrem Kindersegen. Oder will ich das nur glauben?

Es sind lediglich ein paar Augenblicke, bis sich die Reflexion verändert, doch mir erscheint es wie eine Ewigkeit, weil ich so begierig darauf bin.

Weiße Blumen erscheinen in meinem Haar, so täuschend echt, dass ich unwillkürlich an meinen Kopf fasse, obwohl ich weiß, dass sie in Wirklichkeit nicht da sind. Mein Spiegelbild trägt ein prachtvolles weißes Kleid, über und über bestickt mit Perlen.

Ich will jauchzen, tanzen! Nur, weil ich in wichtiger Gesellschaft bin, reiße ich mich zusammen.

Ein Brautkleid! Das schönste, das ich je sah. Eine märchenhafte Zukunft steht mir bevor, ich weiß es genau.

Die weise Frau öffnet den Mund, um etwas zu sagen.

Und in dem Moment ändert sich alles.

Rot.

Ein tiefroter Fleck entsteht auf dem schneeweißen Kleid, genau da, wo sich mein Herz befindet. Mein Spiegelbild reißt die Augen auf und öffnet den Mund zu einem stummen Schrei, während ich selbst vor Schreck erstarre.

Mehr Rot.

Der Fleck wird größer, breitet sich aus. Frisst das unschuldige Weiß. Erreicht die Ärmel, den Rock. Kriecht bedrohlich langsam über den ganzen Spitzenstoff, bis mein Spiegelbild in einem blutroten Kleid dasteht.

Die Blumen im Haar welken und fallen zu Boden. Doch sie landen nicht auf Marmor, sondern in einer roten Lache, die sich um die Füße meiner Reflexion ausgebreitet hat. Tropfen für Tropfen fällt weiteres Rot zu Boden, dick und zähflüssig, quillt über den Saum des Kleides und vereint sich mit dem See aus

Blut, in dem das Mädchen im Spiegel steht und dessen Pegel immer höher steigt.

Ein Wimmern bricht aus meiner Kehle hervor und hallt unnatürlich laut durch die unheimliche Stille, die sich über den Saal gelegt hat. Niemand spricht ein Wort, niemand scheint zu atmen. Nur der Sturm heult, heult so laut und zornig, als wollte er das ganze Schloss niederreißen.

Ich weiß, was das Bild bedeutet, auch wenn mein Verstand sich weigern will, es zu realisieren. Jeder kennt und fürchtet diese Prophezeiung, doch nicht in meinen schlimmsten Albträumen hätte ich für möglich gehalten, dass mich dieser Wahrspruch treffen könnte. Nicht mich. Niemanden, den ich kenne.

Alle Blicke sind auf mich gerichtet. Ich taumle einen Schritt rückwärts, reiße mich vom Spiegel los und schaue mit aufgerissenen Augen um mich. Jeder einzelne Mensch im ganzen Ballsaal starrt mich an. Die Zeit scheint stillzustehen, niemand bewegt sich. Niemand außer mir.

»Die Rote Witwe.« Unnatürlich laut hallt die Stimme der weisen Frau durch den Saal, hallt von den Wänden und dem Marmorboden wider.

Als wäre es nötig, das auszusprechen.

Als wüssten nicht alle hier Anwesenden, was das bedeutet: Ich bin verdammt. Und jeder in meinem Umfeld dazu.

Ich kann den Moment, in dem die Stimmung umschlägt, förmlich mit Händen greifen. Den Augenblick, in dem sich etwas in den Blicken verändert.

Der Wahrspruch der Roten Witwe bringt nicht nur Unheil über mich. Sondern über all jene, die mit mir zu tun haben.

Verzweifelt schaue ich zu meiner Familie. Sie werden trotz allem zu mir stehen, oder etwa nicht?

Meine Mutter hat sich beide Hände auf den Mund gepresst, ihre Augen sind weit aufgerissen. Als ich einen Schritt auf sie zutaumle, weicht sie zurück, obwohl uns noch viele Meter trennen und sie fast am anderen Ende des Raums steht.

Mein Vater fasst sich an die Brust und wendet den Blick ab.

Meinen großen Brüdern steht grimmiger Zorn in die Gesichter geschrieben. Und auf einmal begreife ich: Keiner von ihnen wird seine glänzende Zukunft für mich aufgeben. Für die kleine, verdammte Schwester, für die ohnehin jede Hilfe zu spät kommt, nachdem ihr das Bild der Roten Witwe erschienen ist. Keiner von ihnen wird sich freiwillig von mir in den Abgrund reißen lassen.

Nerina wendet den Blick ab. Und ich weiß von einer Sekunde auf die andere, dass ich allein bin.

Königin Megwar richtet den Zeigefinger auf mich, wie auf ein ekelhaftes Insekt.

Doch König Arren ist es, der mit seinen Worten mein Schicksal besiegelt. Während des bisherigen

Fests hat er einen behäbigen, fast schläfrigen Eindruck gemacht und seiner Gattin das Rampenlicht überlassen, aber jetzt donnert seine Stimme durch den Saal: »Ergreift sie!«

Sämtliche Wachen im Raum greifen nach ihren Waffen – sogar die Leibgardisten meiner Eltern, die mit uns angereist sind, um unsere körperliche Unversehrtheit sicherzustellen. Das metallische Klirren geht mir durch Mark und Bein.

Ein letztes Mal schaue ich meine Familie an, drehe mich um die eigene Achse, sehe in all die abweisenden Gesichter. Werfe einen Blick auf den Traum, den ich achtzehn Jahre gelebt habe. Sehe meine Zukunft bersten, zersplittern und in tausend kleine Scherben zerspringen.

Die Wachen bewegen sich auf mich zu – bereit, mich zu ergreifen und mit Waffengewalt gegen mich vorzugehen. Plötzlich bin ich die größte Gefahr, die sich in diesem Schloss befindet. Der Tod ist mir sicher, wenn sie mich erwischen. Niemand, nicht einmal meine Familie, wird mich schützen.

Ich fahre herum, raffe den fliederfarbenen Seidenrock hoch. Und renne. Meine filigranen Absätze klappern über den rutschigen Marmor, die wolkigen Ärmel flattern. Ich renne um mein Leben, während der wilde Sturm um das Schloss heult.

KAPITEL 3

Oona

Das Feuer verschlingt das Holz, lässt es in flammenden Farben glühen, es knistern und knacken. Ich spüre die Gluthitze auf meiner Haut.

Schatten lecken über kalte Steine, huschen über das Mauerwerk. Die Festung ist alt, viel älter als ich oder als irgendeine andere Blutjägerin, ein anderer Blutjäger, die sich heute hier versammelt haben. Im Hintergrund wütet das Meer, das niemals zur Ruhe kommt. Immer schon hatte ich das Gefühl, es wolle die Burg von der Klippe reißen, auf der sie thront.

Alle sind heute hier, in unserem Zuhause. Morgen kann das schon wieder anders sein, da wir uns vielleicht in alle Himmelsrichtungen zerstreuen, dorthin, wo man unsere besonderen Fähigkeiten braucht. Dorthin, wo Bestien Menschen tyrannisieren und man nach jenen ruft, mit denen man sonst nichts zu tun haben will: uns. Morgen werden viele von uns ausziehen, um zu jagen.

Doch heute Nacht sind wir hier, sitzen um das

Feuer im Innenhof, unterhalten uns leise oder starren schweigend in die Flammen.

Gira stochert in der Glut und legt Holz nach. Für einen Moment sieht es fast so aus, als entwickelte das Feuer ein Eigenleben und wollte nach ihr greifen und sie hineinziehen in das wirbelnde Rot, Orange und Gelb. Wulstige Narben ziehen sich quer über ihr hartes, sonnengegerbtes Gesicht und verschwinden im zotteligen Haar, in das sie wilde Zöpfe geflochten hat.

Ich habe nie gefragt, woher die Narben stammen, dabei kenne ich Gira schon fast mein ganzes Leben lang. Ich habe schon Seite an Seite mit ihr gekämpft, trotzdem stehen wir uns nicht sonderlich nah.

So ist es mit uns allen. Wir leben gemeinsam in dieser Festung, jagen gemeinsam, nehmen unsere Mahlzeiten gemeinsam ein. Aber eine Familie sind wir nicht. Im Grunde genommen steht mir niemand besonders nahe.

Niemand außer Marus.

Im Gegensatz zu uns anderen sitzt er nicht einfach auf einem der Baumstämme, die hier im Innenhof im Kreis ums Feuer gelegt wurden. Er ist auf weiche Seidenkissen gebettet. Damit will er uns nicht etwa vorhalten, er wäre als unser Oberhaupt etwas Besseres. Nein, seine körperliche Konstitution erfordert es.

Als hätte er meine Gedanken gehört, wendet er mir den Kopf zu. Seine Augen sind von einem so hellen

Lila, dass sie je nach Licht beinahe durchscheinend wirken und einen rosafarbenen Schimmer zu haben scheinen. Er zieht die Mundwinkel zu einem sanften Lächeln hoch. Im Feuerschein schimmern seine weißblonden Locken rötlich. Sein jugendliches Gesicht lässt keine Rückschlüsse auf sein Alter zu, es ist glatt und faltenlos. Genauso sah er auch damals aus, vor über zehn Jahren, als er mich in die Festung geholt und zur Jägerin gemacht hat. Während ich von einem kleinen Mädchen zur jungen Frau geworden bin, ist er äußerlich um keinen einzigen Tag gealtert.

»Wir reden nachher.« Obwohl er leise redet, trägt der Wind seine Worte klar und deutlich an meine Ohren.

Ich nicke nur. Vielleicht ein neuer Auftrag für mich. Eine weitere Bestie, auf die ich angesetzt werde. Was es auch ist, ich werde es erledigen. Was er auch will, ich werde ihn nicht enttäuschen.

Lautes Lachen dringt durch die einträchtige Stille, hallt von den Mauern wider und zerstört die Harmonie. Das muss Xaron sein. Mit ein paar anderen Jägern kommt er durch das Tor, schwenkt einen Trinkschlauch in der Hand und gibt gerade eine Geschichte zum Besten, die von den anderen begeistert aufgesogen wird. Sie alle tragen Kleidung, wie sie bei unsereins üblich ist: schwarz, schattengrau und tiefbraun, um während unserer bevorzugten Jagdzeit mit der Umgebung zu verschmelzen. Verstärktes Leder, um uns zu schützen und gleichzeitig beweglich zu sein. Keiner von uns trägt schwere Metallrüstungen. Den unverzichtbaren Neuntöter haben wir stets um die Hüfte oder den Rücken geschnallt. Ohne ihn fühlen wir uns nackt.

Xaron ist der Jüngste in der Gruppe, was nicht weiter erstaunlich ist, da es keine anderen Blutjägerinnen oder Blutjäger gibt, die jünger sind als er und ich. Und doch hängen diese gestandenen Männer und Frauen an seinen Lippen.

Wie immer prahlt er mit seinen Abenteuern, wie immer will er im Mittelpunkt stehen, und wie immer benimmt er sich unverzeihlich daneben. Er weiß nicht, wo sein Platz ist.

Vielleicht könnte man sein Talent, sich immer ins Zentrum der Aufmerksamkeit zu drängen, als Charisma bezeichnen. Ich nenne es Großkotzigkeit.

Ich kneife die Augen zu Schlitzen zusammen, meine Stimme hallt wie ein Peitschenschlag durch die Nachtluft: »Ihr seid zu spät.«

Und natürlich antwortet er mir, nicht einer seiner Bewunderer. Sein Lachen treibt mich zur Weißglut. »Oho, die Musterschülerin hat etwas an uns auszusetzen. Ich bitte untertänigst um Verzeihung.« Das rabenschwarze Haar fällt ihm ins Gesicht, als er sich übertrieben tief und gestenreich vor mir verbeugt. Zwischen den Strähnen hindurch blitzen mich seine tiefblauen Augen abfällig an.

Er will mich reizen, und mich nervt selbst, wie gut ihm das gelingt. Meine Hände ballen sich zu Fäusten, ich beiße die Zähne zusammen und will hochfahren, doch ein Blick von Marus lässt mich innehalten. Zähneknirschend sinke ich zurück und starre demonstrativ an Xaron vorbei.

»Nun sind wir komplett.« Marus ist wie immer milde gestimmt und lässt sich keinen Ärger über die Störenfriede anmerken. »Es ist an der Zeit, das Geschenk zu zelebrieren.«

Der Ärmel seines dunklen Seidenhemdes rutscht leicht zurück und entblößt ein zerbrechlich schmales Handgelenk, als er Bjorn einen Wink gibt. Der springt augenblicklich auf und bringt unserem Oberhaupt den Kelch. Die tiefrote Flüssigkeit darin ist nicht nur Wein. Das süffige Getränk ist versetzt mit dem Inhalt der Phiole, den ich von meinem letzten Einsatz mitgebracht habe: dem Blut der Kraya.

Alle Gespräche verstummen. Sogar Xaron hält seine vorlaute Klappe, lässt sich am Feuer nieder und wartet gebannt.

Feierlich hält Marus den Kelch empor. »Oona gebührt die Ehre des ersten Schlucks, denn durch ihre Hand verlor die Kraya ihr Leben.«

Im ersten Moment schmecke ich nur das üppige, liebliche Aroma des Weins. Dann spüre ich das Brennen. Ich schließe die Augen, lege den Kopf in den Nacken und behalte die Flüssigkeit für einen

Moment im Mund. Die vertraute metallische Note setzt sich durch, und ich fühle, dass etwas aus dem Blut auf mich übergeht und durch meinen Körper kriecht: etwas von der Kraft der Kraya. Es ist ein berauschendes Gefühl. Ich spüre, dass ich resistenter gegen Gift geworden bin. Es ist das letzte Geschenk meiner Gegnerin.

Jede Bestie, die durch die Hand einer Jägerin oder eines Jägers stirbt, macht uns stärker. Verleiht uns mehr Kraft oder Geschicklichkeit, bessere Reflexe oder Abwehrkräfte, lässt uns schneller rennen oder höher springen, besser sehen oder hören. Ein winziger Teil der besonderen Fähigkeiten, die die Bestie ausgemacht haben, geht auf uns über.

Ich gebe den Kelch an Marus zurück. Es bereitet ihm sichtlich Mühe, sich so weit aus seinen Kissen aufzurichten, dass er ebenfalls davon trinken kann. Ein leises Seufzen kommt über seine Lippen, als er einen Schluck nimmt. Der Wind jagt schwarze Wolken über den Himmel und schiebt sie vor den runden Mond, sodass nur noch das Feuer Licht spendet und Muster auf Marus' jungenhaftes Gesicht malt.

Feierlich wird der Kelch herumgereicht, sehr behutsam, damit kein Tropfen danebengeht. Alle trinken einen Schluck. Allmählich setzen die Gespräche wieder ein. Ein paar Meter weiter unterhalten sich Gira und der weißhaarige Jon, die neulich gemeinsam zur Jagd geschickt wurden, mit gedämpften Stimmen. Xaron kann es natürlich nicht lassen und gibt eine Geschichte über seine neueste Heldentat zum Besten, während sich ein paar Frauen um ihn scharen: Jägerinnen, die imstande sind, Bestien eigenhändig zu erlegen, und die diesen Angeber jetzt unverhohlen anhimmeln, als wären sie nichts als einfältige, leicht zu beeindruckende Mägde.

Mich interessiert das alles nicht. Ich ziehe die Beine an meinen Körper, umschlinge sie mit meinen Armen, stütze das Kinn auf die Knie, starre in die Flammen und lausche dem Rauschen des Meeres.

Erst, als der Kelch erneut bei mir ankommt und Bjorn mich leicht von der Seite anstößt, rege ich mich wieder. Ich hole aus und schleudere das Gefäß in hohem Bogen ins Feuer, so wie es bei uns Tradition ist.

Mit einem Knall zerspringt das Kristallglas, fauchend machen sich die Flammen über die letzten Reste des Bestienbluts her. Das Feuer nimmt einen geisterhaft-grünlichen Farbton an, lodert höher, lässt die Schatten wilder und wie besessen über das Gemäuer tanzen.

Schatten, die mich in die Vergangenheit entführen. Obwohl die Hitze auf meinem Gesicht beinahe unerträglich wird, bleibe ich reglos sitzen und verliere mich in Erinnerungen.

Das Mädchen, das ich einst war, hatte Angst.

Die Angst ist das Erste, was mir einfällt, wenn ich an damals denke. Die Emotion war so stark, durchdrang das Mädchen so vollkommen.

Die Kutsche rumpelte über den Weg. Bei jedem Schlagloch wurde ich auf der ungepolsterten Bank herumgeworfen und schrie nur deshalb nicht jedes Mal vor Schreck auf, weil ich zu geschwächt war. Meine Eltern waren tot, das hatte meine Tante mir gesagt, dünnlippig und streng, und mir gleichzeitig klargemacht, dass ich bei ihr nicht unterkommen konnte. Mit fünf eigenen Kindern und ohne Mann war sie froh, irgendwie über die Runden zu kommen. Das Letzte, was sie gebrauchen konnte, war eine weitere unnütze Esserin am Tisch.

Ein Unfall im Wald, so hatte man es mir erklärt. Sie würden nicht wiederkommen. Was das bedeutete, wurde mir klar, als ich drei Tage und Nächte lang in unserer Hütte auf ihre Rückkehr wartete. Sie waren fort. Ich war allein. Und niemand im Dorf wusste, was mit dem Waisenkind anzufangen war, das zu jung war, um sich nützlich zu machen.

Bis ein Fremder auftauchte, ein Blutjäger, vor dem alle unwillkürlich zurückwichen. Er bot an, das unliebsame Kind mitzunehmen. Zur Jägerin wollte er mich ausbilden, das sagte er. Was das bedeutete, wusste ich nicht. Was ich aber wusste, war, dass ich mich vor ihm fürchtete. Vor den rabenschwarzen Pferden mit den stampfenden Hufen, die seine Kutsche zogen. Vor den kargen Landschaften, durch die wir unserem Ziel förmlich entgegenflogen. Vor dem Rauschen des Meeres, das ich bis dahin nicht gekannt hatte und das für mich einen bedrohlichen Klang hatte.

Und schließlich vor dieser Festung, die vor mir auftauchte, als ich mit geweiteten Augen aus dem Fenster der ruckelnden Kutsche starrte. Dabei klammerte ich mich am Türrahmen fest, als sei er das einzig Reale in dieser Albtraumwelt, die mich umgab.

Einem abgebrochenen Zahn einer unermesslich großen Bestie gleich ragte sie empor, thronte auf den schroffen Klippen über dem Meer. Einen Moment lang fragte ich mich, ob eine starke Böe sie einfach in die Tiefe werfen könnte, sodass all die dunklen Steine vom Meer verschlungen wurden. Doch sofort wurde mir klar, wie unsinnig mein Gedanke war: Die Burg musste seit ewigen Zeiten dort stehen, und keine Böe, kein Unwetter, keine große Welle hatte sie vernichtet. Bedrohlich und hässlich trotzte sie der Zeit.

Mir gegenüber in der Kutsche saß ein Junge.

Ein Junge mit schwarzem Haar, Sommersprossen und blauen Augen. Ein weiteres Kind, das mein Retter eingesammelt und mitgenommen hatte. Während der ganzen Fahrt wechselten wir kein Wort. Ein paarmal sah er mich neugierig an, doch ich senkte scheu und verängstigt den Blick.

Er war wie ich, dachte ich. Er könnte mein Freund

sein, das würde alles leichter machen. Ich sollte mit ihm reden und ihn fragen, wie er hieß. Ich sollte ihm sagen, dass er nicht allein war, genauso wie ich nicht allein war, wenn wir nur zusammenhielten. Aber ich klammerte mich nur weiter an den Türrahmen der Kutsche und presste die Lippen fest zusammen, weil ich befürchtete, sonst hemmungslos zu weinen. Ich sagte nichts.

Und auch jetzt betrachteten wir schweigend das Gemäuer, auf das wir zufuhren und das unser neues Zuhause werden sollte. Fröstelnd schlang ich die Arme um mich, als wir ausstiegen und der Wind eisig durch meine Gewänder fuhr. Um zu den Spitzen der höchsten Zinnen zu sehen, musste ich den Kopf weit in den Nacken legen.

Unser schlanker Retter mit den weißblonden Locken und den schönen Augen lächelte freundlich. »Wir sind zu Hause. Hier lebt ihr von nun an. Nicht jeder Mensch hat das Zeug dazu, ein Blutjäger zu werden. Ich will ehrlich zu euch sein: Die Ausbildung ist sehr hart. Längst nicht alle werden die Prüfungen bestehen.«

Seine Worte sickerten in mein Bewusstsein. Das war meine einzige Chance, das war mir klar. Ich würde alles geben, um als Jägerin zu bestehen, denn sonst hatte ich keinen Platz auf der Welt. Ich fragte nicht, was mit jenen geschah, die die Prüfungen nicht bestanden. Doch bei dem Gedanken, ich könnte versagen, wurde mir noch elender zumute.

Einen Moment lang standen wir noch vor der sturmumtosten Festung. Der Wind peitschte meine roten Locken vor meine Augen und blähte den schwarzen Mantel des Mannes auf.

Mein Blick wanderte zu meinem Leidensgenossen, für den das Schicksal denselben Weg vorgesehen hatte wie für mich. Hatte er auch Angst? Nur einen Herzschlag lang war ich versucht, nach seiner Hand zu greifen, um irgendetwas zu haben, woran ich mich in dieser Welt festhalten konnte.

Er verzog den Mund zu einem breiten Grinsen. »Ich werde der beste Blutjäger werden«, rief er laut aus, »allemal besser als diese Heulsuse da.« Er deutete auf mich und rannte voraus durchs Tor der Festung.

Der Mann legte seine Hand auf meine Schulter. »Willst du Blutjägerin sein, Mädchen, dann darfst du dich nicht fürchten«, sagte er sanft. Schritt für Schritt gingen nun auch wir aufs Tor zu, das uns verschluckte und mich in meinem neuen Leben wieder ausspie.

Das Mädchen, das ich war, hatte Angst. Aber das Mädchen, das ich bin, hat dazugelernt. Es hat vergessen, wie sich diese Emotion anfühlt.

KAPITEL 4

Odine

Allein.

Ich bin allein.

Blicke folgen mir. Die Blicke der Ballgäste, die ich immer noch glühend heiß in meinem Rücken spüre, wenngleich ich den Saal längst hinter mir gelassen habe. Die Blicke der Dienerschaft, in denen weniger Respekt liegt als gerade eben noch – oder bilde ich mir das nur ein? Und die Blicke aus unzähligen gemalten Augenpaaren von den Porträtgemälden, die den Korridor säumen, durch den ich hetze. Wie tausend Nadeln stechen sie in meine Haut, lassen mich schneller laufen, bis meine Kehle in Flammen steht.

Schwere Stiefelschritte hinter mir – der Marmor trägt ihr Echo weit, ich spüre ihren Widerhall in meiner Brust. Sie poltern mit meinem Herzen um die Wette.

Weiter, immer weiter muss ich. Schneller, sonst erwischen sie mich. Die Männer, die mich und meinesgleichen schützen sollen und die nun gesandt wurden, um mich festzunehmen.

Ich keuche, raffe meinen Rock höher. Lege meine gesamte Willenskraft und Anstrengung in jeden Schritt, renne so schnell ich nur irgend kann.

Der Absatz meines einen Seidenschuhs knickt unter mir weg. Mit einem Schmerzenslaut falle ich auf den kalten Marmorboden. Es pocht und sticht in meinem Knöchel, und ich gäbe alles dafür, zu Hause zu sein. In meinem alten Leben, in dem ich mich mit einem Kristallglas voll Pfirsichnektar in den Schatten eines Baumes zurückziehen und die Mitarbeit verweigern konnte, wenn mir das Fechttraining, die Reitstunde oder der Sprachunterricht zu schweißtreibend wurde.

»Findet sie, sie kann nicht weit sein«, echoen Stimmen hinter mir durch die Gänge.

Weiter, schießt es durch meinen Kopf, schneller! Schneller, sonst haben sie mich gleich.

Die Eingangshalle. Ich rapple mich hoch und stürme auf die zweiflüglige Tür zu – als ich die Wachen sehe, die davor positioniert sind, drehe ich verzweifelt ab. Wissen sie es schon? Wissen sie, dass ich vernichtet werden muss, damit mein Fluch nicht wie eine Seuche auf jeden übergreift, der sich mit mir abgibt? Werden sie mich aufhalten? Gerade noch kann ich um die Ecke in einen Nebengang schlittern, der vom Hauptkorridor abzweigt. Eine Sekunde später, und sie hätten mich mit Sicherheit entdeckt.

Mit angehaltenem Atem drücke ich mich gegen

die Wand. Sie liegt im Schatten, der mich vor unerwünschten Blicken schützt. Wie unerträglich laut mein Seidenrock bei jeder kleinsten Bewegung knistert! Nervös kaue ich auf meiner Unterlippe.

Die Schritte meiner Verfolger stapfen vorbei an dem Gang, in dem ich mich verstecke. Ich höre, wie sie Worte mit den Wachen an der Eingangstür wechseln. Doch ich bleibe nicht, um zu lauschen. Auf Zehenspitzen husche ich weiter und folge dem schmalen Korridor, der nicht für ausladende Röcke gemacht ist. Immer wieder streife ich die Wände oder bleibe mit dem Seidenstoff an hervorstehenden Kanten hängen.

»Bitte«, flüstere ich, als ich die Hand nach der Holztür am Ende des Ganges ausstrecke. Und tatsächlich, sie schwingt auf! Gierig atme ich die kalte Luft ein, stolpere durch den Bediensteteneingang hinaus ins Freie. Wind und Regen kühlen meine erhitzten Wangen, und vor Erleichterung hätte ich beinahe aufgeschluchzt.

Niemand treibt sich hier draußen herum, nicht bei dem Wetter. Schwarze Wolken türmen sich Unheil verkündend am Himmel auf. Der ganze Hof steht unter Wasser, die Welt versinkt im strömenden Regen.

Wohin jetzt? So weit habe ich noch nicht gedacht. Ein Schritt nach dem anderen. Nur, dass ich wegmuss, das steht fest. Ich schaue gehetzt hin und her und bleibe dann an einem dunklen, großen Umriss hängen. Schon haben sich meine Füße wie von selbst in Bewegung gesetzt, und ich stürme durch das Unwetter auf die Stallungen zu.

Keuchend schnappe ich nach Luft, als ich ins Innere taumle. Ich knalle die Tür hinter mir zu, doch der Sturm reißt sie sofort wieder auf und lässt sie haltlos auf- und zuschwingen, wodurch das Licht der Laterne über dem Eingang gespenstisch flackert.

Der muffige, warme Geruch hüllt mich ein wie eine stickige Decke. Unwillkürlich rümpfe ich die Nase, als ich darauf warte, dass sich meine Augen an das Halbdunkel gewöhnen. Ich sehe kaum etwas, da die Laterne mehr Schatten als Licht in den Raum wirft. Doch die Geräusche kann ich deuten: Schnauben und stampfende Hufe.

Der Saum meines Kleides schleift durch Schmutz, als ich mich weiter vorwage. Es mögen nur Stallungen sein, aber es sind immerhin die Stallungen des Königshofes. Blitzende Sauberkeit hätte ich hier erwartet, keine lose herumfliegenden Strohhalme, keinen Matsch und Unrat auf dem Boden. Ein leises Quietschen entweicht meinen Lippen, als mein filigraner Schuh mit einem schmatzenden Geräusch in irgendetwas versinkt, wovon ich gar nicht genau wissen will, was es ist.

Nicht der passende Moment, um zimperlich zu sein, rufe ich mir ins Gedächtnis und straffe die

Schultern. Große Pferdeköpfe schieben sich über die halbhohen Türen der Boxen, dunkle Augen schauen mir neugierig entgegen, Nüstern blähen sich. Obwohl der Sturm so heftig tobt, sind die Tiere ganz ruhig und gelassen.

Ächzend wuchte ich einen Sattel vom Bock und schleppe ihn zur erstbesten Box. Natürlich kann ich reiten, immerhin zählt das zur grundlegenden Ausbildung einer jeden jungen Dame von hohem Stand. Aber noch nie musste ich ein Pferd selbst satteln und aufzäumen. Das ist die Aufgabe der Stallburschen. Wenn ich zu meiner Reitstunde eintraf, stand das Pferd immer schon gestriegelt und aufgezäumt bereit. Eine besonders gute Reiterin war ich nie. Es ist anstrengend, danach stinkt die Kleidung, und unterm Strich kann ich es einfach nicht leiden.

Jetzt ist jedoch kein Stallbursche da, der mir zur Hand gehen könnte. Vermutlich feiert heute sogar das Personal und hat sich irgendwo fernab der feinen Gesellschaft versammelt. Ich bin ganz allein mit den Pferden.

Trotzdem zucke ich beim Klimpern der Steigbügel und Schnallen zusammen, als das Metall am Sattel gegeneinanderschlägt. Mein Herz macht einen so wilden Satz, als wollte es aus meiner Brust springen. Schnell und hektisch geht mein Atem, als ich aus weit aufgerissenen Augen zur Tür starre und lausche.

Doch nichts: Kein dunkler Umriss schält sich aus dem Unwetter, keine Wache stürmt auf mich zu. Sie sind nicht da, noch nicht. Noch vermuten sie mich wohl in der Burg. Die Wachen am Eingang haben mich schließlich nicht entkommen sehen, und niemand rechnet damit, dass ich durch die schmale Bedienstetentür entwischt bin. Das mag mir etwas Luft verschafft haben, doch trotzdem ist es nur eine Frage der Zeit, bis sie auch hier nach mir suchen – und wenn es so weit ist, muss ich weg sein.

»Das würde ich an deiner Stelle besser lassen, Pferdedieb.«

Die barsche Stimme fährt mir durch Mark und Bein. Ich verschlucke mich an meinem eigenen Schrei, fahre herum und pralle hart mit dem Rücken gegen die unebene Steinwand des Stalls. Wie einen Schild halte ich den Sattel vor mich.

Offenbar bin ich doch nicht allein hier. Im Halbdunkel kann ich die Gestalt zuerst kaum ausmachen. Doch dann bewegt sie sich, Konturen schälen sich aus dem schwachen Licht: eine hohe Statur. Breite Schultern. Ein kantiges Kinn. Warme braune Augen, in denen sich für einen Moment das Laternenlicht spiegelt, bevor die Person sich von der Leiter zum Heuboden abdrückt, an der sie gelehnt hat, und auf mich zukommt.

»Dariel!«, keuche ich.

Glücklicherweise ist es nur er. Nur der Kerl, der

mich im Reiten und Fechten unterrichtet. Einer meiner zahlreichen Lehrer, wenngleich es mir seltsam erscheint, ihn so zu betrachten, weil er kaum älter ist als ich selbst. Ganz im Gegensatz zu den Gelehrten, die mich in Sprachen, in Aquarellmalerei oder der Historie des Landes unterweisen. Oder der alten Marga, unter deren Anleitung ich Seidenfäden zu Kunstwerken verwebe. Es hätte schlimmer sein können, immerhin ist er kein königlicher Gardist, der ausgesandt wurde, um mich zu ergreifen. Trotzdem dauert es einen Moment, bis meine Hände nicht mehr vor Schreck zittern.

Was tut er hier? Skeptisch kneife ich die Augen zu Schlitzen zusammen, frage ihn aber nicht. Offenbar hat er nicht an den Feierlichkeiten teilgenommen, denn er trägt immer noch seine staubige Reisekleidung. Er unterrichtet nicht nur mich, sondern begleitet auch meine Brüder auf die Jagd, wenn sie im umzäunten Waldgebiet unseres Fürstentums Hirsche schießen. Als Privatlehrer einer Prinzessin und Mitglied der Jagdgesellschaft zweier Prinzen hätte er diesen Abend gewiss angenehmer zubringen können als im Stall.

Schulterzuckend beschließe ich, dass mich seine Motive nicht im Geringsten interessieren. Was weiß ich schon über diesen Mann aus einem fernen Land, der hier immer noch ein Fremder ist und mich regelmäßig beim Reit- und Fechtunterricht triezen darf? Vermutlich fühlt er sich bei den Pferden einfach wohler als in kultivierter Gesellschaft. Wundern würde es mich nicht.

Er zieht eine Augenbraue skeptisch in die Höhe, als bezweifle er, dass tatsächlich ich es bin, die sich spätabends im Stall herumtreibt. Als hielte er es für wahrscheinlicher, ich sei ein gewöhnlicher Strauchdieb im Prinzessinnenkostüm. »Prinzessin Odine.«

Ja, das war ich mein Leben lang. Eine Prinzessin Garas. Bis vor wenigen Augenblicken.

Sein Tonfall lässt den Respekt vermissen, der einer Fürstentochter gebührt. Aber zumindest hat er mich in der Dunkelheit erkannt.

Ich schiebe das Kinn vor und lege alle Autorität, die ich aufbringen kann, in meine Stimme. »Da bist du ja. Sattle ein Pferd für mich.«

Er sollte meinen Befehl nicht hinterfragen, schließlich stehe ich weit über ihm. Zumindest tat ich das bis gerade eben noch. Dass die Dinge sich geändert haben, kann er nicht ahnen, und das ist meine einzige Chance.

Doch er spurt nicht. Dariel eilt nicht los, um zu tun, was ich verlange, und senkt auch nicht den Blick. Stattdessen grinst er mich herausfordernd an, als wären wir einander ebenbürtig. Als wäre ich irgendeine Zofe oder Magd, die er bei einer Missetat ertappt hat.

»Was genau tust du hier? Solltest du nicht auf diesem Ball sein, mit irgendeinem Lackaffen in Samt und Seide tanzen und dir Zuckermandeln und Honigwein schmecken lassen?« Sein rechter Mundwinkel wandert in die Höhe, sein Blick fordert mich heraus. »Raus mit der Sprache. Was hast du ausgefressen?«

Hitze steigt mir in die Wangen. Ich habe keine Zeit für Diskussionen! Jeden Moment könnten die Wachen hier sein. Jeden Augenblick könnten sie mich festnehmen.

»Soll das ein Scherz sein?«, schnauze ich ihn an. »Du hast Glück, wenn ich nicht meinem Vater erzähle, wie du dich mir gegenüber benimmst.«

Hat es geklappt? Kalte Schauer laufen mir über den Rücken, aber ich versuche, mir meine Verzweiflung nicht anmerken zu lassen. Energisch funkle ich ihn an.

Dariel verschränkt die Arme vor der Brust. Unschlüssig sieht er mich an, das Grinsen verschwindet von seinem sonnengebräunten Gesicht. »Nimm es mir nicht übel, aber ich will keinen Ärger bekommen. So nervös, wie du wirkst, hast du womöglich tatsächlich etwas ausgefressen. Warum willst du mitten in der Nacht hier weg? Ganz allein? Die gesamte Ballgesellschaft reist erst morgen ab.«

Panik steigt in mir hoch. Einen Moment lang ringe ich noch mit mir selbst, dann knicke ich ein. »Dariel, bitte!« Ich hasse, wie flehend das klingt. »Bitte hilf mir. Die ... Die sind hinter mir her. Ich muss weg, und zwar schnell!«

Schwer atmend starre ich ihn aus aufgerissenen Augen an. Er muss mir helfen, er muss es einfach! Doch er reagiert nicht, schaut mich nur weiterhin unschlüssig an und scheint nicht so recht zu wissen, was er von alldem halten soll.

Spontan tue ich das Einzige, was mir einfällt, um ihn zu überzeugen: Mit fliegenden Fingern nestle ich am Verschluss meines mehrreihigen Colliers herum und halte ihm das Familienerbstück entgegen. Ich drehe es im Laternenlicht hin und her, sodass die kostbaren Steine atemberaubend funkeln. Lichtreflexe huschen über die Wände und über Dariels Gesicht, die Rubine tiefrot, die Smaragde geheimnisvoll grün und der geschliffene Saphir leuchtend blau.

»Du kannst es haben«, schmeichle ich. »Es ist mehr wert, als du für deine Anstellung bei Hofe in zehn Jahren verdienst. Hilf mir, und es ist dein. Sattle mein Pferd, gib mir Geleitschutz. Hilf mir, das Schloss zu verlassen, und du hast für dein Leben ausgesorgt.«

Dabei versuche ich, zu verdrängen, dass ich den wertvollen Schmuck in naher Zukunft selbst gebrauchen könnte. Wenn ich erst mal ganz auf mich allein gestellt bin und dort draußen zurechtkommen muss. Weder mein Name noch mein Stand helfen mir dann weiter. Weder das Vermögen noch die Ländereien meiner Familie. Als Ausgestoßene werde ich nichts weiter zur Verfügung haben als die Dinge, die ich bei mir trage.

Die Vorstellung ist so absurd, dass ich beinahe auflache. Ein dicker Kloß bildet sich in meiner Kehle und hindert mich am Atmen. Tränen wollen mir in die Augen schießen, doch mit aller Macht kämpfe ich sie nieder. So bleiben meine Augen trocken, während ich Dariel mit meinem Blick fixiere.

Über das Tosen des Unwetters hinweg höre ich das gelegentliche Schnauben der Pferde, das leise Klimpern der aufgehängten Zaumzeuge, meine eigenen Atemzüge. Dann knallt der Sturm die Stalltür so heftig zu, dass die Pferde nervös tänzeln und die Köpfe hochwerfen. Ich lasse vor Schreck den Sattel fallen und presse mir beide Hände vor den Mund, um nicht aufzuschreien. Und schon reißt der Wind die Tür wieder auf und treibt Sprühregen bis zu uns herein.

Dariel stößt ein Seufzen aus … und nickt knapp.

Dann geht alles ganz schnell: Er führt zwei Pferde aus den Boxen, wirft jedem von ihnen eine Decke und einen Sattel über den Rücken. Dabei bewegt er sich ohne Eile und verliert doch keine unnötige Zeit. Mit geschickten, routinierten Bewegungen zieht er die Ledergurte fest.

Und dennoch geht es mir zu langsam. Jede Sekunde zählt. Hektisch funke ich dazwischen, zerre an den Riemen und merke dabei selbst, dass ich eher im Weg bin, als zu helfen. Er schnauft leise und schiebt mich beiseite, als ich ungeschickt an einer schweren Gurtschnalle herumnestle.

Scharf ziehe ich die Luft ein und schlucke den Prostest hinunter, der mir auf der Zunge liegt. Normalerweise hätte er sich das nicht erlauben dürfen, doch jetzt gibt es keine Normalität mehr.

Ich schnappe Zaumzeug von einem der Haken und versuche, es einem Pferd überzuziehen. Doch es zappelt nervös herum und dreht den Kopf beiseite.

Ungeduldig nimmt Dariel mir das Zaumzeug weg, wobei seine Hand kurz auf meiner liegt. Seine Berührung, wenngleich nicht gerade sanft, ist angenehm und warm. Ein sicherer Anker inmitten des Chaos, zu dem meine Welt zersprungen ist. Am liebsten hätte ich mich an seine Hand geklammert, weil es sonst gerade nichts gibt, woran ich mich festhalten kann.

»So kommen wir nicht weit. Hast du denn gar nichts über den Umgang mit Pferden gelernt?« Er will mir das Geschirr aus der Hand nehmen, doch ich halte es fest.

»Vielleicht bist du nicht der beste Lehrer«, schnappe ich zurück. Meine Nerven liegen blank.

»Vielleicht bist du eine faule Schülerin.«

»So kannst du nicht mit mir reden!«, platzt es aus mir heraus. Trotz meiner Verzweiflung kann ich nicht fassen, dass er so mit mir umgeht. Was fällt ihm ein? So etwas hätte er sich sonst nie herausgenommen.

Er hält in der Bewegung inne. »Kann ich nicht? Was passiert denn sonst?«

Erbittert starren wir einander an. In seinem Blick liegt provozierende Ruhe. Kein Wunder, er hat nichts zu verlieren. Ich halte ihm stand in einem bockigen, aber vergeblichen Versuch, mir meine Verzweiflung nicht anmerken zu lassen.

Und ich bin diejenige, die nachgibt. Ich lasse die Lederriemen los. »Entschuldige bitte«, presse ich hervor. Worte, die wie Säure auf meiner Zunge brennen, denn noch nie habe ich sie an einen Untergebenen gerichtet.

Einen endlos scheinenden Moment lang schaut er mich an, in dem ich Angst bekomme, dass er es sich anders überlegt hat. Dann nickt er kurz und fährt damit fort, die Pferde aufzuzäumen.

»Los«, kommandiert er knapp.

In meinen Reitstunden habe ich mir wenig Mühe gegeben, habe mich oft geziert und mir in den Sattel helfen lassen. Doch jetzt fliege ich förmlich hoch, stemme mich in dem Steigbügel hoch, schwinge das Bein über den Sattel und zügle das tänzelnde Pferd. Weich bauscht sich mein Rock über den Rücken des hellgrauen Pferdes. Die eingewobenen Silberfäden glitzern, als ein Blitz über den Himmel zuckt.

»Sobald ich in Sicherheit bin, bekommst du das

Collier«, stelle ich noch einmal klar und halte das Schmuckstück demonstrativ hoch, bevor ich es in einer versteckten Tasche der Korsage verschwinden lasse.

Das ist mein einziges Druckmittel. Es fällt mir schwer, mir einzugestehen, wie sehr ich ihn brauche. Ohne ihn käme ich nicht weit. Und ich weiß, dass auch er das weiß.

Er nickt knapp und schwingt sich mühelos in den Sattel seines Schecken. Ich kann seinen Blick nicht deuten, doch jetzt ist nicht die Zeit, darüber nachzudenken.

Die Wachen am großen Tor der Schlossmauer halten uns nicht auf, als wir zielstrebig darauf zureiten. Sie wissen noch nicht, dass ich verloren bin. Was sie sehen, ist eine Prinzessin im wallenden Ballkleid mit Juwelen im Goldhaar und stolzem Blick. Eine Adlige, sichtlich in Eile, die ihnen mit herrischer Geste bedeutet, das Tor zu öffnen. Und sie tun, was sie zu tun gewohnt sind, wenn jemand wie ich ihnen einen Befehl erteilt: Sie gehorchen, ohne zu hinterfragen.

Wenige Momente später, und wir hätten keine Chance mehr gehabt, auf diesem Wege zu entkommen. Dann hätten die Wachen mein Gesicht gekannt. Gewusst, dass ich nicht die bin, für die sie mich halten. Sondern eine Ausgestoßene. Dann hätten sie uns aufgehalten. Doch die Zeit ist auf unserer Seite.

Wir spornen die Pferde an, lassen sie so schnell

laufen wie der Wind, so schnell wie der Sturm, der uns umtost und der uns den Regen mal ins Gesicht, dann in den Nacken peitscht. Böen treiben uns voran wie hungrige Wölfe, die uns verschlingen wollen.

Wie Nadelstiche treffen die eiskalten Regentropfen mein Gesicht. Innerhalb von Sekunden bin ich bis auf die Haut durchnässt. Ich müsste erbärmlich frieren, doch ich fühle mich seltsam taub, so als befände ich mich in einem Traum, der nichts mit meinem Leben und mit der Realität zu tun hat.

Mein Herzschlag rast mit den dumpfen Hufgeräuschen um die Wette. Plötzlich befürchte ich, Dariel sei verschwunden, doch als ich neben mich blicke, ist er da – prescht durch den Regen, den Blick konzentriert nach vorn gerichtet. Noch ist er an meiner Seite. So lange, bis er seine Belohnung bekommt.

Ich darf nicht daran denken, was ich verloren habe. Dass ich nichts und niemand mehr bin. Nur ein Mädchen in einem schönen Kleid, ohne Zukunft – und ganz allein.

KAPITEL 5

Oona

Das endlose Tosen des Meeres ist in jedem Winkel der Festung zu hören. Es erfüllt das alte Gemäuer wie ein Puls. Als sei die halb verfallene Burg ein Lebewesen und das Meer das Blut, das durch seine Adern strömt. Unwillkürlich scheint sich mein eigener Herzschlag zu verlangsamen und sich dem Rhythmus der Blutjägerfestung anzugleichen.

Je tiefer ich in die Eingeweide der Festung vordringe und je weiter ich mich Marus' Gemächern nähere, desto dumpfer klingen die Geräusche des Ozeans. Das flackernde Licht der Fackeln, die in Halterungen zu beiden Seiten des Ganges angebracht sind, lässt die Schatten wild und wie angriffslustige Kreaturen tanzen.

Die zugige Kälte des Sturms, der zu allen Fenstern hereindringt, weicht hier einer schärferen Eisigkeit. Nähert man sich dem Gemäuer, denkt man auf den ersten Blick, es würde auf der Klippe thronen. Doch das Herzstück der Festung ist von außen nicht sichtbar. Zur Hälfte ist sie in den Felsen hinein gebaut. Zahlreiche Gänge bohren sich durch den Stein. Gänge, denen ich jetzt folge und die mich zu unserem Oberhaupt führen. Marus hat nach mir verlangt, und ich bin bereit, seine Aufträge entgegenzunehmen.

Schuppen schlittern über kalten Steinboden. Ein Geräusch, das mir eine Gänsehaut über den Rücken jagt. Ich meine, einen bohrenden Blick auf meiner Haut zu spüren. Die jahrelange Jagd auf Bestien hat mir Gefühle wie Angst größtenteils ausgetrieben. Aber es gibt ein Wesen, das mich mit einem so tiefen Unbehagen erfüllt, dass ich am liebsten den Rückzug antreten würde.

Saava.

Schritt für Schritt zwinge ich mich vorwärts, während Saavas Blick sich in meinen Rücken bohrt und meine Kopfhaut prickeln lässt. Ist die Bestie hinter mir? Jeden Augenblick erwarte ich einen Angriff von hinten, eine Berührung, frostigen Atem in meinem Nacken.

Mit einem dumpfen Laut fahre ich herum, starre hinter mich – und sehe nichts. Schon ist es mir peinlich, überhaupt so reagiert zu haben. Ein Glück, dass mich hier niemand sieht. Die Jägerin, die sich vor Schatten erschreckt. Das hätte ich mir lange anhören können, es hätte meinem Ruf einen empfindlichen Dämpfer verpasst und mich in der Achtung der anderen sinken lassen. Schwach zu wirken, kann sich keine und keiner von uns erlauben. Und ich kann mir nur zu gut ausmalen, wie höhnisch Jäger wie Xaron darüber gespottet hätten, dass ich wie ein kleines Kind quietsche und springe, wenn hinter mir im Gang etwas raschelt.

Alles gut, nichts ist da. Und trotzdem werde ich das Gefühl nicht los, dass mich irgendetwas verfolgt. Angewidert fahre ich mit den Händen über meine Arme, als könnte ich die Anwandlung so vertreiben, und beschleunige meine Schritte. Allerdings renne ich nicht. Nur Mädchen mit schwachen Nerven rennen vor Schatten und Albträumen davon.

Gira hat heute Dienst. Sie steht vor der breiten, zweiflügeligen Tür, deren Holz mit geheimnisvollen Schnitzereien verziert ist. Sie hält hier nicht etwa Wache. Niemand wäre so waghalsig, eine Festung voller Blutjägerinnen und Blutjäger anzugreifen und dann auch noch ins Herz dieser Burganlage vorzudringen. Das wäre glatter Selbstmord.

Dennoch muss immer jemand da sein, um Marus zu Diensten zu sein: ihm beim Aufstehen zu helfen, seine Befehle durch die Burg zu tragen.

»Gut gemacht«, sagt sie mit unterdrückter Stimme. »Als ich gegen eine Kraya antreten musste, hatte ich Jon an meiner Seite. Und ich sage dir, das Biest hat uns fast beide erledigt.«

Ich lasse mir nicht anmerken, dass mich das Lob freut und mit Stolz erfüllt. Es gab Zeiten, da wurde ich als Jüngste nicht ernst genommen. Aber diese Tage liegen lange zurück. Oft genug habe ich bewiesen, wozu ich fähig bin.

Ich ziehe die Mundwinkel hoch. »Danke.«

Nur für einen Moment legt sie mir die Hand auf die Schulter, bevor ich durch die Tür trete. Irritierend. Seit wann sind wir so eng miteinander? Im satten Honigglanz ihrer Augen liegt ein trauriger Ausdruck, der mir so oft auffällt und nach dessen Ursprung ich sie doch niemals frage. Knapp nicken wir einander zu in dem Wissen, dass der Auftrag, den Marus mir mit Sicherheit gleich geben wird, mein letzter sein könnte. Meistens gewinnen wir, aber oft genug siegen die Bestien.

Wundert auch Gira sich, dass Marus so schnell nach einem abgeschlossenen Auftrag wieder nach mir verlangt? Dass ich ohne nennenswerte Pause wieder losgeschickt werde? Denn warum sonst sollte er nach mir rufen lassen? Ich könnte sie nach ihrer Meinung fragen, aber das tue ich nicht. Ich schüttle die Berührung ab, die mir plötzlich allzu freundschaftlich erscheint, und drücke mit beiden Händen gegen die schwere Tür.

Stickige Wärme schlägt mir entgegen, als ich Marus' Gemächer betrete. Das Feuer, das im Kamin lodert, erfüllt den großen Raum mit Hitze. Der Rauch zieht durch Schächte ab, die in den Felsen geschlagen wurden, lange bevor ich geboren wurde. Diese Festung ist ein einziges uraltes Geheimnis.

So karg die übrige Festung auch gestaltet ist, so viel Überfluss findet man in diesem Zimmer. Kostbare Teppiche in flammenden Farben bedecken die Wände und den Boden. Marus ruht auf einem roten, mit Seide bezogenen Diwan und hat die Augen geschlossen, so als schliefe er.

Für einen Moment werde ich von dem Wunsch übermannt, zu ihm zu laufen und ihn ganz fest zu umarmen. Den Mann, der der Dreh- und Angelpunkt meines ganzen Lebens ist.

Doch das ist undenkbar. Niemand dürfte sich das erlauben, nicht einmal ich.

»Da bist du ja, Oona.«

In den melodischen Klang seiner Stimme mischt sich wieder das Geräusch aus dem Gang: das unheimliche Schlittern und Gleiten. Fingernägel scheinen über meine Wirbelsäule zu kratzen, und ich widerstehe nur mühsam dem Drang, angewidert das Gesicht zu verziehen.

Da ist sie. Saava.

Erst nehme ich nur eine leichte Bewegung weit hinten in den Schatten wahr. Der sachte Schimmer von Schuppen, die zwischen tiefem Schwarz und Nachtblau changieren. Ein lang gestreckter Körper, der sich in zahllosen Windungen in die Finsternis drückt. Ich schlucke die Übelkeit runter und vermeide es, in die Richtung zu schauen.

Schon lange habe ich es aufgegeben, mich zu wundern, wie Saava sich fortbewegt. Habe ich ihre Gegenwart im Gang tatsächlich gespürt? Wenn sie eben hinter mir war, wie kann sie dann jetzt vor mir in Marus' Gemächern sein? Manchmal scheint es mir, als wäre sie überall gleichzeitig und doch nirgendwo. Als gälten die Naturgesetze, denen wir uns alle beugen müssen, nicht für diese eine Bestie.

Vielleicht ist diese Andersartigkeit der Grund, warum Marus damals beschlossen hat, sie als Haustier zu behalten, statt sie zu töten. Sie unterscheidet sich von ihresgleichen wie er sich von uns anderen Jägerinnen und Jägern.

Ich senke den Kopf. »Du hast nach mir geschickt. Ein neuer Auftrag?«

Was es auch ist, ich bin bereit. Ein Dorf, das von einer Bestie terrorisiert wird? Ein Adliger, dessen Ländereien verwüstet werden? Für mich spielt es keine Rolle, was die Gründe sein mögen. Ich muss nur wissen, welche Kreatur ich zur Strecke bringen soll, und ich tue es.

»Komm näher«, sagt er leise. »Komm ins Licht, ich will dich besser sehen.«

Allzu bereitwillig gehe ich auf ihn zu und nehme auf dem Teppich vor seinem Diwan Platz. Auch aus der Nähe ist keine einzige Falte in seinem jungenhaften Gesicht zu entdecken. Er könnte ebenso gut in meinem Alter sein. Das Lila seiner Augen schimmert. Als er den Kopf neigt, fällt das Licht des Feuers von der Seite auf ihn und zaubert einen irritierenden Effekt in seine Augen: Es lässt sie durchscheinend wirken, und ich glaube, ganze Welten dahinter zu sehen.

»Du hast das wirklich gut gemacht. Ich weiß, eine Kraya ist ein übles Biest. Es ist lang her, dass ich einer begegnet bin. Aber ich erinnere mich, dass sie mir wirklich zugesetzt hat. Es war eine Wohltat, ihr den hässlichen Kopf von den Schultern zu schlagen.«

Wir lächeln einander an. Wenn wir unter uns sind, schlägt er manchmal diesen Plauderton an. Als wären wir zwei Freunde, Vertraute, die über ausgestandene Abenteuer reden. Die Illusion verfliegt jedes Mal so rasch, wie sie gekommen ist. Doch ich sauge jeden dieser Augenblicke gierig auf und verschließe ihn in meinem Inneren. Dort breitet sich bei Marus' freundlichen Worten ein ungewohnt warmes Gefühl aus. Meine Mundwinkel zucken hoch. Er ist stolz auf mich! Vor Freude wird mir schwindelig.

Als er kommentarlos eine Glasphiole aus seinem Ausschnitt zieht, die an einer Kette um seinen Hals baumelt, weiß ich sofort, worum es sich handelt.

»Mein neuer Auftrag?«

Statt einer Antwort zieht er sich die Kette über den Kopf und lässt sie in meine Hand gleiten.

Das Glas ist warm von seiner Haut, doch darunter spüre ich eine weitere, eine magische Wärme. Jene, die mich zu meiner Beute leiten wird.

Ich halte den Anhänger ins Licht, das sich spiegelnd im Glas fängt. Fragend ziehe ich die Augenbrauen hoch. In der Phiole befindet sich kein struppiges Haarbüschel wie von der Kraya. Keine Schuppe, keine Klaue. Nichts, was auf eine Bestie hindeutet, die mir bereits über den Weg gelaufen wäre. Stattdessen ist ein einzelnes goldblondes Haar im zarten Glasgefäß gefangen.

Ich muss an die Phiole denken, die Marus immer bei sich hat, auch wenn er sich nicht auf der Jagd befindet. Ich habe nie gewagt, ihn nach dem Inhalt zu fragen. Seit ich ihn kenne, trägt er sie mehr als Schmuckstück denn als ein magisches Werkzeug – im Gegensatz zu uns anderen. Sie ist raffinierter geformt als jene schlichten Anhänger, die wir nutzen, um unsere Beute zu jagen: Sie hat die originalgetreue Form eines menschlichen Herzens mit all den Venen und Arterien. Leicht zu erkennen ist das nicht, weil das dünne Glas jeden Lichtschein einfängt und reflektiert, sodass die feinen Details ständig ihre Form zu ändern scheinen. Ich weiß das, weil ich geraume Zeit damit verbracht habe, Marus' Schmuckstück verstohlen zu betrachten, ohne mir anmerken zu lassen, dass ich in seine Richtung starre. Auch in seiner Phiole befindet sich eine blonde Haarlocke, zusammengefasst von einem schwarzen Samtband.

»Das ist …«

»Das Haar eines Menschen.«

Ich schlucke. Das ist noch nie vorgekommen. Wir jagen Bestien, keine Menschen. Ich bin keine Auftragsmörderin.

»Von wem?«, flüstere ich.

»Von einer Prinzessin.«

»Warum?«

»Oona.« Seine Stimme ist sanft, doch die unbeugsame Härte darin entgeht mir nicht. »Fragen wir je nach den Gründen? Ist es ein Problem für dich, dass dein Auftragsziel dieses Mal menschlich ist?«

Die Hitze des Feuers ist unerträglich, sie kriecht in meine Lunge und lässt meine Augen tränen. Wie kann Marus bei dieser stickigen Luft atmen? Dick und weich spüre ich sie auf meinem Gesicht.

Nur einen winzigen Moment lang zögere ich. Dann schüttle ich entschlossen den Kopf. Dieser Auftrag ist anders als die bisherigen, aber erfüllen werde ich ihn genauso wie alle anderen, zu denen ich ausgeschickt wurde.

»Ich wusste, dass man sich auf dich verlassen kann.«

Sachte legt er mir eine schmale Hand auf den Kopf,

und ich schließe die Augen. Für einen Augenblick ekle ich mich fast vor mir selbst, weil ich so bedürftig nach seiner Anerkennung lechze.

Ich werde ihn stolz machen. Ich werde die Beute erlegen und alles tun, was erforderlich ist, um meinen Auftrag zu erfüllen. Niemals werde ich Marus enttäuschen.

»In noch einem Punkt unterscheidet sich diese Jagd von anderen«, sagt er, während er die Hand zurückzieht. »Du sollst sie nicht töten, Oona. Bring sie mir. Nimm sie gefangen, und bring sie hierher.«

Das ist mehr als ungewöhnlich. Aber wer bin ich, Fragen zu stellen? Ich nicke nur und stehe auf.

»Gleich morgen breche ich auf.«

Als ich schon wieder an der Tür bin, drehe ich mich noch einmal zu ihm um. Augenblicklich dreht sich mir der Magen um. Saava ist aus dem Schatten aufgetaucht und schlängelt sich um Marus' Diwan. Sie schiebt ihren mächtigen Schlangenkopf auf seine Beine, als wäre sie sein Schoßhündchen. Sanft legt er eine Hand auf ihren Kopf, wie er es gerade noch bei mir getan hat. Milchig weißer Nebel wabert durch Saavas Augen, die stumpf und scheinbar blind sind und über keine Pupillen verfügen. Trotzdem merke ich, dass sie mich fixiert. Ich muss mich zwingen, die schwere Tür langsam und kontrolliert zu schließen, statt sie mit aller Macht zuzuschlagen.

KAPITEL 6

Odine

Die Spiegel verfolgen mich in meine Träume, Träume wie Scherben, scharfkantig und schmerzhaft. Unzählige Spiegel, die mir Teile meines Gesichts zurückwerfen: meine aufgerissenen Augen, meinen verzerrten Mund oder mich im Ganzen als entfernte kleine Gestalt in einem roten Kleid. Das blutrote Brautkleid aus meinem Wahrspruch, das sich bei jedem Schritt um meine Beine bauscht, während die Schleppe hinter mir über den kalten Stein schleift.

Oder bin ich das gar nicht? Ist es das Mädchen? Und macht das überhaupt einen Unterschied?

Wann immer ich hochschrecke, rede ich mir kurz ein, es wären bloß Träume gewesen und ich wäre in Sicherheit. Aber die Realität holt mich jedes Mal wieder ein. Ich bin nicht in Sicherheit, und ich weiß nicht, wann ich es wieder sein werde.

Tiere heulen um die verlassene Scheune, in die wir uns vor dem tosenden Sturm gerettet haben. Wölfe? Bestien? Ich rolle mich enger zusammen, kuschle mich ins muffige Stroh und wünsche mir nichts sehnlicher herbei als mein weiches Bett im Schloss meiner Familie.

Als ich endgültig erwache, fühle ich mich kaum erholter als vor dem Einschlafen. Das volle Gewicht meiner deprimierenden Realität drückt mich nieder. Ich kann kaum glauben, dass das alles gestern wirklich geschehen ist. Dass sich an einem einzigen Abend alles, was ich für selbstverständlich gehalten habe, in Schall und Rauch aufgelöst hat.

In feinen Strahlen fällt das Sonnenlicht durch die Ritzen ins Innere der Holzscheune, malt goldene Linien in den flirrenden Staub und die Düsternis. Ich bin allein hier, stelle ich fest, als ich mich aufrichte und benommen umsehe. Kurz wallt Panik in mir auf. Hat Dariel mich zurückgelassen?

Nein, das würde er nicht wagen.

Aber … wieso eigentlich nicht? Was habe ich ihm jetzt noch zu sagen? Ich muss mir in Erinnerung rufen, dass ich nicht mehr über ihm stehe.

Das Collier. Siedend heiß durchfährt mich die Befürchtung, er könnte es geklaut haben, während ich schlief. Es ist das Einzige, was ihn an mich bindet und dazu motiviert, mir zu helfen. Wenn er es an sich genommen hat, habe ich mein einziges Druckmittel verloren. Er könnte damit längst über alle Berge sein.

Und die Pferde! Vage erinnere ich mich daran, dass wir sie mit in die Scheune genommen haben, als wir letzte Nacht hier angekommen sind und ich erschöpft durch die Tür getaumelt bin. Draußen wäre die Gefahr zu groß, dass sie wilden Tieren zum Opfer fallen. Hat er beide mitgenommen? Nicht, dass es für mich einen Unterschied gemacht hätte, ob er mich mit einem Pferd oder ganz ohne Reittier zurückgelassen hätte: Ohne ihn wäre ich hilflos, so oder so.

Hektisch taste ich über die Korsage meines Kleides, suche nach der versteckt eingenähten Tasche und finde sie im ersten Moment nicht. Als meine Fingerspitzen dann doch auf die kühlen Edelsteine des Schmuckstücks stoßen, atme ich hörbar auf. Es ist noch da und Dariel vermutlich auch.

Eine Lady bewahrt immer Contenance, habe ich die mahnende Stimme meiner Mutter im Kopf. Hohle und bedeutungslose Worte, unbrauchbar in meiner Situation. Trotzdem klammere ich mich jetzt an sie, weil ich sonst nichts habe, woran ich mich festhalten kann.

Ich streiche mein Kleid glatt und schüttle es aus, um Stroh und Schmutz loszuwerden. So gut es geht, entwirre ich meine langen Haare, deren glänzende Wellen sich über Nacht in ein zerzaustes Chaos verwandelt haben.

Ein Teil von mir sehnt sich nach einem Spiegel, um mein Äußeres in Ordnung zu bringen. Ein anderer Teil ist erleichtert darüber, dass mir mein eigener

Anblick erspart bleibt und ich das volle Ausmaß der Katastrophe nicht sehen muss. Und ein dritter Teil will niemals wieder einen Spiegel sehen, nicht nach allem, was passiert ist.

Die Schultern zu straffen und eine aufrechte Körperhaltung anzunehmen, fällt mir trotz allem leicht. Haltung anzunehmen, ist mir in Fleisch und Blut übergegangen. Hocherhobenen Hauptes trete ich aus der Scheune und blinzle ins Licht.

Er kniet am Ufer eines kleinen Bachs und wäscht sein Gesicht. Beide Pferde stehen ein kleines Stück von ihm entfernt und grasen friedlich, mein hellgrauer Apfelschimmel und Dariels Schecke.

»Gut geschlafen, Prinzessin?« Höre ich da einen spöttischen Unterton?

Reiß dich zusammen und verliere nicht die Fassung – das ist ja nur, was er will.

»Ich sehe, du machst dich schon bereit für die Weiterreise«, erwidere ich stattdessen kühl.

Mein Magen knurrt erbärmlich. Normalerweise würde jetzt ein Frühstück auf meine Geschwister und mich warten: honigsüße Beeren und Vanillebrei. Doch die Zeiten, in denen ich die Vorzüge der Schlossküche genießen konnte, liegen ab sofort in der Vergangenheit.

»*Weiterreise* … Meinetwegen, aber wohin?« Er

steht auf und wischt sich die Hände an den Oberschenkeln ab. Seine schlichte, praktische Kleidung ist viel reisetauglicher als mein fliederfarbenes Ballkleid.

»Das weiß ich auch nicht«, muss ich gestehen, während meine Gedanken rasen. Weg von hier, so viel steht fest. Möglichst schnell möglichst weit, denn hier bin ich nicht sicher. Ich weiß nicht, ob die Wachen mir tatsächlich folgen – ob meiner Familie und all diesen anderen Adligen mein Tod wirklich so wichtig ist, dass sie nach mir suchen lassen. Aber ich kann es mir vorstellen. Denn solange ich am Leben bin, müssen seit dem Wahrspruch alle in meinem Umfeld befürchten, von mir ins Unheil gerissen zu werden.

Ich gehe im Kopf die Karte Garas durch, die ich auswendig lernen musste. Sie ist bestimmt schon wieder veraltet, denn jede Schlacht verschiebt die Grenzen zwischen den winzigen Fürstentümern und Königreichen. Doch eines steht nach wie vor fest: Je weiter ich fliehe, desto sicherer bin ich. Was dann aus mir werden soll, weiß ich nicht. Es graut mir davor, meine Gesamtsituation zu überdenken, also versuche ich mich nur auf den nächsten Schritt zu konzentrieren.

»In Richtung Norden«, sage ich schließlich, als Dariel mich nur abwartend ansieht. »Nach Silberfels.«

»Silberfels«, wiederholt er emotionslos, als wäre

ein Ort für ihn so gut wie jeder andere. Was wohl auch der Fall ist, denn nachdem er seine Anstellung bei Hofe unwiederbringlich verloren hat, indem er sich auf meine Seite geschlagen hat, hält ihn hier vermutlich nicht mehr viel.

Und auch für mich ist eine Richtung so gut wie jede andere. Ich kann nur hoffen, schnell genug weit genug wegzukommen, um meine Verfolger abzuschütteln.

Vage Bilder geistern durch meinen Kopf: der Hafen von Silberfels, den ich von Kupferstichen und Tuschezeichnungen kenne. Das endlos weite Meer. Würde ich so weit gehen? Würde ich Gara verlassen, wenn es sein müsste? Um mein Leben zu retten? Der Gedanke erscheint mir zu groß, um ihn zu fassen. Es wird nicht nötig sein, sage ich mir. Ich werde es schaffen, zu entwischen, unterzutauchen und irgendwo auf Gara ein neues Leben zu beginnen.

Daran muss ich glauben.

Und doch hakt sich die Idee in meinem Kopf fest: Was befindet sich jenseits des gewaltigen Ozeans? Wie ist das Leben an jenen fernen Orten, an die ich bislang niemals einen Gedanken verschwendet habe?

Nachdenklich mustere ich Dariel. Viel weiß ich nicht über ihn, für mich war er stets nur ein lästiger Lehrer. Denn weder im Fechten noch im Reiten habe ich übermäßig viel Talent bewiesen. Persönliche Fragen habe ich ihm niemals gestellt. Ich weiß, er kommt von weit her, aus einem anderen Land, von einem anderen Kontinent. Wie war es dort? Was hat ihn hierher verschlagen?

Auf den ersten Blick sieht man ihm nicht an, dass er aus der Ferne kommt. Obwohl er seit Jahren am Rande meines Blickfeldes existiert, ist es mir bis zu diesem Moment nicht aufgefallen. Seine Haut hat einen wärmeren, tieferen Farbton als die anderer Menschen, die ich kenne. Ein Honigglanz in seinen Augen, der die Blicke anderer Menschen im Vergleich fast kühl und hart wirken lässt. Eine besondere Geschmeidigkeit in seinen Bewegungen, die man wohl kaum einstudieren könnte und die ihm bestimmt seit frühester Kindheit in Fleisch und Blut übergegangen ist, so wie mir meine aufrechte Haltung und mein hocherhobenes Haupt.

»Du brauchst andere Kleidung.« Mit dem Kopf deutete er auf mich.

»Ach, meinst du? Dann reite ich am besten zurück und hole ein paar Gewänder von zu Hause«, schnappe ich. »Meine Mutter wird die Zofe sicherlich gern anweisen, ein paar meiner praktischeren Reitkleider einzupacken, und uns dann noch einen Korb mit Leckereien und die besten Wünsche für die Reise mit auf den Weg geben.«

Contenance, Odine. Ich gebe mein Bestes, nicht aus der Haut zu fahren, aber meine Nerven liegen blank.

Jetzt ist es sein Blick, der nachdenklich auf mir

ruht. »Was hast du angestellt, Prinzessin? Hast du der Königin das Diadem geklaut? Was für ein Verbrechen ist schlimm genug, damit eine Dame deines Ranges so gründlich in Ungnade fällt, dass sie fliehen muss?«

Ich schenke ihm ein schmallippiges Lächeln. »Lass das meine Sorge sein.« Keine Schwäche zeigen. Auch wenn die Sorge so schwer wiegt, dass ich sie auf meinen Schultern kaum tragen kann.

Er zuckt nur mit den Achseln und zieht ein Stück Brot aus einer Tasche seiner staubigen Reisekleidung. Augenblicklich knurrt mein Magen so laut, dass man ihn nicht überhören kann. Dariels Mundwinkel zucken hoch, doch zu meiner Erleichterung verkneift er sich die Bemerkung, die ihm mit Sicherheit auf der Zunge liegt. Stattdessen streckt er mir das Brot entgegen, in das er gerade beißen wollte.

Skeptisch drehe ich es in der Hand hin und her und klopfe mit den Fingerknöcheln dagegen. »War das eigentlich für die Pferde gedacht?«, platze ich heraus. »Das ist ja steinhart.«

»Ja, war es«, erwidert er ungerührt. »Ich fürchte, momentan haben wir nicht die Möglichkeit, wählerisch zu sein.«

Weil er nur allzu recht hat, nage ich wie ein Hamster am steinharten Brotkanten. Erst, als ich alles runtergewürgt habe, fällt mir auf, dass ich Dariel nichts abgegeben habe.

Bevor ich mich deswegen schlecht fühlen kann, drückt er mir einen Sattel in die Arme. Ich schwanke unter dem Gewicht und brauche mehrere Anläufe, um das schwere Ding über den Rücken meines Pferdes zu werfen. Gestern Nacht hat mich das Adrenalin angetrieben und mir Kräfte verliehen, von denen ich jetzt nur träumen kann. Dariel ist längst fertig, sein Pferd ist gesattelt, aufgezäumt und zupft zufrieden an Grashalmen, während meines angesichts meiner Ungeschicktheit ungeduldig mit den Hufen aufstampft.

Seelenruhig beobachtet Dariel meine Bemühungen, die Arme vor der Brust verschränkt, und macht keine Anstalten, mir zur Hand zu gehen. Eine kleine Rache dafür, dass ich das Brot allein verschlungen habe? Er hat nicht viel verpasst, es hat nicht gut geschmeckt. Ich beiße die Zähne zusammen, bitte ihn nicht um Hilfe und beschwere mich auch nicht, während ich die Gurte festziehe und dem Tier das Zaumzeug anlege.

Der Saum des zartlila Ballkleides schleift dabei im Schlamm und hat einen hässlichen Braunton angenommen, was mich mehr schmerzt, als es sollte. Vielleicht werde ich nie wieder ein so kostbares, schönes Kleid besitzen.

Mein Hinterteil beschwert sich, als ich mich in den Sattel schwinge. Kann man von zu langem Reiten Schwielen bekommen? Das Leder fühlt sich noch härter an als gestern.

Ohne dass ich etwas tun muss, setzt sich mein Pferd in Bewegung und trottet hinter Dariels her. Keine Spur der gestrigen Eile. Wir haben eine lange Reise vor uns, von der wir nicht wissen, wo sie enden wird. Wir müssen mit unseren Kräften haushalten.

Kummer drückt mich nieder. Die Zukunft, die ich mir in rosigen Farben ausgemalt habe, ist vor meinen Augen zerborsten. Ich würde gerne verdrängen, was ich alles verloren habe. Doch Dariel und ich unterhalten uns nicht, nichts lenkt mich von meinen düsteren Gedanken ab. Der dumpfe, gleichförmige Hufschlag unter mir lässt mich immer tiefer und tiefer in meine Grübeleien sinken.

Der Einzige, der jetzt noch zu mir steht, ist Dariel. Ich richte meinen Blick auf seinen aufrechten Rücken und die breiten Schultern vor mir. Im Gegensatz zu mir fühlt er sich auf dem Pferderücken wohl. Fehlt nur noch, dass er ein Liedchen pfeift. Ausgerechnet auf ihn bin ich angewiesen. Auf einen Menschen, dem ich nie mehr Beachtung als unbedingt nötig geschenkt habe. Dessen Unterstützung ich mit funkelndem Schmuck erkaufen musste und der seine Loyalität ganz gewiss bei der nächsten Gelegenheit weiterverkaufen würde, wenn jemand mehr bietet.

KAPITEL 7

Oona

Nervös tänzelt der Rappe auf der Stelle und rollt verängstigt mit den Augen. Sein Atem, den er schnaubend ausstößt, bildet weiße Wolken in der klirrend kalten Morgenluft. Im schwachen, kühlen Licht, das die aufgehende Sonne über den Festungshof schickt, treten alle Kanten und Risse im Gestein hart hervor und lassen die Blutjägerfestung noch unwirtlicher erscheinen als sonst. In der frostigen Luft hängt noch der Aschegeruch des Feuers der vergangenen Nacht.

Instinktiv misstrauen Tiere uns Jägerinnen und Jägern. Sie spüren, was Menschen nur erahnen und was ihnen einen leichten Schauer über den Rücken jagt, den sie selbst nicht ganz zuordnen können: dass wir eben *keine* Menschen sind, nicht ganz, wenngleich wir äußerlich so aussehen. Ebenso wenig Mensch, wie eine Bestie ein Tier ist. Etwas anderes. Etwas, was die Natur so nicht vorgesehen hat und was dennoch existiert. In unserem Organismus zirkuliert Magie, die sich unkontrolliert entwickelt und sich nicht den Naturgesetzen beugt.

»Halt still, Mistvieh. Ich habe schon wesentlich größere Kreaturen zur Strecke gebracht als dich«, knurre ich, während ich meine Ausrüstung am Sattel festschnalle und in den Taschen verstaue: die Rüstungsteile aus Rostkrabbenpanzer, die ich beim Reisen nicht tragen werde, weil sie mich behindern und auf Dauer unbequem sind. Schlafsack und Feuersteine, einen Wasserschlauch und ein Päckchen mit getrocknetem Fleisch und haltbarem Brot. Beim letzten Mal wusste ich, dass ich die Kraya kaum eine Tagesreise von der Festung entfernt finden würde. Doch diesmal habe ich keine Ahnung, wie lange ich unterwegs sein werde.

Die wichtigsten Dinge jedoch will ich am Körper tragen, sonst würde ich mich nackt fühlen: meinen Neuntöter und ein Paar stählerner Hand- und Fußfesseln, die Marus mir mit auf meinen Weg gegeben hat. So wie ich mir die Prinzessin vorstelle, hätte ein Bindfaden ausgereicht, um sie zu fesseln. Doch der Auftrag scheint wichtig zu sein, und so will Marus auf Nummer sicher gehen.

Meine strenge Ansprache hat den gegenteiligen Effekt. Statt sich endlich zu beruhigen, wirft das schwarze Pferd jetzt verängstigt den Kopf auf und ab. Wenn es könnte, würde es wohl bis ans andere Ende der Welt vor mir fliehen.

Xaron bewegt sich leise, aber ich merke dennoch sofort, dass er da ist. Ich höre seine leichten Schritte und das sachte Scharren von Leder auf Stein, als er sich gegen die Mauer lehnt. Aber es ist noch mehr als das. Ich kann seine Nähe spüren. Seit unserer Kindheit – seit wir dasselbe Schicksal teilen – besteht ein Band zwischen uns, das wir wohl beide gern zerschneiden würden.

Wenngleich ich seinen bohrenden Blick in meinem Nacken fühle, drehe ich mich nicht zu ihm um, sondern fahre ungerührt mit meiner Tätigkeit fort. Erst als die Satteltaschen sicher verschnürt sind, spreche ich ihn an, ohne mich nach ihm umzusehen.

»Wie lange willst du da noch stehen und mich anstarren? Wusste nicht, dass ich neuerdings dein Typ bin.«

Er schnaubt belustigt und verächtlich zugleich. »Sind das deine kühnsten Träume? Ich wäre dir verbunden, wenn du mich aus ihnen streichen würdest. Wie lange weißt du schon, dass ich da bin?«

»Du bist eben ein richtiger Trampel«, lüge ich.

Er tut mir nicht den Gefallen, auf die Provokation einzugehen. Als ich mich doch umwende, finde ich ihn in bekannter Position vor: lässig an der Mauer lehnend, die Arme vor der Brust verschränkt, das schmale Kinn herausfordernd vorgereckt. Das Blau seiner Augen ist so tief und dunkel wie das des Himmels.

»Du warst diesmal nicht lange hier«, merkt er an. »In der Festung.«

»Sind wir das denn je?«, kontere ich.

Dabei ist uns beiden klar, dass es ungewöhnlich ist, wie schnell Marus mich nach meiner Rückkehr wieder losschickt. Das muss daran liegen, dass der Auftrag besonders dringlich, vermutlich auch besonders gut bezahlt, ist.

Xaron weiß das so gut wie ich. Darum geht er auch auf diese Bemerkung nicht ein.

»Entweder es ist so wichtig, dass es keine paar Tage warten kann«, überlegt er laut und sieht mich dabei lauernd an, als hoffe er, dass meine Reaktion etwas über den Grund meines frühen Aufbruchs verrät. »Oder Marus kann dich einfach nicht länger hier ertragen und versucht, dich so rasch wie möglich wieder loszuwerden. Darum schickt er schon wieder dich, keinen von uns anderen. Das könnte ich gut verstehen.«

Beinahe hätte ich über diesen schwachen Versuch, mich zu provozieren, gelacht. »Du weißt so gut wie ich, dass er mich für diesen Auftrag ausgewählt hat, weil ich zu den Besten zähle.« *Im Gegensatz zu dir*, sagt mein Tonfall.

»Wundert mich, dass er dich schon wieder allein losschickt.« Nicht etwa mit einem anderen Jäger oder einer ganzen Gruppe. Er kaut auf seiner Unterlippe. Es wurmt ihn merklich, dass ich so viel Beachtung finde.

»Wen sollte er mir denn zur Seite stellen? Etwa

dich? Du wärst mir doch nur ein Klotz am Bein.« Ich stichle nicht, sondern haue mit dem Kriegshammer zu. »Und wer weiß, vielleicht ist es ja etwas Vertrauliches.«

»Vertraulich? Dieser Auftrag ...« Jetzt hat auch sein Tonfall etwas Lauerndes. Er verschleiert nicht mal mehr, wie sehr er darauf brennt, mehr zu erfahren. »Worum geht es? Etwa wieder eine Kraya? Was sollst du diesmal erlegen?«

Die Phiole mit dem goldblonden Haar der Prinzessin liegt unter meiner Kleidung, gut verborgen vor forschenden Blicken. »Mal aus Interesse: Was überwiegt im Moment – deine Neugier oder dein Neid, weil er mich dir wieder vorzieht?«

Das hat gesessen. Xaron versucht, sich nichts anmerken zu lassen, aber die Art, wie sein Kiefer mahlt, verrät ihn. Er hatte seine Emotionen immer schon zu schlecht im Griff.

Viel könnte ich ihm nicht erzählen. Wir sind doch ohnehin alle nicht viel mehr als Marus' Werkzeuge. Wir bekommen nur die Informationen, die wir unbedingt benötigen, um erfolgreich zurückzukehren.

Noch einmal rucke ich ungeduldig am Zaumzeug, als das Pferd nervös herumzappelt. Als ich den Fuß in den Steigbügel setze, weicht es einen Schritt zur Seite aus, sodass ich hinterherhüpfen muss. Xarons lautes Lachen treibt mir die Hitze in die Wangen. Soll er sich nur über mich lustig machen – ich bin diejenige, die von Marus auf eine wichtige Mission geschickt wird.

Ich spüre Xarons Blick in meinem Rücken, als ich dem Pferd die Sporen gebe und ins Halbdunkel davonpresche.

KAPITEL 8

Odine

Das Land ist karg und unwirtlich.

Dariel behauptet, es würde Nahrung für alle bereithalten, die sich bemühen, danach zu suchen. Doch ich bezweifle, dass seine und meine Vorstellung von Nahrung in dem Fall übereinstimmen.

Und überhaupt, was weiß er schon über die Wälder und Wiesen Garas? Er ist doch nicht einmal hier aufgewachsen.

Unzufrieden kaue ich auf einer zähen Wurzel, die er ausgegraben und als Mahlzeit deklariert hat. Fasern bleiben zwischen meinen Zähnen hängen, der bittere Geschmack lässt immer mehr Speichel fließen, den ich unentwegt schlucken muss, und mein Magen beginnt allmählich, zu rebellieren.

»Wie lange lebst du eigentlich schon hier?«, frage ich ihn, nachdem ich einen weiteren Bissen runtergewürgt habe.

»Schon seit Langem. Meine Mutter hat mit einem Schiff übergesetzt, da war ich sieben Jahre alt.«

Schön. Vielleicht kennt er sich hier nicht viel

schlechter aus als ich. Außerhalb der Schlossmauern wahrscheinlich sogar besser als ich. Vor ihm hingegen würde ich das niemals zugeben.

Grau erstreckt sich der Himmel über dem düsteren Land, das so weit ist, dass meine Augen schmerzen. Der Wind bewegt die dürren Gräser wie sachte Wellen auf einem See.

Alles sieht so anders aus, wenn man unterwegs ist und das Land nicht auf einer Karte betrachtet. Wo befinden wir uns? Wo verlaufen die Grenzen der Königreiche, der Fürstentümer und Grafschaften, wenn sie nicht mit roter und schwarzer Tinte eingezeichnet sind? Ich bin im Niemandsland, verirrt und verloren.

Mit hängenden Köpfen trotten unsere Pferde vorwärts. Nicht mehr hintereinander wie gestern, sondern nebeneinander. Ich weiß nicht so genau, wer von uns die Richtung vorgibt. Auch wir lassen die Köpfe hängen, schweigen, brüten über unseren eigenen Gedanken. Einmal, zweimal ertappe ich Dariel dabei, wie er mich von der Seite ansieht. Wieder hat er dabei diesen Blick, den ich nicht verstehe, der mir aber überhaupt nicht gefällt.

Aus purem Trotz starre ich zurück. Betrachte seine kantigen Gesichtszüge und kräftigen Augenbrauen, seine braunen Haare und Augen, seine Lippen und seine Hände. Als könnte mein Blick ihm diese Attribute rauben und ihn auf diese Weise für seine Anmaßung bestrafen, mich so anzusehen, wie er es tut.

»Du bist ein seltsames Mädchen, Prinzessin«, sagt er kopfschüttelnd und reitet schneller.

Wie gern hätte ich mit meinen Blicken seinen Hinterkopf durchbohrt oder ihn mit harten, strafenden Worten niedergeschmettert. Nicht, weil er es wirklich verdient hätte. Sondern weil es mich unsagbar irritiert, dass es die früheren Machtverhältnisse schlagartig nicht mehr gibt. Ich vermisse die Zeiten, in denen ein Fingerschnipsen von mir gereicht hätte, um Wachen zu befehligen, die ihn für seine Unverschämtheit bestraft hätten.

»Weißt du, es ist nicht so, als fühlte ich mich nicht geschmeichelt«, sagt er wie aus dem Nichts, ohne sich zu mir umzudrehen.

Ich schrecke aus meinen Gedanken hoch. »Geschmeichelt? Warum das denn jetzt?«

»Weil du mich so anstarrst. Die ganze Zeit. Ich habe da schon Verständnis, würde mir an deiner Stelle vielleicht ähnlich gehen. Aber die Landschaft ist auch nett anzusehen. Die verpasst du, wenn du nur mich im Blick hast.«

Mir schießt das Blut in die Wangen.

»Spinnst du? Eingebildeter Gockel. Weder du noch die Landschaft sind nett anzusehen«, platzt es dann empört aus mir heraus.

Jetzt schaut er doch über die Schulter zurück zu mir. Amüsiert funkelt er mich an. »Du warst auch schon mal humorvoller.«

Hinter meiner Stirn pulsiert es. Ich kann förmlich spüren, dass dort eine Ader hervortritt. Wie bei meinem Vater manchmal, wenn er sich besonders aufregt. »Ist das ein Wunder?«, schnappe ich. »Irgendwann zwischen Todesangst und dem Verlust von allem, was ich hatte, muss mir der Humor abhandengekommen sein. Und du machst es gerade wirklich nicht besser.«

Macht er aber doch. Während ich meiner Wut Luft mache, indem ich ihn ankeife, fällt ein wenig Anspannung von mir ab. Und ich merke tatsächlich, dass ich über seinen frechen Tonfall grinsen muss.

»Okay, okay. Ich glaube dir ja, dass du meinem hinreißenden Gesicht nichts abgewinnen kannst. Auch wenn mich das an deinem Geschmack zweifeln lässt. Aber dass du an dieser atemberaubenden Landschaft nichts Schönes findest, glaube ich dir nicht. Lass uns ein Spiel spielen.«

»Ein Spiel?«, wiederhole ich skeptisch. Zugleich bin ich dankbar für jede Ablenkung von meinem Kummer. Einerseits frage ich mich, wie er in dieser Situation auf die Idee kommen kann, etwas so Kindisches wie ein Spiel vorzuschlagen. Andererseits bin ich neugierig.

»Ganz simpel und unspektakulär. Wir zählen abwechselnd je drei schöne Dinge auf, die uns hier draußen auffallen. Wer zuerst nichts mehr findet, hat verloren.«

Ich verdrehe die Augen, schaue mich dann aber doch in meiner Umgebung um. Ja, das Land ist karg. Aber als ich genauer hinsehe …

»Die Felsformation dort drüben. Die weiße Blume, die sich ihren Weg zwischen harten Steinen hindurch gebahnt hat. Die Farbe des Himmels am Horizont.«

Es tut gut, mich auf etwas anderes zu konzentrieren, statt mich nur in meinem eigenen Schicksal zu suhlen. Vielleicht ist Dariel keine ganz so schreckliche Nervensäge, wie ich bisher dachte.

KAPITEL 9

Oona

Ich reite schnell. Das Land unter mir erzählt Geschichten, die das Huftrommeln meines Rappen mit einem hypnotischen Rhythmus untermalt. Der Wind reißt mir die Kapuze vom Kopf und zerrt an meinen feuerroten Haaren.

Das Glas der Phiole presst sich an meine Haut und fühlt sich warm an, als hätte es ein Eigenleben wie ein Tier. Mit jeder Meile, die ich zurücklege, wird das transparente Behältnis heißer. Die ihm innewohnende Magie lässt mich deutlich spüren, ob ich in die richtige Richtung reite. Ich werde die Prinzessin finden, so wie ich bisher jede Beute aufgespürt habe. Dazu gönne ich weder mir noch meinem Pferd überflüssige Pausen.

Die Wolkendecke reißt auf, sodass die Sonne gleißend herabstrahlt. Bäume und Felsen ziehen so schnell an mir vorbei, dass sie zu einer Masse aus Grün und Grau verschwimmen.

Sie ist ein Mensch, schießt es mir durch den Kopf.

Unwillkürlich fährt meine Hand zu der Stelle an

meinem schlichten schwarzen Lederwams, unter dem sich der Kettenanhänger befindet. Ein Menschenmädchen, das ich jage.

Ob es einen Unterschied für mich mache, hat Marus gefragt. Nein, habe ich geantwortet. Und dieselbe Antwort gebe ich mir jetzt selbst, als ich mir die Frage erneut stelle. Es spielt keine Rolle für mich.

Hätte es eine gespielt, wenn mein Auftrag gelautet hätte, sie zu töten, statt sie nur gefangen zu nehmen? Ich glaube nicht.

Ein gellender Schrei zerreißt die Stille, ein animalisches Kreischen, auf das mein Pferd mit einem verängstigten Wiehern antwortet. Ein Schatten huscht über mich hinweg, und als ich zum Himmel emporschaue, erblicke ich den Umriss einer fliegenden Kreatur vor der Sonne. Gewaltige, ledrige Schwingen, deren Luftzug ich bis hierhin spüre, obwohl der Roc so hoch über mir kreist. Ein langer Hals, ein spitzer Schnabel. Das ängstliche Pferd will einfach blindlings losstürmen, aber ich kontrolliere es und greife nach meinem Neuntöter. Ein grimmiges Lächeln umspielt meine Lippen.

Komm nur, Bestie. Komm und finde dein Ende. Ich mache es schnell, denn ich habe keine Zeit zu verlieren.

Doch der Roc hat es nicht auf uns abgesehen, er wittert leichtere Beute. Der Schatten gleitet weiter, über die sanft geschwungenen Hügel, und plötzlich stößt der riesige Vogel nieder. Für einen Moment kann ich ihn im Sturzflug bestaunen, die Klauen vorgereckt, den Schnabel aufgerissen, die dunklen Lederflügel eng an den Körper angelegt. Dann ist er hinter einer Hügelkuppe verschwunden, wo Schreie und Hilferufe laut werden.

Vermutlich ein Dorf, vor meinen Blicken verborgen in einem Tal zwischen den Hügeln. Die Überlebenden einer solchen Bestienattacke suchen im Anschluss häufig die Hilfe der Blutgilde. Sofern es Überlebende gibt. Einer von ihnen wird eine Roc-Feder aufsammeln, Marus kontaktieren und ihm ein Angebot machen. Eines, das so hoch ist, wie diese Dorfbewohner es sich nur leisten können. Denn jedermann weiß, dass ein Roc immer wieder zurückkehrt, um sich satt zu fressen, bis keine Menschenseele im Dorf mehr übrig ist.

Marus wird jemanden losschicken, mit der Roc-Feder in einer Phiole, und wir werden uns des Problems annehmen.

Doch das ist nicht mein Auftrag. Marus hat mich nicht geschickt, um diese schreienden Menschen zu retten und den Roc zu erlegen. Mein Weg steuert auf ein anderes Ziel zu, er führt nur zufällig hier vorbei.

Die verzweifelten Rufe bewegen nichts in mir. Ich sehe nicht einmal nach, was jenseits dieser Hügelkuppen geschieht. Ich kann es mir denken, und es geht mich nichts an. Ungerührt reite ich weiter und schaue nicht zurück.

KAPITEL 10

Odine

Am nächsten Tag tauchen die Mauern und Häuser einer Stadt vor uns auf.

Keine große Ansiedlung, nicht viel mehr als ein Dorf, doch es reicht für schützende, hölzerne Palisaden und Wachen vor dem Tor, die gelangweilt dagegenlehnen, sich unterhalten und die Menschen, die hinein- und hinausgehen, mit einem beiläufigen Blick bedenken.

Welche Stadt mag das sein? Karst oder Raffheim? Vielleicht Niederstein?

»Das wäre eine gute Gelegenheit, uns mit Vorräten einzudecken und praktischere Kleidung für dich zu beschaffen.« Dariel hat sein Pferd angehalten und stützt sich auf den Sattelknauf. Wir blicken von einer Anhöhe auf die Stadt hinab, umringt von Eichenbäumen und wilden Heidelbeeren.

»Mag sein«, erwidere ich knapp, »aber ich kann da nicht rein. Was, wenn die Wachen mich erkennen? In meinem Ballkleid bin ich nicht gerade unauffällig.«

Dabei schreit alles in mir nach dem Komfort und der Sicherheit, die die Zivilisation verheißen. Die paar Tage im Sattel und in der Natur waren mehr, als ich je zuvor erleiden musste.

Lange schaut Dariel mich an. »Willst du mir nicht langsam verraten, was du verbrochen hast? Immerhin hängen wir jetzt gemeinsam in dieser Sache drin. Wenn wir geschnappt werden, wüsste ich zumindest ganz gern, welches Vergehen uns zum Verhängnis wird.«

»Lass das meine Sorge sein«, wehre ich erneut ab.

Je mehr ich preisgebe, desto mehr Macht gebe ich aus der Hand. Das habe ich von meinen Fürsteneltern gelernt: Wissen ist Macht. Will man die Kontrolle behalten, muss man mit Informationen sparsam umgehen. Und wenn es etwas gibt, woran man andere Menschen ganz gewiss nicht teilhaben lässt, dann ist es der eigene Gemütszustand. Andererseits ... Von Macht oder Kontrolle kann ich ohnehin nur träumen.

Das Einzige, was mir einen Hauch von Macht verleiht, ist mein kostbares Druckmittel. Obwohl das durch die vielen Stofflagen aus Seide, Satin und Chiffon eigentlich gar nicht möglich ist, glaube ich, das Collier in der versteckten Tasche meiner Korsage zu spüren.

Seufzend schüttelt Dariel den Kopf. »Großartig. Schön. Lass mich eben weiterhin wie ein ahnungsloses Hündchen neben dir herdackeln.«

Ich presse die Lippen zusammen und verenge die Augen. »Es ist nicht so, als würdest du nichts als Gegenleistung bekommen. Es steht dir jederzeit frei, zu gehen. Allerdings bleiben die Juwelen dann in meinem Besitz.«

Geh nicht. Bitte geh nicht.

Und schon gar nicht, nachdem du das Collier von meinem leblosen Leib genommen hast. Wir wissen beide, dass du mir körperlich hoffnungslos überlegen bist und dass die Zeiten, in denen ich dir etwas zu sagen hatte, der Vergangenheit angehören.

Er verdreht die Augen, als wäre es ihm zu blöd, darauf zu antworten.

»Also, was ist nun? Nahrung: Fleisch, Brot, Käse und Rosinenpasteten? Bessere Kleidung, warme Mäntel? Vernünftige Stiefel statt dieser albernen Puppenschühchen?«, schiebt er ungeduldig nach.

Das Angebot klingt mehr als verlockend. Trotzdem zögere ich.

»Ich kann nicht mit dir kommen«, presse ich hervor. Nicht, bevor ich weiß, ob und wie intensiv nach mir gesucht wird. Diese Wächter da unten könnten bereits einen Steckbrief mit meinem Gesicht darauf gesehen haben.

»Dann gehe ich allein. Du kannst hier auf mich warten.« Mit diesen Worten lässt er mich und beide Pferde im Schatten der Eichenbäume stehen und begibt sich zu Fuß zum Tor.

»Warte.« Auf einmal ist meine Kehle vor Angst zugeschnürt.

Lass mich nicht allein.

Kommst du auch zurück?

Kurz dreht er sich zu mir um. Er muss gegen das Licht schauen, wobei das Braun seiner Augen heller wirkt als sonst. Augen, die er im Gegenlicht etwas zusammenkneifen muss. Dabei grinst er, was mich unverhofft trifft.

»Ich komme zurück, Prinzessin«, sagt er, und für einen Moment frage ich mich, ob ich meine flehenden Gedanken laut ausgesprochen habe.

Er geht, und ich stehe mit hängenden Schultern wie ein begossener Pudel da. In meinem schmutzig-opulenten Kleid und mit meinen verstrubbelten Goldhaaren schaue ich ihm hinterher und fühle mich verloren. Zum ersten Mal seit meiner Flucht bin ich wirklich ganz allein.

KAPITEL 11

Oona

Das Sonnenlicht, das durch die Blätter der Linde fällt, malt goldene Tüpfel aufs weiche Moos. Ich zeichne ihre Konturen mit dem Zeigefinger nach. Bin so vertieft in meine Grübeleien, dass ich ihn erst gar nicht bemerke. Seine Schritte sind leicht.

»Du bist traurig«, sagt er.

Ich drehe mich zu ihm um. »Nein«, behaupte ich. Aber natürlich weiß er, dass ich lüge.

Mitleidig sieht er mich an. »Erzähl mir, warum.«

Er weiß den Grund doch, so wie er alles weiß. Aber sein Mitgefühl und sein sanftes Lächeln treiben mir fast die Tränen in die Augen. So viele Tage lang habe ich nicht mehr geweint. Ich will es auch heute nicht und überhaupt nie wieder tun. Immerhin bin ich jetzt eine Jägerin.

Er setzt sich zu mir in den Schatten des Baumes.

»Du hast Xaron losgeschickt. Zu seinem ersten Auftrag«, platzt es aus mir heraus.

»Und?«

Ich blinzle hektisch, als meine Augen doch wäss-

rig werden. Zwinge stur einen trotzigen Ausdruck auf mein Gesicht. »Nicht mich.«

Marus' leises Lachen erinnert an das Plätschern eines Bachs, der über Kiesel sprudelt. Normalerweise beruhigt es mich, doch im Moment regt es mich auf: Ist das etwa lustig?

»Warum nicht mich?« Bei den Worten fahre ich in die Höhe und funkle ihn an. »Ich bin ebenso bereit wie er. Ich kann das auch. Ich habe hart trainiert. Ich bin besser als Xaron. Schneller und geschickter. Mutiger.«

Marus lehnt sich zurück, bis er im Moos liegt. Versonnen schaut er hoch zum Himmel.

Verdrossen betrachte ich ihn. Er nimmt mich nicht ernst. Weiß er denn nicht, wie gern ich auch zu einem Auftrag losgeschickt werden wollte? Mir wird übel, wenn ich an Xarons triumphierendes Grinsen denke, als er mit einer Gruppe der älteren Jäger losgezogen ist, um eine Rostkrabbe am Fluss zu erlegen.

Weil Marus' Hemd verrutscht ist, sehe ich die Phiole, die er trägt. Nicht an einem Lederband wie die meisten Jäger, wenn sie zur Jagd aufbrechen. Sondern an einem feingliedrigen Goldkettchen, das im Sonnenlicht funkelt. Staunend weiten sich meine Augen. Was für eine merkwürdige Form das Glasbehältnis hat. Nicht schlicht, sondern unregelmäßig gewölbt.

»Bist du gerade auf einem Auftrag?«, platzt es aus mir heraus.

Welchen Grund sollte er sonst haben? Das ist der

einzige Zweck dieser Phiolen. Sie führen einen Jäger zu seiner Beute.

Ohne darüber nachzudenken, greife ich danach. Als ich das Glas in meiner Hand spüre, erstarre ich. Wird unser Anführer mich für meine Neugier bestrafen?

»Nur zu«, sagt er freundlich.

Auf einmal weiß ich, woran mich die Konturen des Glases erinnern.

An ein Herz.

Haare sind im Glas eingeschlossen. Eine goldblonde Locke, die seidig und weich aussieht. Anders als meine widerspenstigen Haare, die immer verzottelt über meine Schultern auf meinen Rücken fallen. Plötzlich erkenne ich noch einen roten Punkt am Boden des Gefäßes. Ein Blutstropfen.

»Bist du auf einem Auftrag?«, frage ich erneut. Gehören diese Haare und dieses Blut zur Bestie, die er jagt? Immer seltener verlässt er die Festung, wird von Tag zu Tag schwächer. Heute musste er sich auf einen Stock stützen, um hierherzugelangen.

Milde lächelt er und setzt sich wieder auf. Eindringlich schaut er mir ins Gesicht.

»Oona, ich habe mittlerweile nur noch einen einzigen Auftrag: auf Jäger wie dich aufzupassen und sie zu beschützen.«

Ich erwidere sein Lächeln. Er passt auf mich auf. Ich möchte gern auch auf ihn aufpassen.

»Ich weiß, dass du enttäuscht bist, weil ich Xaron

losgeschickt habe. Es ist nicht so, dass ich denke, er sei bereit und du nicht.«

Eifrig nicke ich. »Ich bin es auch!«

Wieder dieses leise Lachen.

»Du bist es nicht. Und er auch nicht.«

»Aber …« Aber er hat Xaron doch losgeschickt.

Unbekümmert sieht er mich an. »Ich bin der Meinung, Xaron wird allmählich hochmütig und könnte eine Lektion vertragen. Er wird seine Abreibung bekommen. Dann wird er eine Weile nicht mehr so vorlaut sein.«

Verblüfft schaue ich ihn an, dann muss ich lachen.

Als er mir die Hand auf den Kopf legt, verstumme ich. Sanft streichelt er über mein Haar, nur ein Mal, aber das ist mehr, als ich zu hoffen gewagt hätte.

»Ich werde dich losschicken, wenn du bereit bist«, sagt er ernst. »Glaube mir. Ich weiß, du wirst eines Tages eine meiner besten und wertvollsten Jägerinnen sein.«

Ich liege im weichen Moos und starre empor in den Nachthimmel.

Ich halte die Phiole mit dem einzelnen goldenen Prinzessinnenhaar ins Mondlicht.

Marus hatte recht. Xaron kam damals mit einem blauen Auge, zahlreichen Kratzwunden und einem geknickten Ego zur Festung zurück. Ich muss jetzt noch grinsen, wenn ich daran denke. Wie ich mich gefreut habe, als die erwachsenen Jäger, mit denen er unterwegs war, am Lagerfeuer darüber gewitzelt haben, dass die Rostkrabbe ihn beinahe ins Wasser gezerrt und in ihr Nest verschleppt hätte. Dass er dabei panisch geschrien hätte. Als die Geschichte ausgepackt wurde, war Xaron kreidebleich, bis auf die flammend roten Flecken auf seinen Wangen.

Trotz der Genugtuung hat mir mein ewiger Konkurrent dann doch leidgetan. Später, als sich alle Jägerinnen und Jäger zur Nachtruhe zurückgezogen haben, fing ich ihn auf dem Korridor in der Festung ab.

»So eine Rostkrabbe ist wirklich gefährlich«, habe ich ihm gesagt. »Das weiß jeder. Die sind nicht ohne.«

Es war nett gemeint. Aber seine Augen blitzten wütend auf, und er schubste mich. »Woher willst du das wissen? Du hast noch nie eine gesehen, weil du noch nie für eine Mission eingeteilt wurdest.«

Damit hatte sich mein Mitleid schon wieder erledigt.

Wir hatten es beide nicht leicht, das denke ich jetzt im Rückblick. Aber kein Jäger hat das. Das macht uns aus. Ohne die Entbehrungen und das harte Training wären wir nicht, wer wir sind.

Eine seiner besten und wertvollsten Jägerinnen. So hat Marus mich damals genannt. Ich habe die Worte seitdem wie einen Schatz in meinem Herzen getragen, mich an ihnen gewärmt, wenn ich einmal keine Kraft mehr hatte. Ich wollte die sein, die er in mir sah. Ich wollte seinem Bild genügen.

Ich will es immer noch. Nichts wird mich je davon abbringen, dafür zu kämpfen, Marus' beste Jägerin zu sein.

KAPITEL 12

Odine

Wie schrecklich sich die Zeit zieht, wie sich jede Sekunde zu einer Ewigkeit aufbläht.

Dariel ist immer noch weg. Es müssen schon Stunden sein, doch anfühlen tut es sich nach Tagen. Je tiefer die Sonne sinkt, desto unruhiger werde ich. Immer wieder geht mein Blick zum Stadttor.

Verzweifelt versuche ich, mir die Zeit zu vertreiben. Die Pferde habe ich von ihren Satteln befreit, damit sie es bequemer haben. Friedlich zupfen sie jetzt Blaubeeren von den Sträuchern und haben keine Ahnung von der Unruhe, die mich plagt.

Die Bilder der vergangenen Nacht kehren zurück. Die Träume waren so real, dass ich nach dem Aufwachen im ersten Augenblick nicht wusste, wer und wo ich bin. Die Blicke des Mädchens haben sich in meine Seele gebohrt. Oder waren es meine eigenen Blicke, und ich habe bloß in einen Spiegel gesehen?

Die Schatten werden länger, die Sonne taucht den Himmel in einen rötlichen Schein. In der Hoffnung, meine Nervosität zu zügeln, halte ich meine

Hände beschäftigt. Knötchen für Knötchen entwirre ich meine Haare mit meinen Fingern und versuche, Ordnung in das Chaos zu bringen. Aber die Fäden meines Schicksals, das seit dem Wahrspruch ein Knäuel ist, kann ich nicht sortieren.

In meinem alten Leben hätte das eine Zofe mit duftenden Rosen- und Lavendelölen getan. Jetzt bleibt mir das Wasser eines Tümpels, aus dem die Pferde gerade noch getrunken haben und in dem Froschlaich treibt. Blass und traurig starrt mir mein Spiegelbild von der trüben Oberfläche entgegen.

Auf einmal lächelt es mir aufmunternd zu. Ein großes Lächeln, das Zähne zeigt und das nicht von mir stammt. Mein eigenes Gesicht blickt ernst drein.

»Mädchen«, flüstere ich. »Was soll aus uns werden?«

Ihr Mund öffnet sich, als wollte sie mir etwas sagen. Sie langt mit ihrer Hand nach vorn zur Oberfläche und damit auf mich zu.

Plötzlich krampft sich mein Herz vor Angst zusammen, ich weiche zurück, greife instinktiv nach einem Stein und werfe ihn in den Tümpel. Das Wasser spritzt hoch, das Bild ist zerstört. Trotzdem vermeide ich es, mich dem Tümpel noch einmal zu nähern und hineinzuschauen.

Warum habe ich auf einmal Angst vor dem Mädchen? Ich kenne es, seitdem ich denken kann. Unzählige Male habe ich es statt meiner selbst im Spiegel gesehen. Immer habe ich es als Freundin empfunden, die meine Einsamkeit vertreibt.

Dariel, wo bleibst du?

Er hat mich verlassen, auf einmal ist mir das klar. Das Collier hat nicht ausgereicht, um mir seine treuen Dienste zu sichern. Lässt er mich bloß im Stich, oder verrät er mich an die Wachen in der Stadt?

Die Ungewissheit macht mich wahnsinnig. Er ist weg. Ich bin allein. Ich habe niemanden.

Ich muss auch weg, schießt es mir durch den Kopf. Wenn er gleich mit Wachen wiederkommt, ist alles vorbei. Sie werden mich in Ketten legen und zurück zum Königshof schleifen, wo ich in den tiefsten Kerker geworfen oder hingerichtet werde.

Ich springe auf, taumle zu den Pferden, die angesichts meiner plötzlichen Hektik irritiert mit den Ohren wackeln. Dann beginne ich, eines davon zu satteln und aufzuzäumen.

»Was genau machst du da?«

Ich fahre herum, und da steht er. Dariel ist schwer beladen, hat ein mit Schnüren zusammengebundenes Bündel aus Stoff und in Leinen eingeschlagene Pakete dabei, aus denen Brot und ein ganzes Käserad ragen.

Meine Tränen überrumpeln mich selbst, gewaltsam schießen sie mir in die Augen, fließen wie ein Sturzbach über meine Wangen.

Contenance, Odine.

Ich wende mich ab, will meine Gefühle verstecken. Die Erleichterung bricht in Form von Tränen aus mir heraus.

Ich erstarre, als sich plötzlich von hinten Arme um mich schlingen. Dariel umarmt mich mit einer ruhigen Selbstverständlichkeit, als wären wir Freunde und nicht nur eine Zweckgemeinschaft.

Für einen kurzen Moment bin ich empört: Was fällt diesem Bürgerlichen ein, eine Prinzessin zu berühren?

Aber ich bin nur mehr ein Mädchen, über dessen Wangen Tränen laufen, die ich zurückhalte, seit der Fluch der Roten Witwe mir meine Zukunft genommen hat.

Er presst mich an seine Brust, und ich spüre an meinem Rücken, wie er ein- und ausatmet. Er hält mich so lange, bis ich nicht mehr von Schluchzern geschüttelt werde.

»Dachtest du wirklich, ich komme nicht zurück?«

Ich bleibe ihm eine Antwort schuldig. Mein Weinen verebbt langsam, und ich schweige stur. Doch ich winde mich nicht aus seiner Umarmung, sondern lasse mich sogar gegen ihn sinken. Ganz still bin ich. Nachdem das Schluchzen aufgehört hat, halte ich sogar die Luft an, bin völlig lautlos. Dariels Atem streift warm meinen Nacken und lässt meine Haut kribbeln.

Auf einmal merke ich, dass er ebenfalls den Atem

anhält. Hauchzart berühren nun seine Lippen meinen Nacken.

Ein leises, überraschtes Seufzen entweicht mir. Was tut er da? Und vor allem, warum unternehme ich nichts dagegen? Statt mich loszureißen, schließe ich die Augen.

Seine Arme, von hinten um mich geschlungen, halten mich fest. Meine zitternden Hände tasten nach seinen Unterarmen. Mein ganzer Körper bebt.

Wie lange stehen wir so da? Endlos lang oder doch nur einen Augenblick? Der Wind wirbelt um uns herum, trägt mir Dariels Duft in die Nase. In diesem Moment wünsche ich mir, er würde für immer so nah bei mir sein und mich halten ... Ich wünsche, ich könnte den Augenblick konservieren und ewig aufbewahren.

Ich weiß instinktiv, dass es nun an mir ist, zu handeln. Ihm ein Signal zu senden. Dariel wird nicht weiter gehen, wenn ich keinen Schritt auf ihn zumache. Mit immer noch angehaltenem Atem wartet er auf meine Reaktion. Ganz sachte lasse ich meine Fingerspitzen über seinen Unterarm wandern. Wieder spüre ich seine Lippen auf meinem Nacken. Das Prickeln, das sich von dieser Stelle in meinem ganzen Körper ausbreitet, ist so intensiv, dass ich nichts anderes mehr spüre.

Diesmal ist es ein leises Stöhnen, das mir über die Lippen kommt. Erschrocken beiße ich mir auf die Unterlippe. Warum fühlt sich das so viel intimer, so viel besonderer an als jede andere Berührung, die ich je erlebt habe. Besonderer selbst als jeder Kuss?

Mein Herz pocht wie wild. Ich versuche, meinen Mut zu sammeln.

Gleich!

Gleich drehe ich mich in seinen Armen zu ihm um, stelle mich auf die Zehenspitzen und küsse ihn. Aber ich zögere zu lange. Der Moment verfliegt. Dariel seufzt leise und zieht sich zurück. Ich spüre nur noch das Echo seines Atems auf meinem Nacken. Und die Kälte in meinem Rücken.

Ich bin Dariel dankbar dafür, dass er nach meinem Moment der Schwäche so tut, als wäre nichts passiert. Als wäre ich nicht in Tränen ausgebrochen wie ein kleines Kind, das Mutter und Vater aus den Augen verloren hat.

Und vor allem bin ich froh darüber, dass wir den Moment der Nähe totschweigen. Ich weiß gerade selbst nichts mit mir und meinen Gefühlen anzufangen. Habe ich gerade nicht wichtigere Probleme, über die ich mir den Kopf zerbrechen sollte? Trotzdem schlägt mein Herz schrecklich schnell, wann immer sich unsere Blicke begegnen, und in meinem Bauch breitet sich viel zu häufig ein irritierendes Kribbeln aus.

Er scheint davon nichts zu bemerken.

»Das alles kann wohl nicht mit den Leckereien mithalten, die du sonst gewohnt bist. Aber es ist nahrhaft und hält eine Weile. Würste, Käse, ein großes Stück Trockenfleisch. Diese Art von Brot haben Soldaten dabei, wenn sie für längere Zeit unterwegs sind«, zählt er pragmatisch auf, während er seine Errungenschaften auf einer Decke verteilt, um sie mir zu präsentieren.

Als ich nach Brot und Käse greife, berühren sich unsere Hände für einen Moment. Sofort schießt ein heißes Prickeln durch meinen ganzen Körper und flutet durch mich hindurch. Mein Gesicht glüht.

Verlegen senke ich den Blick und konzentriere mich ganz auf die Lebensmittel, als wären sie das Spannendste, was ich je erlebt habe. Tatsächlich bin ich selbst erstaunt, wie gut mir das Stück Käse schmeckt, das ich mir gerade abgeschnitten habe. Was Hunger ausrichten kann …

Während ich esse, spüre ich Dariels Blick auf mir, obwohl ich selbst nicht aufschaue. Es dauert einen Moment, bis das Kribbeln nachlässt und ich wieder freier atmen kann.

Als ich ihm das Messer zurückgeben will, schüttelt er den Kopf. »Behalte es besser bei dir. Außerhalb der Schlossmauern ist es gefährlicher, als du dir vorstellen kannst. Du brauchst etwas, womit du dich im Zweifelsfall verteidigen kannst.«

Er täuscht sich, ich habe eine ungefähre Ahnung,

wie gefährlich es hier draußen ist. Aber ob ich angesichts der Gefahren, die hier draußen lauern, mit einem Käsemesser weit komme? Selbst wenn es scharf und spitz ist wie dieses?

»Und was ist mit dir?«

»Ich komme schon zurecht.«

Mein Blick fällt plötzlich auf das andere verschnürte Paket, und sofort packt mich die Neugier. Ich ziehe feste Woll- und Lodenstoffe in dunklem Grün daraus hervor sowie weißes Leinen.

»Wehe, du schaust.« Streng funkle ich ihn an.

Er lacht. »Ich denke nicht, dass es da etwas Interessantes zu sehen gibt.«

Mit vor der Brust verschränkten Armen wendet er sich ab und lehnt sich mit dem Rücken zu mir an einen Baum. Skeptisch starre ich einen Herzschlag lang seinen Hinterkopf an. Er würde sich doch nicht umdrehen? Bei der Vorstellung werde ich schon wieder nervös und verlegen. Ich kneife mir in den Handrücken und atme mehrmals tief ein und aus. Diese unnötige Verwirrung muss aufhören. Es gibt so viel Wichtigeres. Ich sollte mich aufs bloße Überleben konzentrieren, statt mir den Kopf über Dariel zu zerbrechen.

Im Schutz der Eichen ziehe ich mich hastig um. Es tut gut, das Ballkleid gegen etwas Praktischeres zu tauschen. Dariel hat mir ein schlichtes Reitkleid mitgebracht. Der grüne Überrock lässt sich mit einer

Kordel auf Kniehöhe raffen, was mir mehr Bewegungsfreiheit verschafft. Darunter trage ich eine eng anliegende braune Lederhose. Die seidene Strumpfhose, die ich bisher getragen habe und die nur noch in Fetzen an meinen Beinen hängt, knülle ich einfach zusammen und werfe sie achtlos in einen Brombeerstrauch. Sollen die Vögel sich ein Nest daraus bauen. Das Kleid ist schmucklos und wird mit Knöpfen und einer Schnürung geschlossen. Darunter ragen der Kragen und die Ärmel der weißen Bluse hervor.

»Wie lange kann man brauchen, um sich umzuziehen?«, ruft Dariel ungeduldig. »Lass uns das letzte Sonnenlicht nutzen, um noch ein Stück zu reiten.«

»Du kannst ja in der Zwischenzeit schon die Pferde satteln«, versetze ich kühl, begebe mich dann aber an seine Seite, um mit anzupacken.

Je öfter ich diese Handgriffe durchführe, desto leichter fallen sie mir. Obwohl der Muskelkater meinen ganzen Körper schmerzen lässt.

»Ich habe dir noch etwas mitgebracht«, sagt Dariel unvermittelt.

Was er mir in die Hand drückt, jagt mir einen Schauer über den Rücken.

Ein angelaufener Handspiegel, der von einem Riss durchzogen ist.

»Ich dachte, du freust dich. Der sollte dir helfen, deine Erscheinung in Ordnung zu bringen.« Er grinst mich an.

Ich bemühe mich, zurückzulächeln. Doch mein Gesicht ist wie eingefroren. »Danke«, krächze ich.

Dass er mir ein kleines Geschenk mitgebracht hat, ist ebenso unerwartet wie rührend. Er kann nicht ahnen, dass sich mein Verhältnis zu Spiegeln in den vergangenen Tagen gewandelt hat.

Kalt liegt das Glas in meiner Hand. Eigentlich will ich den kleinen Gegenstand sofort in einer Satteltasche verschwinden lassen, ohne hineinzusehen. Doch dann gebe ich mir einen Ruck. Es ist nur ein schnöder Spiegel, kein magischer, kein schicksalslenkender.

Und schon schaut mir das Mädchen wieder entgegen. Dann öffnet sie den Mund. Es ist deutlich, dass sie mich anschreit, auch ohne, dass ein Laut zu hören ist.

Ich presse mir eine Hand auf den Mund, um nicht selbst aufzuschreien, und bin froh, dass Dariel gerade auf sein Pferd steigt und mir somit den Rücken zuwendet. Mein Herz hämmert, als ich den Spiegel hastig in die Satteltasche stecke.

Das Mädchen, das immer ein Teil meines Lebens war, erfüllt mich plötzlich mit einem solchen Unbehagen. Weil sie präsenter wird, wütender und echter. Als würde sie ganz langsam, Stück für Stück, näher kommen.

KAPITEL 13

Oona

Ich hasse Städte und vor allem die vielen Menschen. Den schmutzigen Geruch ihrer Körper, diese Mischung aus Schweiß und Angst und all den anderen Emotionen, von denen sie sich leiten lassen.

Auch ihre Blicke sind mir zuwider. Manche verstohlen, andere ganz unverhohlen, ängstlich oder voll Abscheu. Sobald ich an jemandem vorbei bin, der vorgibt, mich nicht zu bemerken, spüre ich sein schamloses Starren in meinem Rücken.

Doch mein Anhänger mit dem Haar der Prinzessin wird wärmer, wenn ich mich den Mauern nähere. Und so bleibt mir keine Wahl, als in das Gewusel einzutauchen.

»Willkommen in Brim«, ruft eine Frau, die direkt hinter dem Eingangstor am Straßenrand Hefekuchen verkauft.

Schweigend eile ich an ihr vorbei. Mir egal, wie diese stinkende Häuseransammlung heißt. Ich habe einen Auftrag zu erfüllen.

Jemand rempelt mich an. »Vorsicht, wo du hinläufst, Mädchen«, höhnt eine Stimme.

Blitzschnell fahre ich herum. Ich greife nicht zu meiner Waffe, sondern starre den Mann nur eiskalt an. Wenn man mich nicht wegen meiner dunklen Kleidung als Jägerin identifiziert, dann wegen des dezenten Emblems auf meinem Umhang. Wenn nicht deswegen, dann schrecken die Menschen vor meiner geisterhaften Erscheinung zurück.

Das Mädchen mit den toten Augen.

Das hat man schon hinter meinem Rücken gewispert, als ich noch ein Kind war.

Jemand packt den Mann am Ärmel. »He, ruhig. Siehst du nicht, dass sie eine Blutjägerin ist? Provozier sie nicht.«

»Die ist doch nicht mehr als ein Mädchen«, murrt der Erste, lässt sich aber bereitwillig wegzerren.

Sollen sie nur reden. Ohne noch einmal zu ihnen zurückzuschauen, haste ich weiter.

Fast gar nichts weiß ich über meine Beute. Nicht den Namen. Nicht einmal das Alter. Eine Prinzessin? Sie könnte ein Kleinkind sein oder auch eine alternde Dame. Ich könnte sie in einem Schloss finden, einem entlegenen Herrenhaus, in einer bewachten Kutsche. Gibt es in dieser Stadt eine Villa?

Alles, was ich habe, ist die Glasphiole, die mich leitet. Mehr Informationen benötige ich nicht.

Und doch bin ich hier falsch. Frustriert beiße ich

die Zähne zusammen, als die Spur schwächer wird. Hier innerhalb dieses Schutzwalles ist die Prinzessin nicht. Ich muss einsehen, dass ich ihr näher gekommen bin, mich dann aber doch habe fehlleiten lassen.

Mein Pferd wirft erschrocken den Kopf hoch, als es mich bemerkt. Ich habe es draußen an einem Baum festgebunden und gehofft, dass es weder Dieben noch wilden Tieren zum Opfer fällt. Vermutlich wünscht es sich, irgendjemand hätte es entwendet und damit vor mir gerettet.

»Weiter«, murmle ich, »keine Pause.«

Trotzdem nehme ich mir die Zeit, die Umgebung nach Spuren abzusuchen. Es gibt einen Grund, warum die Phiole mich hierhergeführt hat. Die Magie macht keine Fehler. Die Prinzessin muss hier irgendwo vorbeigekommen sein. Daran kann kein Zweifel bestehen.

Nachdenklich zerkrümle ich etwas Erde zwischen meinen Fingerspitzen.

Verdammt, wo bist du?

Ich durchstreife die lichten Waldstücke, die die Stadt umgeben – und halte plötzlich inne. Da hängt etwas zwischen den Brombeersträuchern. Etwas so Hauchfeines, dass ich es im ersten Augenblick beinahe für Spinnweben gehalten hätte. Vorsichtig pflücke ich es aus dem Klammergriff der Dornen und betrachte meinen Fund irritiert.

Die Sonne ist in der Zwischenzeit untergegangen, doch der Mond schenkt ausreichend Licht. Ich begreife erst nicht, welchem Zweck dieses Stück Stoff dienen soll. Um etwas zu binden oder zu verschnüren, ist es viel zu dünn und filigran. Die Dornen haben so große Löcher darin hinterlassen, dass man die ursprüngliche Form kaum mehr erahnen kann.

Ein Kleidungsstück? Bestimmt.

So lächerlicher Firlefanz ohne jeglichen praktischen Nutzen ist genau das, was jemand anziehen würde, der mit dem goldenen Löffel im Mund geboren wurde. Ja, ein Kleidungsstück. Darauf weisen auch die winzigen Blutspuren hin, die auf dem Stoff verteilt sind: Wer auch immer das getragen hat, ist damit durch Sträucher und Unterholz gelaufen und hat dabei Kratzer abbekommen. Stacheln und Dornen haben nicht nur das zarte Stoffgewebe, sondern auch die Haut der Trägerin lädiert.

Die Prinzessin. Inzwischen bin ich sicher, dass sie es ist. Ich lasse den feinen Stoff nachdenklich zwischen meinen Fingern hindurchgleiten, wobei der Anhänger auf meiner Haut förmlich anfängt zu brennen.

Kurz hätte ich fast aufgelacht, als mir aufgeht, wofür das sinnlose Stück Stoff bestimmt ist: für die Beine! Wozu bei allen Bestien Garas sollte man seine Beine in so etwas hüllen? Kopfschüttelnd lasse ich es in eine Tasche meines Sattels gleiten.

Akribisch suche ich die Stelle unter den Eichen ab. Geknickte Zweige. Platt getrampelte Gräser. Hufspuren.

Hier haben sie gelagert. Mehrere Leute, mindestens zwei, es könnten auch drei gewesen sein. Was macht eine Adlige hier draußen in so minimaler Begleitung ohne wesentlichen Schutz?

Das macht meine Arbeit um einiges leichter.

Der Abendwind wispert zwischen den Blättern. Rötliche Lichter leuchten in der Stadt. Hell und bleich steht der Mond am Himmel, während ich nach Spuren suche. Maximal drei Tage mag es her sein, dass sie hier waren. Ich bin meiner Beute dicht auf den Fersen. Die Distanz zwischen uns wird rasch dahinschmelzen, denn ich werde weder mich noch mein Pferd schonen.

Wie von selbst tritt ein Grinsen auf meine Lippen, von dem ich weiß, dass es selbst den anderen Jägern einen Schauer über den Rücken jagen würde. Ich wende mein Gesicht dem Mond zu, sodass sich das knochenbleiche Licht in meinen Augen spiegelt. Mein Pferd wiehert erschrocken auf, als ich mich blitzartig auf seinen Rücken ziehe. Seine Hufe scheinen den Boden kaum zu berühren, so schnell treibe ich es an.

KAPITEL 14

Odine

Bewegungen in den Schatten.

Das Klacken von Krallen auf kaltem Stein.

Eine Hand in meinem Nacken.

Ich weiß, es ist ein Traum. Ein schrecklicher Albtraum, der mich fest in seinen Klauen hat.

Alle sind sie hinter mir her. Sie wollen mich kriegen, sind mir dicht auf den Fersen, und alles, was ich tun kann, ist, zu fliehen.

Sie ist bei mir. Das Mädchen ist an meiner Seite. Sie nimmt meine Hand. Mir ist völlig bewusst, dass ich schlafe und träume. Doch ihre Hand fühlt sich so real an, als wäre ich hellwach und sie unmittelbar neben mir.

Das rote Kleid, das mein Schicksal besiegelt: Ich habe es wieder an. Bauschig wallt es um meine Beine, und ich verheddere mich in den unzähligen Lagen aus Seidentüll, falle zu Boden. Meine Hand rutscht aus der des Mädchens. Tränen strömen über meine Wangen. Ich weiß, sie sind da, sie haben mich eingeholt. Die Schatten ringsumher rücken näher.

Mit einem Schrei fahre ich hoch. Hart presst sich etwas auf meine Lippen, erstickt meinen Schrei und raubt mir die Luft. Panik wallt in mir auf. Meine Hände fahren hektisch hoch zu meinem Mund, meine Nägel kratzen über Haut. Ich verschlucke mich an meinem eigenen Hilferuf.

»Ruhig.« Ein dunkler Schemen beugt sich über mich.

Dariel. Ich habe den Weg aus dem Traum in die Realität gefunden, Erleichterung durchströmt mich. Benommen richte ich mich auf und schiebe seine Hand von meinem Gesicht. »Dariel, was ...«

»Du hast geschrien.« Er spricht leise, mit unterdrückter Stimme. »Ich musste ... Wenn die Bestien uns hören, sind wir verloren.«

Ich schlucke und lausche in die Finsternis. Wie recht er hat. Nachts ist es unfassbar gefährlich hier draußen, außerhalb des Schutzes von Mauern und geschlossenen Räumen.

Der Unterschlupf, den wir für diese Nacht gefunden haben, befindet sich über dem Erdboden: ein alter Hochsitz, der wohl mal von Jägern genutzt wurde. Die Leiter ist so morsch, dass ich nicht sicher war, ob sie uns tragen würde. Auf dem maroden Holzboden haben wir unsere Decken und Mäntel ausgebreitet und uns notgedrungen ziemlich dicht aneinandergequetscht. Mein altes Leben zu vermissen, hat keinen Zweck. Dies ist meine neue Realität.

Die Geräusche der Nacht jagen mir einen Schauer über den Rücken. Ein Schleifen, Tappen und Schleichen, so leise, dass ich es nur mit angehaltenem Atem hören kann. Gefährliche Tiere? Bestien? Oder doch nur der Wind und die Tiere des Waldes?

Oder eines unserer Pferde. In der Ferne höre ich ein Schnauben. Die Zügel unserer Tiere haben wir ein Stück entfernt an einem tief hängenden Ast festgebunden.

»Warum nicht direkt unter unserem Hochsitz, ganz in unserer Nähe?«, habe ich Dariel gestern Abend gefragt.

»Weil sie Raubtiere anlocken könnten«, hat er erwidert.

Es klingt hart, aber er hat recht. Zumindest habe ich darauf geachtet, die Zügel locker am Ast zu befestigen, sodass die Pferde sich losreißen und fliehen können, wenn es notwendig ist. So haben sie vielleicht zumindest eine Chance, wenn es hart auf hart kommt.

Der kalte Wind streichelt meine Wangen, die vom Traum noch erhitzt sind. Eine Gänsehaut zieht sich über meinen ganzen Körper, und ich kuschle mich enger in den wärmenden Umhang, den Dariel aus der Stadt mitgebracht hat. Das Geld, das er bei sich hatte, ist damit aufgebraucht. Wie ein tiefes schwarzes Loch liegt die Zukunft von mir.

Noch ein Knacken, diesmal ganz nah. Direkt unter unserem Versteck! Bevor ich einen klaren Gedanken fassen kann, klammere ich mich an Dariel. Mein Herz hämmert, als wollte es gewaltsam aus meiner Brust brechen. In meinen Ohren höre ich mein eigenes Blut rauschen, so laut, dass es die Geräusche des Waldes übertönt. Das alles ist ein einziger Albtraum. Ich halte mich an Dariel fest, als könnte er die Schreckgestalten, die sich da draußen herumtreiben, einfach wegzaubern.

»Odine«, flüstert er. »Da ist nichts. Nur der Wald.«

»Und das weißt du woher genau?«, zische ich angespannt und schmiege mich noch enger an ihn.

Er tut nichts dagegen, schiebt mich nicht weg. Weit könnte er mich ohnehin nicht wegdrücken, das gäbe der enge Raum hier oben nicht her.

»Ich weiß es nicht mit absoluter Sicherheit«, gibt er ruhig zu. »Aber ich denke, wenn da eine Bestie unterwegs wäre, hätten wir das schon bemerkt.«

»Beruhigend«, murmle ich in den Stoff seines Hemdes. Mein Gesicht ruht in der Kuhle zwischen seiner Brust und seinem Hals. »Wow. Du weißt wirklich, was eine verängstigte Dame hören will.«

Seine Fingerspitzen wandern meine Wirbelsäule entlang und nehmen der Nacht ihren Schrecken. Durch meine und seine Kleidung spüre ich die Wärme seines Körpers. Während ich mich an ihn schmiege, werde ich ruhiger. Seine Nähe verdrängt alle anderen Gedanken.

Seine Umarmung verstärkt sich kaum merklich. Ich gebe mich seiner Wärme und Geborgenheit hin und kuschle mich unwillkürlich an ihn.

Er hat recht. Es war wohl nur der Wald, nichts Schlimmes oder Böses.

»Hattest du wieder einen Albtraum? Bist du deshalb aufgewacht?«, murmelt er in mein Haar.

»Traum?« Das war es mit der Geborgenheit. Unwillkürlich versteife ich mich in seinen Armen. Die kalte Angst, die ich im Traum empfunden habe, steigt wieder hoch wie finsteres Wasser.

»Du redest im Schlaf.«

Ich fahre hoch und rutsche zurück, bis ich mit dem Rücken an die hölzerne Wand stoße. Aber hier im Hochsitz ist so wenig Platz, dass ich immer noch nah bei Dariel bin. So nah, dass ich sein Gesicht im Mondlicht sehen kann.

»Was? Was sage ich denn? *Wieder* ... Das ist schon mal passiert?« Die Vorstellung, dass ich im Schlaf unkontrolliert vor mich hin brabble, schnürt mir den Hals zu. Nicht, weil ich etwas zu verbergen hätte. Sondern weil ich mich ohnehin schon schutzlos fühle – und jetzt sogar noch entblößter und verletzlicher.

»Größtenteils unverständliche Wortbrocken«, erwidert er ruhig. »Du wimmerst manchmal. Schläfst unruhig.«

Ich umfasse meine Beine mit den Armen und stütze das Kinn auf die Knie. Nur undeutliches Gemurmel also. Ich bin froh, im Schlaf zumindest nicht mehr preisgegeben zu haben. Trotzdem ist es mir unangenehm.

Wir versuchen nachts eigentlich immer, uns mit dem Schlafen abzuwechseln, um Wache zu halten. Doch meistens sind wir vom langen Ritt so erschöpft, dass wir früher oder später beide einschlafen. Der Meinung war ich zumindest. Offenbar war Dariel dann doch oft genug wach, um meine nächtlichen Selbstgespräche zu belauschen.

»Es ist nichts. Nur böse Träume«, sage ich an die Sterne hoch oben gerichtet, ohne Dariel dabei anzusehen.

Einen Moment lang schweigt er. Gerade so lange, dass mir das Rascheln und Knacken ringsumher wieder überdeutlich bewusst wird. Die feinen Härchen auf meinem Nacken stellen sich auf.

»Sagst du es mir endlich?«, fragt er mich dann. »Sagst du mir, wovor wir auf der Flucht sind?«

Ich atme tief durch und gebe mir einen Ruck. »Vor meinen Eltern und vor dem Königspaar. Vor allen Menschen, die auf dem Ball und während der Zeremonie anwesend waren. Vor ihren Soldaten, sollten diese denn ausgesendet worden sein. Und vor allem vor dem Wahrspruch der Roten Witwe.«

Sein Blick ist voller Unverständnis. Er lebt schon lange auf Gara, aber offenbar nicht lange genug, um sämtliche Legenden zu kennen.

Also erzähle ich. Nicht nur, weil er mich darum gebeten hat. Nicht nur, weil ich es ihm schuldig bin, ihn wissen zu lassen, warum auch sein Leben nicht mehr dasselbe ist wie zuvor. Ich rede auch, um die Nacht mit Worten zu füllen und meine Angst durch Geschichten zu vertreiben. Um die Geräusche des Waldes mit meinem Flüstern zu übertönen. Um es mir von der Seele zu reden. Ich wünschte nur, die Geschichte wäre nicht meine eigene.

Er sieht mich an und schweigt. Wolken haben sich vor den Mond geschoben, sodass völlige Dunkelheit herrscht. Drückend liegt das Schweigen über uns. Als die Wolkendecke aufreißt und Licht auf Dariels Gesicht fällt, sehe ich darin blankes Entsetzen.

»Diese ganzen Leute. Deine eigene Familie. Sie alle wenden sich gegen dich, wegen … eines Märchens? Einer Schauergeschichte?«

Es ist mehr als das. Es liegt Wahrheit in den düsteren Geschichten, die wir uns erzählen und die wir von Generation zu Generation weitergeben.

»Du verstehst das nicht«, murmle ich.

»Was gibt es da zu verstehen? Dass das kompletter Aberglaube ist, sagt einem jede Vernunft.« Er schüttelt den Kopf. »Eine abwegige Geschichte, die bestenfalls dazu da ist, Kindern vor dem Kaminfeuer Angst einzujagen – und schon geraten diese mächtigen, einflussreichen Erwachsenen, die das Schicksal des Landes regieren, in wilde Panik? Stürzen sich auf eine junge Frau und jagen sie, weil sie an Ammenmärchen glauben?«

»Du hast überhaupt keine Ahnung!«, fahre ich hoch. »Du hast die weise Frau und den Spiegel nicht gesehen. Du warst nicht dabei, als der Wahrspruch verkündet wurde. Ich habe in diesen Spiegel geblickt, Dariel. Ich habe mich und mein Schicksal darin *gesehen*. Und das war verdammt noch mal sehr real.«

Ich weiß selbst nicht genau, warum ich den Fluch verteidige, der mein Leben ruiniert. Ich weiß doch selbst nicht, ob es stimmt, dass die Rote Witwe eine Gefahr für meine Familie und all die anderen Leute darstellt.

Vielleicht liegt es daran, dass ich mit diesen Legenden aufgewachsen bin wie jedes einzelne Kind auf Gara.

Dass sie sich durch mein Leben ziehen wie ein Netz aus hauchfeinen roten Fäden, die die Welt erklären und sie doch ungleich komplizierter machen.

Dass ich in meinem Herzen und in meinen Knochen spüre, dass die düsteren Geschichten vom Schicksal mehr sind als bloße Worte.

»Es ist grausam.« Er starrt mich voller Unverständnis an. »Eltern, die sich gegen ihr eigenes Kind wenden, weil ihnen alte Geschichten den Kopf verwirren. Rituale, die jungen Leuten den Lebensweg vorschreiben, ihr Schicksal besiegeln und ihnen den freien Willen rauben. Aberglaube, veraltete Denkweisen. Hirngespinste, von denen Menschen sich das Leben diktieren lassen.«

Ich recke das Kinn.

»Du hast keine Ahnung«, zische ich. Es stört mich, wie er über die Dinge spricht, an die ich glaube. »Du kannst das nicht begreifen. Du verstehst nicht, dass es mehr gibt, als dein logischer Verstand erschließen kann. Weil du nicht mit den Geschichten aufgewachsen bist, und auch nicht mit den Wahrheiten, die sich hinter ihnen verbergen.«

Er tut mir nicht den Gefallen, zusammenzuzucken. »Zum Glück nicht«, entgegnet er nur.

Auf einmal weiß ich, was es mit diesem Blick auf sich hat, mit dem er mich immer wieder anguckt. Dieser Ausdruck, der da in seinen Augen liegt und der mir unter die Haut geht, der mir unbehaglich ist, weil ich früher nie auf diese Weise angesehen wurde.

Sein Blick ist voller Mitleid.

KAPITEL 15

Oona

Meine Beute ist zum Greifen nah. All meine Sinne sind auf die Jagd ausgerichtet, aufs Zuschlagen. Mein ganzer Körper vibriert vor Spannung.

Weicher Boden dämpft die Tritte meines Pferdes, das Land wird morastiger. Wir nähern uns den Sümpfen. Geisterhaften Gestalten gleich, neigen sich Trauerweiden über Tümpel und dunkle Moose.

Lautlos lasse ich mich aus dem Sattel gleiten. Das Pferd behindert mich jetzt nur. Es ist kein Raubtier, ganz im Gegensatz zu mir. Sein Körper ist nicht darauf ausgelegt, sich einer Beute schleichend zu nähern, reglos auszuharren, auf den richtigen Moment zu warten und dann zuzuschlagen.

Sie sind zu zweit. Ein Mädchen, so schön wie eine Fee aus einer Sage. Ihre weichen Lederstiefel sind schmutzig, Laub und Tannennadeln hängen in den goldenen Haaren, die zerzaust sind und trotzdem seidig weich glänzen. Fasziniert betrachte ich ihre Bewegungen, die allesamt wie ein formvollendeter Tanz wirken.

Der Mann an ihrer Seite ist schlank und hochgewachsen. Ich sehe keine Waffen an ihm, aber das muss nichts bedeuten. Unter seinem Mantel oder in den Taschen an seinem Pferd hätten Klingen Platz.

Kein Grund für mich zur Sorge. Nichts wird mich daran hindern, die Prinzessin zu ergreifen. Ich werde tun, was nötig ist. Lässt er sie im Stich und flieht? Umso besser. Stellt er sich vor sie? Dann räume ich ihn aus dem Weg.

Der Neuntöter schmiegt sich in meine Handfläche, als sei er ein Teil meines Körpers: meine Krallen, meine Zähne.

Die beiden sind abgestiegen und tränken ihre Pferde. Die Prinzessin lässt sich auf einen flachen Stein nieder, legt das lange Haar über eine Schulter nach vorn und benetzt ihre Finger mit Wasser, um danach mit ihnen durch ihre Haarpracht zu kämmen. Mir fällt auf, dass sie es vermeidet, ins Wasser zu schauen. Der Mann sieht sich wachsam um, hält die Zügel beider Pferde in der Hand und klopft einem von ihnen auf die Schulter, während es trinkt. Sie reden nicht viel miteinander. Die Stimmung zwischen ihnen wirkt angespannt. Die Blicke, die zwischen ihnen hin-und herfliegen, kann ich nicht deuten, aber eigentlich interessiert mich auch nicht, was zwischen den beiden in der Luft liegt. Hauptsache, ich habe meine Beute in greifbarer Nähe.

Farne und Sträucher bieten mir Deckung, als ich

mich den beiden nähere, ohne sie aus dem Blick zu lassen. Ich bin sorgsam darauf bedacht, kein Geräusch zu machen. Ich ducke mich tiefer, atme ganz ruhig und fixiere die schwächste Beute, auf die ich je gehetzt wurde. Das alles ist fast zu einfach.

KAPITEL 16

Odine

Es kommt aus dem Nichts.

Nicht es, *sie*.

Ein blasses Gesicht taucht zwischen den Bäumen auf, umrahmt von flammendem Haar. Wir haben sie nicht kommen hören. Einen Herzschlag lang steht die junge Frau einfach da und blickt mich an, so intensiv, dass ich mir einbilde, ein unangenehmes Kratzen tief in meinem Kopf zu spüren.

Dann geht alles so schnell, dass ich nicht einmal schreien kann. Stahl blitzt in ihrer Hand auf. Sie schnellt auf mich zu, während ich mich panisch vom Stein erhebe, auf dem ich sitze. Ein wildes Tier in Gestalt einer Frau, schießt es mir durch den Kopf. Irgendetwas stimmt nicht mit ihr. Etwas an ihren Bewegungen ist zu schnell, zu lautlos und geschmeidig, um menschlich zu sein. Und ich stehe diesen endlosen Moment lang nur da und starre fassungslos meinem Schicksal entgegen.

Hart trifft mich Dariels Hand vor der Brust. Er stößt mich nach hinten und stellt sich vor mich.

Ich taumle rückwärts, stehe bis zu den Knien im Schlamm und wäre beinahe hingefallen. Doch die Kälte des Wassers reißt mich aus meiner Starre.

»Zu den Pferden!«, brüllt er.

Ich hechte los und schnappe mir die Zügel der Tiere, die jetzt schrill wiehern und die Köpfe hochwerfen.

»Ho, ruhig.« Meine Worte gehen unter im Wasserplatschen, das die Pferdehufe im Tümpel hervorrufen. Verzweifelt zerre ich die Tiere ein Stück weiter und versuche, die Kontrolle über sie zu bekommen.

Alles dreht sich, die Angst schnürt mir mit eisiger Hand die Kehle zu. Ich muss jetzt funktionieren. Ein Fuß steckt bereits im Steigbügel, in den Händen halte ich die Zügel, klammere mich aber zugleich am Sattelknauf fest. In dieser unmöglichen Position schaue ich über die Schulter zurück.

Dariel steht zwischen mir und ihr. In seiner Hand sehe ich etwas, was ich nicht zuordnen kann. Er richtet es auf die Rothaarige – und ein Knall zerreißt die Luft. Vögel fliegen kreischend hoch. In meinen Ohren klingelt es. Mein Pferd macht einen Satz zur Seite, sodass mein Fuß aus dem Steigbügel rutscht. Meine Knie knallen auf den matschigen Boden. Ich rapple mich hoch, greife hastig wieder nach den Zügeln, die mir aus der Hand gerutscht sind, und schaffe es irgendwie zurück auf den Pferderücken.

Nur aus den Augenwinkeln nehme ich wahr, was

passiert: Blitzschnell hat sich die Angreiferin geduckt. Der Laut, der aus ihrer Kehle bricht, lässt mich schaudern: ein Fauchen wie das einer wilden Katze. Sie zieht dabei sogar die Lippen hoch, so wie es ein Raubtier mit seinen Lefzen täte, und entblößt ihre Zähne. Mir wird übel vor Angst. Sie strahlt etwas so Rohes aus, dass mich ein unbeschreiblicher Schauer packt.

Im nächsten Augenblick zuckt ihre Klinge vor. Wie eine angreifende Schlange schießt sie auf Dariel zu – und hält inne, kurz bevor die Waffe seine Kehle erreicht. Die Augen des Mädchens weiten sich, sie wirkt irritiert.

Mein Pferd will ausbrechen, doch ich zwinge ihm meinen Willen auf und treibe es geradewegs auf die geheimnisvolle Kämpferin zu. Dariels Pferd ziehe ich am Zügel einfach neben mir her, so nah, dass mein Bein zwischen beiden schweren Pferdekörpern eingequetscht ist.

»Dariel!«, rufe ich aus Leibeskräften.

Sein Kopf schnellt zu mir herum. Er reagiert sofort. In dem Moment, als ich haarscharf an ihm vorbeipresche, greift er zu, erwischt den Rand des Sattels und zieht sich hoch. Die Rothaarige muss ausweichen, als wirbelnde Hufe knapp an ihr vorbeifegen.

Ich bin mir sicher, dass sie mich packen und vom Pferd zerren wird.

Gleich. Jetzt gleich ist es so weit. Jetzt wird sie mich packen.

Aber es geschieht nicht. Und als ich es wage, einen kurzen Blick über die Schulter zu werfen, steht sie immer noch da: blass und schmal, mit loderndem Haar und eiskaltem Blick, mit einer blanken, glänzenden Klinge in der Hand.

Starr vor Schrecken ducke ich mich eng über den Pferdehals und mache mich ganz flach. Schneller, denke ich. Bloß weg von hier. Wir müssen die Tiere nicht antreiben, sie fliehen ganz von selbst, als seien alle Bestien Garas hinter ihnen her. Im gestreckten Galopp fliegen sie dahin. Überlaut höre ich meine eigenen, stoßartigen Atemzüge.

Meile um Meile preschen wir übers Land, und erst als die Dunkelheit hereinbricht, kann ich wieder klare Gedanken fassen und mich fragen, wer diese Person war, die uns angegriffen hat.

KAPITEL 17

Oona

Ich lache nicht oft. Aber jetzt bricht es aus mir heraus, ungezügelt und laut, und überrascht mich selbst.

Ich habe gezögert. In dem Moment, als es darauf ankam – als ich meinem Gegner und meiner Beute gegenüberstand –, habe ich gezögert. Als wäre das mein allererster Einsatz.

Irgendetwas war anders. Zwei Menschen statt einer Bestie gegenüberzustehen, hat einen Unterschied gemacht. Einen, der mich verblüfft hat. In die warmen, entschlossenen Augen des Mannes und die weit aufgerissenen, erschrockenen Augen der Prinzessin zu schauen, war so völlig anders, als dem leeren Blick einer Bestie ausgesetzt zu sein, in dem nichts außer Mordlust zu stehen scheint.

Es war nur ungewohnt, sage ich mir. Beim nächsten Mal werde ich nicht versagen.

Mein Lachen reißt plötzlich ab. Versagt. Das habe ich. Und daran ist rein gar nichts lustig.

Wenn Marus meinen Moment der Schwäche gesehen hätte. Oder einer der anderen Jägerinnen oder Jäger.

Es macht keinen Sinn, mich jetzt fertigzumachen. Zumindest bin ich auf die nächste Begegnung besser vorbereitet. Nun weiß ich, dass mein Opfer einen Begleiter an ihrer Seite hat, der bereit ist, sich schützend vor sie zu stellen. Folglich muss er aus dem Weg geräumt werden, damit ich sie ergreifen kann.

Mein Pferd ist verschwunden. Das störrische Vieh hat die Gelegenheit genutzt, um die Flucht zu ergreifen, und ist wohl schon über alle Berge. Mitsamt meiner Ausrüstung, die am Sattel befestigt war. Verärgert spiele ich mit dem Neuntöter herum und lasse eine Klinge nach der anderen herausschnellen, während ich überlege, was nun zu tun ist.

Ohne Reittier komme ich langsamer voran. Langsamer als diese beiden berittenen Leute. Doch ich brauche kaum Pausen, kann mich nachts ebenso sicher fortbewegen wie am Tag. Und ich folge ihnen absolut zielstrebig, werde von der Phiole wie von einem Kompass geleitet. Ich werde sie erneut einholen, daran zweifle ich keine Sekunde.

Und wenn es so weit ist, werde ich nicht noch mal zögern.

KAPITEL 18

—·—

Odine

Das Schlimmste an den Sümpfen ist der Geruch. Auf den hat mich nichts vorbereitet. Beißend kriecht er in die Nase und setzt sich darin fest. Er lässt meine Augen tränen und legt sich als pelziger Belag auf meine Zunge. Ich weiß nicht, ob ich ihn je wieder loswerde.

Ich huste und krümme mich vor Übelkeit zusammen. Die Stute reagiert sofort, sie bäumt sich erschrocken auf. Bei ihr liegen die Nerven ebenso blank wie bei mir. Hektisch halte ich mich am Sattelknauf fest. Dariel lenkt sein Pferd näher zu meinem. Er will helfen, aber ich habe die Situation schon wieder unter Kontrolle und nicke ihm knapp zu.

»Weiter«, keuche ich und unterdrücke dabei ein Würgen.

Er nickt ebenfalls und spornt sein Pferd an. Mit einem Höllentempo reiten wir immer tiefer in den Sumpf. Hauptsache, fort von dem rothaarigen Mädchen mit den toten Augen.

»Haben wir sie abgehängt?« Als ich über die

Schulter nach hinten schaue, schlägt mir das Herz bis zum Hals. Halb erwarte ich, die Jägerin zu sehen, aber da ist nichts.

»Glaube schon!«, ruft Dariel zurück. »Sie hatte kein Pferd, oder? Sie kann zu Fuß unmöglich schneller sein als ...«

Weiter kommt er nicht. Sein Pferd rutscht auf dem morastigen Boden aus, strauchelt, bricht mit den Vorderbeinen in die Knie. Hart landet Dariel auf dem Boden, nur der Matsch federt seinen Sturz ab. Ich schreie auf, springe aus dem Sattel und renne die paar Schritte zu ihm.

»Bist du in Ordnung?« Ich knie mich neben ihn und spüre sofort Panik in mir hochsteigen. Seine Augen sind geschlossen. Vorsichtig greife ich nach seiner Hand, lasse sie wieder los und tätschle stattdessen unbeholfen seine Wange. »Verdammt, Dariel!«

Er verzieht das Gesicht, schlägt die Augen auf und hält meine Hand fest. Obwohl unsere Lage mehr als ernst ist, bringt er so etwas wie ein Grinsen zustande. »Versuchst du, mich endgültig k. o. zu schlagen?«

Ein Laut, halb Lachen und halb Schluchzen, bricht aus meiner Kehle. »Du Fiesling! Das ist nicht die Zeit für Scherze. Kannst du aufstehen?«

Benommen rappelt er sich auf. Ich tue mein Bestes, um ihn hochzuziehen. Als er auf den Knien ist, stützt er sich schwer auf meine Schultern. So schwer, dass ich die Zähne zusammenbeißen muss, doch ich beklage mich nicht. Einen Moment hocken wir so da: Ich versuche, ihn zu halten, und er versucht, die Benommenheit abzuschütteln.

»Es geht schon«, murmelt er dann. »Ich habe mich nicht verletzt. Bis auf meinen Stolz, weil ich als Reitlehrer vor meiner einstigen Schülerin eine Bruchlandung hingelegt habe. Aber das Pferd …?«

Ich schnappe mir die Zügel und führe das verängstigte Tier zu ihm. »Es scheint in Ordnung zu sein. Humpelt nicht, blutet nicht … Wir hatten Glück im Unglück.«

Aber das Tempo, das wir bisher hingelegt haben, können wir nicht halten. Die Tiere sind am Ende ihrer Kräfte. Ihr Fell ist vor Schweiß dunkel, Schaum steht ihnen vor den Mäulern. Würden wir sie weiter so erbarmungslos antreiben, würden sie früher oder später endgültig zusammenbrechen und sich verletzen. Abgesehen davon, dass auch wir vor Erschöpfung aus dem Sattel kippen würden.

Je langsamer wir reiten, desto drückender ist die unheimliche Atmosphäre des Sumpfs. Mit einem leisen Schmatzen lösen sich die Hufe der Pferde bei jedem Schritt aus dem weichen, morastigen Boden und werden gleich darauf wieder von ihm verschluckt. Abgesehen davon hängt eine geisterhafte Ruhe über diesem Ort. Kraftlos trotten die Pferde vorwärts. Ich bin völlig in mich zusammengesunken und versuche krampfhaft, mich aufrecht zu halten. Wann immer ich kurz den Kopf hebe und zu Dariel schaue, sehe ich, dass es ihm ähnlich geht. Er hält sich etwas wackerer als ich, aber auch ihm sind die Strapazen anzumerken.

Eigentlich wollten wir die Sümpfe umgehen und einen Umweg gen Norden nehmen. Doch die Angreiferin hat unseren Plan über den Haufen geworfen. In heller Panik sind wir geradewegs in die Gebiete geprescht, in denen jeder Fehltritt zum Tod führen kann.

Wir müssen aufmerksam sein und auf den Boden achten, um auf dem sicheren, halbwegs festen Grund zu bleiben. Wie schnell es hier zu Unfällen kommen kann, hat uns der Sturz von Dariels Pferd eindrucksvoll demonstriert. Dunkle Wasserflächen glänzen unter Pflanzenblättern und zwischen hohen Gräsern hervor, an manchen Stellen kaum knöcheltief. Andernorts lauern gefährliche Untiefen, die Mensch und Tier verschlingen können. Nervös schnaubt mein Pferd, als seine Hufe abrutschen und ins tiefere Wasser gleiten. Hektisch tänzelt es, reißt die Beine hoch und schafft es kurz darauf wieder auf den festen Weg. Ich tätschle seine Schulter und murmle beruhigende Worte.

»Hast du eigentlich einen Namen?«, flüstere ich. »Seit Tagen trägst du mich. Musst dich mit Schrecken herumschlagen, die du dir im Leben nicht hättest träumen lassen, bis wir dich aus dem Stall geholt und in die Wildnis getrieben haben.«

Die hellgraue Stute mit den sanften Augen beruhigt sich ein wenig. Sie scheint auf meine Stimme zu reagieren. Nie habe ich den Pferden, auf denen ich geritten bin oder die meine Kutsche gezogen haben, große Beachtung geschenkt. Aber plötzlich ahne ich, dass auch sie einen Charakter und eine Seele haben.

Dunstschwaden hängen in der Luft, kriechen träge über den feuchten Boden und lassen alles seltsam ausgewaschen wirken. Das Sonnenlicht dringt kaum bis zur Erde vor und nimmt einen kranken grünen Farbschein an.

»Wer war das?«

Dariels Worte durchbrechen die Stille. Es sind nicht die ersten Worte, die seit unserer Flucht vor der Rothaarigen zwischen uns fallen, aber ausgiebiger konnten wir uns noch nicht darüber unterhalten, was da gerade passiert ist. Überhaupt haben wir seit unserer Meinungsverschiedenheit nur das Nötigste miteinander geredet.

Seine Worte haben in mir nachgehallt: *Eltern, die sich gegen ihr eigenes Kind wenden.*

Gleichzeitig habe ich ihm vorgeworfen, nichts zu verstehen. Hochmütige, harte Worte.

Hat Dariel mit seiner radikalen Sichtweise wirklich so unrecht?

»Eine Blutjägerin«, spreche ich das aus, was ihm

so bewusst sein muss wie mir. Ich habe noch nie eine Jägerin oder einen Jäger getroffen, und doch war es mir auf Anhieb klar.

Er steigt von seinem Pferd, das inzwischen kaum noch ein Bein vor das andere stellt. Wir alle haben eine Pause bitter nötig. Als er auf mich zukommt und mir die Hand reicht, um mir aus dem Sattel zu helfen, ergreife ich sie, ohne darüber nachzudenken. Das hat er noch nie getan, aber ich war körperlich auch noch nie so am Ende wie jetzt. Warm und sicher umschließt seine Hand meine. Groß und rau. Im Gegensatz zu mir hat er mit seinen Händen viel gearbeitet. Es sind Hände, die anpacken und die beschützen können.

»Sie gehen so weit, Blutjäger anzuheuern, um dich auszuschalten?« Ungläubig schüttelt er den Kopf.

Wir satteln die Pferde nicht ab. Für die Tiere ist das zwar unbequemer, doch wir müssen auf der Hut sein. Uns ist eine Jägerin auf den Fersen.

»Wieso nicht?« Ich zucke mit den Schultern und versuche, unerschrocken zu klingen. »Ja, es ist kostspielig, Blutjäger zu engagieren. Aber wir sprechen hier vom Hochadel. Nicht von schlichten Dorfbewohnern, die zusammenlegen müssen, um den Preis aufzubringen.«

»Das meine ich nicht.« Während er spricht, inspiziert er die Stelle, an der wir angehalten haben, und testet den Boden auf seine Festigkeit, indem er langsam hin und her geht. »Das alles ist so absurd. Auf dich wird Jagd gemacht, als wärst du eine blutrünstige Bestie! Nimm es mir nicht übel, aber du könntest nicht einmal einem fünfjährigen Kind gefährlich werden.«

Unerwartet greift er nach meinem Oberarm, der in seiner Hand dünn wie ein Stöckchen wirkt. Er schüttelt meinen Arm, um zu betonen, wie kraftlos ich bin. Ich beiße die Zähne zusammen, spanne meine Muskeln an und versuche, mich seinem Griff zu entziehen. Doch dadurch fällt nur noch mehr auf, wie sehr es mir an Körperkraft mangelt.

»Widerling«, fauche ich peinlich berührt.

Er fährt unbeirrt fort. »Aberglaube hin oder her – es erscheint mir einfach abwegig, dass diese Menschen derart verängstigt sind, dass sie zu diesem extremen Mittel greifen. Eine Blutjägerin!«

Wir tauschen einen ratlosen Blick aus. Er hat ja nicht unrecht. Auch mich hat es erschüttert, dass eine Jägerin ausgesandt wurde.

Ich reibe mir den Arm, den er endlich losgelassen hat. »Es sollte ihnen reichen, dass ich so weit weggehe, wie ich nur kann«, sage ich leise. »Der Fluch der Roten Witwe stürzt all jene in ihrem Umfeld ins Unheil. So sagt es der Wahrspruch. Doch niemand der Anwesenden ist jetzt noch in meinem Umfeld. Sie haben mich doch verjagt. Reicht das nicht aus?«

Ich senke den Blick und wage nicht, ihn anzusehen. Ist ihm bewusst, dass er aktuell der einzige Mensch ist, den der Fluch treffen könnte?

»Prinzessin?«

Ich schlucke schwer. »Nenn mich nicht so. Das bin ich nicht mehr.«

Er ignoriert den Einwurf. Ernst schaut er mich an, sein Blick ist warm und entschlossen. »Ich lasse mich nicht von Schauergeschichten erschrecken. Ich bleibe bei dir.«

Ist es wieder Mitleid, was ich da in seinen Augen lese? Ich will sein Mitleid nicht, also atme ich durch. »Nur so lange, bis ich dir das versprochene Collier gebe.« Er hilft mir schließlich nicht aus reiner Nächstenliebe. Für ihn sind diese Edelsteine ein Vermögen wert.

Seine Mundwinkel zucken hoch. Ich werde das Gefühl nicht los, dass er sich insgeheim über mich lustig macht. »Genau. So lange, bis ich meine Bezahlung bekomme.«

KAPITEL 19

Oona

Keine Schwäche.

Ich wurde nicht zur Jägerin gemacht, um Schwäche zu zeigen. Ich habe die Transformation nicht dafür überlebt, um jetzt zu versagen. Marus verlässt sich darauf, dass ich den Auftrag erfülle. Ihn zu enttäuschen, ist keine Option.

Zwei Tage lang hefte ich mich an ihre Fersen, ohne sie einzuholen. Als mich die Müdigkeit zu Boden drückt, beiße ich mir auf die Unterlippe und schmecke Blut. Sofort spüre ich die Hitze in meinem Körper, spüre neue Kraft, die mich vorantreibt.

Blutmagie basiert auf Opfergaben. Ich gebe mein Blut und damit meine Lebensenergie, gebe mit jedem Mal einen winzigen Teil meiner verbliebenen Menschlichkeit. Und bekomme so viel mehr dafür.

Als der dritte Tag anbricht, schließe ich zu ihnen auf.

Ich weiß es, noch bevor ich sie sehe oder höre. Glühend heiß signalisiert mir die Phiole, wie nah die Beute ist. Bis zu den Knöcheln sinken meine Stiefel im Morast ein. Feuchte schwarze Flechten, die aus dem Gewirr der Äste herabhängen, streicheln über meine Wangen, als ich mich eng an den Bäumen vorbeidrücke und sie als Deckung benutze.

Und da sind sie.

Aufmerksam spähe ich zu den beiden Menschen, die inmitten der Sumpflandschaft seltsam deplatziert wirken. Wie unvorsichtig von ihnen, sich in diese unwirtliche Gegend zu begeben. Aber sie konnten nicht anders, da mein Auftauchen ihnen keine andere Wahl gelassen hat.

Die Prinzessin und ihr Begleiter sind von ihren Pferden gestiegen und richten gerade ein provisorisches Nachtlager ein. Das Sonnenlicht wird zusehends von den gespenstischen Schwaden geschluckt, die hier wie Spinnweben zwischen Gräsern und Zweigen hängen.

Die Prinzessin taucht ein Stück Stoff ins Wasser, mustert es angewidert und nutzt es dann trotzdem, um ihr Gesicht notdürftig zu säubern. Der Mann sieht sich suchend um, entdeckt mich dabei aber nicht. Dann stellt er sicher, dass die Pferde etwas zu fressen finden, und setzt sich anschließend unter einen Baum. Er lehnt sich an den Stamm und schließt die Augen. Den beiden sind die Anstrengungen und Entbehrungen anzusehen. Die Flucht verlangt ihnen viel ab.

Jetzt.

Das ist der Moment, um zuzuschlagen.

Erst der junge Mann. Er ist wehrhafter als die Prinzessin und war schon beim ersten Versuch entschlossen, sich schützend vor sie zu stellen. Ist er erst einmal ausgeschaltet, wird es ein Leichtes sein, ihr die Handfesseln anzulegen und sie mit zur Festung zu nehmen.

Das bedeutet, einen Menschen zu töten.

Ich bringe die Stimme in meinem Kopf zum Schweigen. Vielleicht schaffe ich es, ihn bewusstlos zu schlagen.

Und ihn dann so in den gefährlichen Sümpfen liegen zu lassen, was ebenfalls einem Todesurteil gleichkäme.

Schluss damit. Diese Überlegungen sind nicht Teil meines Auftrags. Und Skrupel sind nicht Teil meiner selbst.

Ich schleiche näher heran. Meine Fingerspitzen befinden sich am Drehring meines Neuntöters, der den feinen Mechanismus auslösen wird, um die gewünschte Klinge hervorschnellen zu lassen.

Eine Wasserfläche befindet sich zwischen mir und ihm. Es ist unklar, wie tief es hier ist. Oder befindet sich unter der glatten Oberfläche jener tückische Schlick, der einen immer tiefer hinabzieht, je verzweifelter man sich bewegt?

Ich bin nicht versessen darauf, es herauszufinden. Vorsichtig bahne ich mir einen Weg um das Nass herum. Den Blick auf den breitschultrigen, braunhaarigen Mann gerichtet, schiebe ich mich Stück für Stück näher auf ihn zu.

KAPITEL 20

Odine

Je tiefer die Sonne sinkt, desto gespenstischer wird es in den Sümpfen. Wie sehr ich es hier hasse! Ich kann es kaum erwarten, diese Gegend zu verlassen.

Und ich kann es kaum erwarten, die Augen zu schließen. So unwohl ich mich hier auch fühle, ich habe etwas Schlaf bitter nötig. Ebenso wie Dariel. Es ist zwar eine schreckliche Vorstellung, wehrlos hier draußen zu liegen, wo Schlangen, Alligatoren und andere Kreaturen umherkriechen, ohne eine Möglichkeit, sich in einen sicheren Unterschlupf zurückzuziehen. Aber uns bleibt nichts anderes übrig. Die Müdigkeit zerrt an unseren Gliedern.

Ich schaue zu Dariel und muss lächeln, als ich sehe, dass er bereits drauf und dran ist, einzuschlafen. Normalerweise treibt er uns an, steckt voll unaufhörlicher Stärke. Treibt mich an, wenn ich keinen Schritt mehr machen oder mich vor lauter Schmerzen keinen weiteren Meter auf dem Pferd halten kann. Doch jetzt ist auch er mit seinen Kräften am Ende.

Die Stute, der ich noch immer keinen Namen gegeben habe, zupft an Gräsern.

Dann schaut sie hoch, ihre Ohren zucken.

Das ist der Moment, in dem mir auffällt, dass etwas nicht stimmt.

Die durch den weichen Untergrund ohnehin schon gedämpften Geräusche sind schlagartig verstummt. Es ist, als hielte der Sumpf den Atem an. Die schwarz gefiederten Vögel, die im Gewirr der Äste gekrächzt haben, sind verschwunden. Alle Frösche sind abgetaucht. Eine feuerrote Schlange huscht an meinen Füßen vorbei und ist schon wieder weg, bevor ich überhaupt dazu komme, zu erschrecken.

»Dariel?« Meine Stimme klingt in dieser bedrohlichen Stille unnatürlich laut, obwohl ich fast flüstere.

Er hebt nur ein Augenlid und schaut schläfrig zu mir herüber.

Meine Kehle ist wie zugeschnürt, in meinem Bauch hat sich ein schmerzender Klumpen gebildet. Hektisch schaue ich mich um.

Und da erblicke ich sie. Zwischen den krummen Bäumen leuchten ihre Haare flammend hervor. Ihr Blick ist auf mich gerichtet, dann fixiert sie Dariel.

Sie ist es – die Jägerin. Sie hat uns eingeholt. Und auf einen Schlag wird mir klar, dass nicht sie es ist, wegen der alle Geräusche verstummt und alle Tiere geflohen sind.

Das Wasser, das gerade noch still und unbewegt wie die Oberfläche eines blinden Spiegels dalag, explodiert mit einem Mal. Aus den Untiefen bricht eine Kreatur hervor, wie sie in meinen schlimmsten Albträumen nicht vorkommt.

Eine Bestie. Die erste, die ich mit meinen eigenen Augen sehe. Wohlbehütet habe ich mein bisheriges Leben hinter dicken Mauern verbracht. Der Anblick solcher Monstrositäten ist mir erspart geblieben.

Bis jetzt.

Wimmernd presse ich mir eine Hand auf den Mund. Schrill höre ich die Pferde wiehern. Hufe stampfen durch Morast, Wasser spritzt hoch.

Ergreifen die Tiere die Flucht? Ich kann sie nicht daran hindern, kann den Blick nicht von der abscheulichen Gestalt abwenden, die ihren schweren Leib aus dem Wasser ans Land wuchtet.

Eine gigantische Echse. Ledrige Schuppen überziehen ihre krummen Beine. Schwimmhäute spannen sich zwischen den krallenversehenen Zehen.

Doch ihr Kopf ist nicht der einer Echse. Kahler Knochen mit leeren Augenhöhlen, ein Schädel, der dem eines Hirsches ähnelt, gekrönt von einem mächtigen Geweih, an dem modrige Wasserpflanzen und Algen hängen.

Langsam neigt die Bestie ihren Kopf hin und her. So kann ich sehen, dass die Augenhöhlen nicht ganz leer sind. Blaue Punkte glimmen tief in ihrem Inneren. Ich spüre, dass sie mich damit ansieht, und jedes einzelne Härchen auf meinem Körper stellt sich auf.

Unerwartet flink setzt sie sich in Bewegung und kriecht auf mich zu. Mit einem erstickten Laut stolpere ich nach hinten und falle auf mein Hinterteil. Meine Hände versinken im weichen Schlamm.

Ich spüre den Sog, der mich in den nachgebenden Boden zieht. Unfähig, mich zu bewegen, starre ich bloß auf die Kreatur, die sich mir nähert.

Die Echse hält plötzlich inne, und ihr Kopf fährt ruckartig herum. Fassungslos sehe ich, wie die Jägerin hinter der Bestie auftaucht. Sie zögert nicht, stößt sich ab. Mit einem gewaltigen Satz springt sie auf den Rücken der Echse.

Das zierliche Mädchen auf dem brachialen Ungeheuer? Ein Bild, das ich schon mal gesehen habe. In einem meiner wirren Fieberträume. Doch alles in mir sträubt sich dagegen, zu glauben, was da gerade geschieht.

KAPITEL 21

Oona

Ich habe den Sislak nicht bemerkt, bis er aus dem Sumpf aufgetaucht ist.

Anfängerfehler. Ich war so auf den Mann fokussiert, dass ich meine Umgebung nicht im Blick hatte.

Doch ich reagiere in Sekundenschnelle. Die Bestie muss ausgeschaltet werden. Sislaks haben einen unstillbaren Hunger auf Menschenfleisch. Ich kann die Prinzessin nur schwer in Ketten zur Festung bringen, wenn sie sich halb verdaut in einem Bestienmagen befindet.

Er bemerkt mich, fährt zu mir herum. Aber ich bin schneller. Stoße mich ab, stürze mich auf ihn.

Er stößt ein markerschütterndes Brüllen aus, bäumt sich unter mir auf. Seine bleichen Zähne schlagen aufeinander, als er nach mir schnappt. Vergeblich: Ich sitze rittlings zwischen seinen Schulterblättern. Meine Finger krallen sich in die rauen Schuppen und finden darin Halt.

Mit ihrem knöchernen, dornenbesetzten Echsenschwanz schlägt die Kreatur nach mir. Ich ducke mich, spüre den Lufthauch. Aber sie trifft mich nicht. Hasserfüllt faucht der Sislak und wirft den Kopf in den Nacken. Im letzten Moment kann ich mich zurückbeugen, um den Spitzen des Geweihs zu entkommen, verliere dabei aber fast den Halt.

Die Bestie windet sich unter mir. Doch sie ist zu behäbig und kann mich nicht abschütteln.

Ich bin ganz in meinem Element. Das ist es, wofür ich ausgebildet wurde. Während ich mich mit einer Hand an die ledrig-schuppigen Nackenfalten klammere, reiße ich mit der anderen den Neuntöter hoch. Eine dolchartige Klinge mit nadeldünner Spitze schießt hervor. Damit kann ich es schaffen, die dicke Echsenhaut zu durchdringen.

Aber dazu kommt es nicht.

Plötzlich spüre ich, wie sich die Muskelstränge unter mir anspannen. Ein Ruck geht durch den Körper der Bestie – und ich werde herumgewirbelt, verliere die Orientierung. Schmerzen schießen in mein Bein. Der Sislak hat sich auf die Seite geworfen, um mich zu zerquetschen wie ein lästiges Insekt.

Ich keuche, beiße die Zähne fest zusammen. Die Bestie wälzt sich auf seine Seite und damit auf mein Bein. Unnachgiebig halte ich mich auf ihrem Rücken fest, mache mich möglichst flach.

Noch ein Schwung. Sie wirft sich auf den Rücken. Die Luft wird mir aus der Lunge gepresst, Schmerzen flackern grell durch meine Brust. Das Knacken einer gebrochenen Rippe – oder sind es zwei? Es macht keinen Unterschied. Ich brauche Hilfe. Die Hilfe meiner Magie.

Mir fehlt die Zeit, mein Kit hervorzuholen und mir gezielt Blut abzunehmen, um die Magie fließen zu lassen.

Ich bin so unter der Kreatur begraben, dass ich meinen Neuntöter nicht bedienen kann. Verzweifelt versuche ich, den Mechanismus am Griff auszulösen, drehe mich dafür bloß ein bisschen. Schon schießt ein Schmerz durch meine Handfläche. Eine Reihe von Dornen ist hervorgeschossen und hat sich durch meine Haut gebohrt. Blut sickert direkt in die Rillen des Metallgriffs. Der Neuntöter vibriert für einen Moment, als er mein Blut trinkt.

Rechtzeitig. Gerade noch rechtzeitig. Die Schmerzen verblassen, meine Kräfte kehren zurück.

Schwerfällig dreht sich der Sislak zurück auf den Bauch, versucht aufzustehen – und in dem Moment ramme ich ihm den schmalen Dolch in den Nacken.

Sein Fauchen geht in ein Kreischen über. Sein Kopf schlägt hin und her. Wieder verfehlen die Spitzen des Geweihs nur knapp mein Gesicht, doch diesmal fällt mir das Ausweichen leichter. Meine Reflexe sind umso vieles schneller als gerade noch.

Wild schaut er um sich. Algen, die sich von seinem Geweih lösen, landen auf meiner Haut. Für einen Moment fange ich den Blick der Prinzessin auf. Ihre braunen Augen sind weit aufgerissen, als befände sie sich in einem Albtraum, der ins echte Leben geschwappt ist. Sie sitzt auf dem Boden, am Rande einer ausladenden Pfütze. Schlammspritzer überziehen ihr makelloses Gesicht, die Goldhaare sind zerzaust. Trotzdem sieht sie aus wie eine kostbare Porzellanpuppe, die nichts in den Trübwassergebieten zu suchen hat.

Ihre verängstigten Augen sind das Letzte, was ich sehe. Dann wirft sich der Sislak ins Wasser.

Und zieht mich mit sich.

KAPITEL 22

Odine

Gerade sehe ich sie noch. Ein wildes Tier, das ein anderes erlegt. Eine Bestie, die eine andere Bestie bekämpft.

Einer Raubkatze gleich, hockt sie auf dem Nacken der gigantischen Echse. Nass hängen ihr die zotteligen Haare über den Rücken und ins Gesicht, das keine Regung zeigt. Weder Schmerz noch Anstrengung malen sich in diesen Zügen ab. Nur in ihren hellen Augen steht die Mordlust. Entschlossen rammt sie ihren Dolch ins Fleisch der Echse.

Dann wirft die Bestie ihren massigen Leib zur Seite. Das Wasser spritzt mit einem gewaltigen Platschen in die Höhe und benetzt auch meine Haut. Einen Herzschlag lang scheinen die Tropfen in der Luft zu schweben, eingefroren in der Zeit. Einer zeigt mir mein winziges Spiegelbild.

Nein. Das Bild des Mädchens, das mich mit undeutbarem Blick ansieht.

Schon im nächsten Moment hat der Sumpf die Echse verschluckt. Und mit ihr die Jägerin.

»Los!« Dariels Stimme dringt nur dumpf in mein Bewusstsein. »Bei allen Bestien Garas, Odine! Das ist nicht der Moment für ein Nickerchen. Verdammt, komm schon! Egal, wer von beiden lebend auftaucht – die Jägerin oder die Bestie –, wenn es so weit ist, müssen wir beide hier weg sein!«

Eine von beiden. Nur eine von beiden wird diesen Kampf überleben. Die Jägerin ist entschlossen, die Bestie aus dem Weg zu räumen, so wie es ihre Bestimmung ist. Die Bestie hingegen ist darauf ausgelegt, alles Leben zu vernichten, auf das ihr unheilvoller Blick fällt.

Ich weiß nicht, worauf ich hoffen soll. Wer die kleinere Gefahr für mich darstellt: das Monster in Echsenform oder jenes auf zwei Beinen. Vielleicht löschen sie sich gegenseitig aus, das wäre das Beste, denke ich gehässig und erschrecke über mich selbst.

»Odine!« Dariels Ruf klingt rau.

Ich kann nicht zuordnen, woher seine Stimme kommt, kann ihn nicht sehen. Doch mein Name aus seinem Mund reißt mich aus meiner Benommenheit. Ich rapple mich auf, zerre meine Hände aus dem Schlamm, die bereits bis zu den Unterarmen versunken sind.

Widerwillig gibt der Sumpf mich frei. Stolpernd komme ich auf die Füße.

Dariel sitzt auf dem Rücken seines panischen Pferdes, das er nur mühsam unter Kontrolle hält. Es bäumt sich unter ihm auf, seine Hufe wirbeln durch die Luft. Eindringlich sieht mein Beschützer mich an.

Mein Pferd. Wo ist es?

»O nein, bitte nicht«, brechen die Worte erstickt aus mir heraus.

Der Sumpf hat sich die Stute geholt. Bei ihrem Fluchtversuch muss sie vom festen Weg abgekommen sein. Bis zum Bauch steckt sie im dunklen Morast und sinkt von Sekunde zu Sekunde tiefer hinein. Ihre Augen sind verdreht, sodass ich das Weiße sehen kann. Hilflos schlägt sie ihren Kopf hin und her. Je mehr sie sich anstrengt, desto schneller versinkt sie. Mit aller Macht versucht sie, die Beine aus dem Schlamm zu ziehen, doch sie hat keine Chance. Der Sumpf ist gnadenlos.

Ihr Wiehern klingt wie ein Hilferuf und schneidet mir tief ins Herz. Sofort bin ich bei ihr, lasse mich auf die Knie fallen.

Ich muss vorsichtig sein. Meine Beine beginnen schon einzusinken, hastig schiebe ich mich ein kleines Stück zurück und beuge mich dabei vor zu meinem Pferd.

»Odine, um Himmels willen!« Dariels Stimme kippt. Er hält auf mich zu. »Wir müssen hier weg.«

»Aber … Nein! Wir müssen ihr helfen.«

Tränen fließen über meine Wangen. Ich halte den Kopf der Stute. Angstvoll rollen ihre Augen, ihre Nüstern blähen sich.

»Bist du verrückt?« Fassungslosigkeit klingt aus jeder Silbe. »Wir können zu zweit auf meinem Pferd reiten. Gib mir die Hand. Odine! Gib mir deine Hand. Ich ziehe dich hoch.«

Ich schüttle den Kopf und schaue ihn nicht an, mein Blick ist auf die Stute gerichtet. Ich kann nichts für sie tun, außer ihren schweren Kopf hochzuhalten, der vor Erschöpfung immer wieder hinabsinkt und ebenfalls schon fast im Morast eintaucht.

Dariel stößt eine Flut von Flüchen aus. »Sie ist verloren, siehst du das nicht?«

Das Pferd sinkt tiefer. Die Flanken, nur noch halb aus dem dunklen Morast ragend, heben und senken sich bei jedem hektischen Atemzug. Sie kämpft um ihr Leben, doch ihre Kräfte erlahmen. Der Sumpf ist hungrig. Was er in seine Fänge bekommt, will er nicht wieder loslassen.

Ich verfluche meine Hilflosigkeit, meine Schwäche. Die Stute ist verloren.

KAPITEL 23

Oona

Schlamm. Dunkles Wasser. Es läuft in meinen Mund, meine Nase, lässt mich würgen.

Die Echse ist ein schwieriges Reittier, schlüpfrig wie ein Aal windet sie sich unter mir. Das Wasser ist erstaunlich tief, obwohl die meisten Wasserflächen hier im Sumpf doch so seicht sind, dass man hindurchwaten kann. Immer tiefer tauchen wir ab. So plump der Sislak an Land wirkt, so geschmeidig bewegt er sich unter Wasser. Dreht sich um die eigene Achse. Versucht, mich an Steinen und Baumstämmen abzustreifen, die ich im trüben Nass nicht sehe.

Rauer Fels kratzt über meine Haut. Ein harter Aufprall. Blut – ich spüre keinen Schmerz, doch ich fühle, wie es austritt.

Ich weiß nicht, wo oben und unten ist. Meine Hand verliert den Halt. Wie ein Dorn steckt der Dolch im Fleisch der Bestie, nur daran kann ich mich noch festhalten.

Noch ein Aufprall. Ich werde herumgeschleudert. Die Bestie tobt, wirbelt durchs Wasser wie ein Orkan.

Ich verliere den Halt, löse mich von der Kreatur und treibe orientierungslos durch die Dunkelheit.

Meine Lunge birst fast. Ich brauche Luft! Ich kann den Atem lange anhalten, diese Fähigkeit hat mir das Blut der Rostkrabbe verliehen. Aber jetzt lechzt mein Körper nach Sauerstoff. Mir wird schwindelig. Punkte tanzen vor meinen Augen. Krampfhaft halte ich sie offen, aber das Wasser ist so trüb und voller Schlamm, dass ich nichts sehe.

Mit kräftigen Schwimmzügen bewege ich mich in die Richtung, von der ich hoffe, dass sie oben ist. Mein Kopf durchbricht die Oberfläche, gierig schnappe ich nach Luft.

Bedrohlich still liegt der Sumpf um mich da. Aus der Ferne dringen Rufe herüber. Die Prinzessin und ihr Begleiter, dazu das Wiehern eines Pferdes. Aber ich kann mich jetzt nicht zu ihnen umdrehen.

Ein grausamer Ruck. Etwas zerrt an meinem Bein, bohrt sich durch das Leder meines Stiefels. Diesmal spüre ich den grellen Schmerz trotz der Blutmagie.

Ich schreie auf – dann werde ich unter Wasser gerissen. Der Sumpf erstickt jeden Laut.

KAPITEL 24

Odine

Etwas bricht im Blick der Stute. Ich kann den Moment sehen, in dem sie aufgibt.

»Dariel, bitte«, schluchze ich, weil ich das Tier einfach nicht aufgeben kann.

Noch eine Flut an Schimpfworten. Dann springt er aus dem Sattel und landet neben mir.

»Festhalten«, kommandiert er knapp und drückt mir Lederriemen in die Hand. Erst nach einem Moment begreife ich, dass es die Zügel seines Pferdes sind. Es gelingt mir kaum, das panische Tier festzuhalten, das nur eines im Sinn hat: Flucht. So weit zu rennen, wie es nur kann. Das, was wir alle tun sollten.

Dariel vertäut hastig die Seile und Lederriemen, die er aus seiner Satteltasche gezogen hat. Schlingt sie um die Stute, so gut er kann, und befestigt sie an seinem eigenen Pferd. Balanciert vorsichtig um den Rand des Schlammlochs, wo der Boden ihn noch trägt, und gelangt so nah genug an meine Stute heran, um den Sattel zu packen.

»Ziehen!«, brüllt Dariel mir zu. Sein Gesicht ist vor Anstrengung gerötet.

Ich brauche beide Hände, um sein Pferd zu bändigen und es dazu zu bringen, zu ziehen. Die Lederriemen und Seile spannen sich. Kraftvoll setzt sich das Pferd in Bewegung.

Ich wage kaum zu hoffen, dass es funktioniert.

Bitte.

Seit wann bedeuten mir Pferde etwas? Wann habe ich mich je so sehr um ein anderes Lebewesen gesorgt? Ganz gleich: Die Stute muss überleben. Ich traue mich fast nicht, hinzusehen.

Und schluchze vor Erleichterung auf, als sich der Körper des Pferdes langsam, Stück für Stück, aus dem Schlamm löst. Mit einem schmatzenden Laut gibt der Sumpf die Stute frei. Mit letzter Kraft zieht sie sich hoch, zittert am ganzen Leib. Diesmal sind es Freudentränen, die über meine Wangen laufen. Ich falle der Stute um den Hals. Sachte legt sie ihren Kopf auf meine Schulter.

»Los, Prinzessin!« Dariel klingt gehetzt. »Dafür ist später Zeit.«

Wie recht er hat. Hier ist es nicht sicher. Wir müssen weiter.

Doch zu spät. Erneut bricht die Wasseroberfläche auf. Die Bestie schießt aus dem dunklen Nass hervor. Ihr Knochenmaul öffnet sich, und ein fauchender Schrei kommt aus ihrer Kehle.

Im ersten Moment glaube ich, sie hätte die Jägerin besiegt. Wie sollte das zierliche Mädchen auch gegen ein solches Wesen bestehen?

Aber dann sehe ich die Kämpferin. Das Flammenhaar klebt ihr nass und dunkel im Gesicht. Blut mischt sich mit Sumpfwasser, fließt über ihre Wange, ihr Bein. Ist sie verletzt, oder ist es das Blut der Bestie?

Gebeugt steht sie auf dem Rücken der Kreatur. In der Hand hält sie ein Schwert, dessen Klinge fast bis zum Schaft im Nacken der Bestie versenkt ist. Eine Gänsehaut zieht sich über meinen ganzen Körper.

Noch einmal bäumt sich die Bestie schwach auf. Mit letzter Kraft hat sie es an Land geschafft. Jetzt sinkt sie in sich zusammen. Die blauen Lichtfunken in ihren Augenhöhlen erlöschen.

Ich halte den Atem an. Die Jägerin steht vornübergebeugt. Sie schwankt, fängt sich wieder. Braucht zwei, drei Anläufe, um die Klinge ihrer Waffe aus dem Leib der Bestie zu zerren, der jetzt leblos und aufgequollen halb an Land liegt, halb auf der Wasseroberfläche treibt. Sie fällt auf die Knie, stützt sich mit den Händen auf den Schuppenkörper der Echse, lässt den Kopf hängen.

Sie ist geschwächt. Normalerweise hätten wir keine Chance gegen eine Jägerin. Nicht einmal dann, wenn sie so schmal und klein aussieht wie diese. Nicht einmal mit einem breitschultrigen Kerl wie Dariel an meiner Seite. Doch jetzt sieht sie aus, als könnte sie sich kaum mehr auf den Beinen halten.

Als hätte sie meine Gedanken gehört, schnellt ihr Kopf hoch. Ihr Blick wirkt erst benebelt, fokussiert sich dann aber messerscharf auf mich. Sie zieht die Mundwinkel hoch und macht einen Schritt in meine Richtung.

KAPITEL 25

Oona

Ruckartig hebe ich den Kopf, woraufhin alles kurz verschwimmt. Hinter meiner Stirn hämmert es. Mein verletztes Bein pocht, und bei jedem Atemzug schießt ein greller Schmerz durch meinen Brustkorb.

Da.

Sie ist noch da. Meine Beute, die Prinzessin. Kurz habe ich befürchtet, sie hätte die Flucht ergriffen. Dann hätte ich erneut die Verfolgung aufnehmen müssen. Doch ich sehe sie. Blass, zierlich und schwach steht sie da und klammert sich an die Zügel ihres Pferdes, als wäre das ihr einziger Halt in dieser Welt.

Der Mann stellt sich vor sie, zwischen mich und die Prinzessin. Ich sehe eine Apparatur in seiner Hand. Etwas blitzt in meinem Kopf auf, irgendwo habe ich so etwas Ähnliches schon gesehen, aber was ist es? Ich kann mich nicht erinnern.

Ein Knall zerreißt die Luft. Mit Wucht trifft etwas meine Schulter, katapultiert mich nach hinten. Ich stolpere, taumle, verliere auf dem glitschigen Körper der toten Bestie das Gleichgewicht. Während ich zurück ins Wasser falle, fasse ich mir instinktiv an die Quelle des Schmerzes, fasse in etwas Warmes, Nasses.

Der brennende Schmerz löscht alle anderen Empfindungen aus. Die Welt um mich wird schwarz.

TEIL 2

KAPITEL 1

Oona

Das Mädchen irrt durch die Festung. Sie ist erst seit wenigen Tagen und Nächten hier. Die Gänge sind lang und verwinkelt. Es ist leicht, sich hier zu verlaufen.

Sie hat keine Angst. Sie hat doch beschlossen, keine mehr zu haben.

Doch als sie das Rascheln hört, das leise Schaben in den tiefen Schatten, läuft ihr ein Schauer über den Rücken.

Sie hat mit dem Jungen gestritten. Als sie sich beim Essen am Feuer neben ihn setzen wollte, hat er so getan, als würde sie stinken, und ist von ihr weggerückt. Das wollte sie nicht auf sich sitzen lassen. Sie haben einander Schimpfworte an den Kopf geworfen. Dann haben sie begonnen, sich zu prügeln, bis ein erwachsener Jäger sie beide am Genick gepackt hat wie Hundewelpen.

»Nicht beim Essen«, hat er geknurrt. »Oder ich werfe euch eigenhändig ins Feuer.«

Seitdem hat das Mädchen keine Ruhe gefunden. Sie ist durch die Festung gelaufen, immer dem Mee-

resrauschen hinterher. Bis sie nicht mehr wusste, wo sie war.

Und jetzt dieses entsetzliche Rascheln. Sie glaubt, den Blick kalter Augen zu spüren. Ihr Herz donnert in ihrer Brust. Sie geht immer schneller, fängt an zu rennen. Ihre Atemzüge klingen wie Schluchzer, aber sie weint nicht. Sie möchte nicht mehr weinen.

Auf einmal ist da jemand. Wie aus dem Nichts ist er aufgetaucht. Sie kann nicht mehr anhalten, prallt gegen ihn.

Der Mann schlingt die Arme um sie. »Es ist in Ordnung«, sagt er milde.

Als er sie umarmt, kann sie nicht anders und fängt vor Erleichterung doch an zu weinen.

»Es tut mir leid«, schluchzt sie, »es tut mir leid, dass ich Angst bekommen habe.« Er hat ihr doch gesagt, dass sich Blutjägerinnen nicht fürchten.

»Es ist in Ordnung«, sagt er wieder, der Mann, der ihre ganze Welt ist.

Benommen schlage ich die Augen auf. Im ersten Moment sehe ich alles unscharf. Geblendet blinzle ich ins Licht.

Ich bin verschwitzt, mein Körper glüht. Fieber. Das ist nicht ungewöhnlich, nachdem man Blutmagie eingesetzt hat. Mein Körper ist geschwächt. Er muss das Opfer verarbeiten, das ich erbracht habe.

Bald werde ich mich wieder gesund und stark fühlen. Ich werde nicht spüren, dass etwas fehlt. Dass ich ein Stück meiner Seele gegeben habe.

Etwas klimpert, als ich mich bewege. Metall. Etwas Hartes umschließt meine Handgelenke. Beinahe hätte ich aufgelacht. Meine eigenen Hand- und Fußfesseln, die für die Prinzessin bestimmt waren, wurden mir angelegt.

KAPITEL 2

Odine

Wie seltsam sie aussieht.

Diese Augen, blassblau wie die eines Fisches, hell wie die eines Geistes. Ohne zu blinzeln, starrt sie mich an.

Die wilden, zotteligen Haare ergießen sich in Feuerfarben über ihre Schultern.

Die bleiche Haut, unter der sich bläulich ihre Adern abzeichnen.

Der grausame Zug um den Mund.

Ich will mir nicht anmerken lassen, welches Unbehagen sie in mir auslöst. Ich sitze ihr gegenüber und mustere sie. So, wie sie mich mustert. Ihr Anblick jagt mir einen Schauer über den Rücken. Trotzdem bin ich wider Willen fasziniert.

»Wer hat dich geschickt? Meine Familie? Das Königspaar?« Ich stehe auf und stoße sie mit der Fußspitze an. »Geht es um den Fluch der Roten Witwe?«

Sie reagiert nicht. Sitzt nur da, an den Holzbalken gelehnt, an den wir sie gebunden haben. Und schaut mich mit diesem unheimlichen Blick an.

Notdürftig haben wir ihre Verletzungen verbunden. Beim Anblick ihres Beins, das die Bestie förmlich zerfetzt hat, wurde mir übel. Ihre Schulter wurde von Dariels mysteriöser Waffe durchlöchert. Ihren Brustkorb hat er mit einem straffen Verband und Stöcken geschient, was mehr schlecht als recht geklappt hat. Ein improvisiertes, bizarres Korsett ist jetzt um ihren Oberkörper gewickelt. Bei jedem Atemzug dringt ein beunruhigendes Pfeifen aus ihrer Brust. Sie muss noch schwerer verletzt sein, als man von außen sehen kann.

Bei der Schwere ihrer Verwundungen dürfte sie eigentlich nicht bei Bewusstsein sein. Und doch sitzt sie da und starrt mich emotionslos an. Wenn sie Schmerzen hat, was eindeutig der Fall sein muss, lässt sie sich nichts anmerken.

»Wir sollten sie einfach hierlassen. Noch ein paar Seile um sie wickeln und hoffen, dass sie das lang genug aufhält, bis wir über alle Berge sind, sobald sie sich befreit.«

Dariel lehnt in der Tür der Hütte, die wir mitten im Sumpf unerwartet gefunden haben. Wer auch immer die Leute waren, die hier gewohnt haben – sie haben einen verhängnisvollen Fehler begangen, indem sie sich ausgerechnet hier niedergelassen haben. Knochen säumen den Weg bis zur Hütte und sind ringsumher verstreut. Blanke Menschenknochen. Ich versuche, zu verdrängen, dass manche von ihnen zu klein sind, um von einem Erwachsenen zu stammen.

»Tun wir das?«, frage ich hoffnungsvoll, wohl wissend, dass wir es nicht tun werden.

Nicht nur, weil es unmenschlich wäre, jemanden gefesselt in einer so gefährlichen Umgebung zurückzulassen, umgeben von Alligatoren, Schlangen und fleischfressenden Echsen. Auch wenn sie eine Jägerin und kein wehrloses Mädchen ist. Wahrscheinlich müssten sich eher die Alligatoren vor ihr fürchten statt umgekehrt.

Die Bestie hat sich die Menschen geholt, die hier gewohnt haben. Übrig geblieben ist diese schrecklich leere Hütte, in denen bloß noch Überreste vergangener Leben zu finden sind: Teller und Schalen. Einfache Schlaflager aus dicken Decken auf dem Boden, in die längst die Feuchtigkeit des Sumpfs gekrochen ist. Und eine aus Schilf gefertigte Puppe. Geistesabwesend wiege ich sie für einen Moment im Arm wie ein Baby, so wie ich es früher im Schloss mit meinen Porzellanpuppen getan habe, als ich kleiner war. Bis mir der durchdringende Blick der Jägerin bewusst wird und ich die Puppe rasch beiseitelege.

Nun, da die Bestie erlegt ist, sollte das hier ein mehr oder weniger sicherer Unterschlupf sein. Wir wollen hierbleiben, bis wir uns so weit erholt haben, dass wir weiterreisen können.

»Es hätte ohnehin keinen Sinn«, seufzt Dariel. »Blicken wir der Wahrheit doch ins Auge. Wenn man eines über Blutjäger weiß, dann, dass sie jede Beute finden, nach der sie suchen.«

»Das liegt an dieser verdammten Magie.« Ich wende mich angewidert von der Jägerin ab. Mir ist zum Heulen zumute. Dass mir meine eigene Familie so jemanden auf den Hals gehetzt hat, will mir nicht in den Kopf gehen. Wie soll ich vor einer Jägerin entkommen, die sich niemals von einer Fährte abbringen lässt, die sie aufgenommen hat? Die einzige Erfolg versprechende Möglichkeit – die Jägerin zu töten, bevor wir unseren Weg fortsetzen – ist keine echte Option. Dazu können Dariel und ich uns nicht durchringen.

Ich tätschle den Hals der Stute. Sie schnaubt friedlich und zupft an meinen Haaren. Nachts holen wir auch die Pferde in die Hütte, wenngleich es hier drin ganz schön eng wird. Mit gutem Zureden haben wir sie dazu gebracht, sich durch die niedrige Tür ins dunkle Innere zu zwängen. Hier sind sie den Gefahren des Sumpfes nicht ausgeliefert. Auch die Tiere haben Erholung bitter nötig.

»Dariel?« Ich habe ihm noch nicht gesagt, was mir auf der Seele brennt.

Die Arme immer noch vor der Brust verschränkt, sieht er mich fragend an.

Ich hole tief Luft, als bereitete ich mich darauf vor,

in tiefes Wasser zu springen. Ich lehne meine Stirn gegen die der Stute. »Danke.«

Das ist etwas, was ich noch nicht oft in meinem Leben gesagt habe. Wenn jemand etwas für mich getan hat, dann war das bisher selbstverständlich. Der natürliche Lauf der Dinge. Das, was alle in meiner Position für gegeben halten und nicht hinterfragen.

Doch was Dariel tut, ist nicht selbstverständlich. Dass er mein Pferd gerettet hat, obwohl es ein Risiko bedeutet hat. Und ... ja, auch, dass er an meiner Seite bleibt. Denn die Juwelen, die ich ihm dafür in Aussicht stelle, sind nicht wertvoller als sein Leben, das er hier aufs Spiel setzt.

Vorsichtig schaue ich zu ihm. Er grinst breit. Mein Dank scheint ihm viel zu viel Spaß zu bereiten. Vielleicht, weil er weiß, wie schwer mir dieses Wort über die Lippen kommt.

»Nicht, dass deine Mundwinkel für immer in dieser Position bleiben«, gebe ich säuerlich zu bedenken.

»Gern geschehen«, ist seine Antwort.

»Was ist das eigentlich? Deine ... Waffe. Ich habe so etwas schon mal gesehen.« Dieser kleine Gegenstand, den er auf die Jägerin gerichtet hat und der dann den ohrenbetäubenden Knall erzeugt hat. Ich habe keine Klinge gesehen, keinen Pfeil oder Bolzen.

Alles ging so schnell. Dann ist die Jägerin blutend zusammengebrochen.

Als im letzten Jahr ein Tüftler von Hof zu Hof gezogen ist, um die neuesten Errungenschaften der Wissenschaft zu verkaufen, waren meine Brüder Feuer und Flamme. *Einen Durchbruch* haben sie die komplizierte mechanische Konstruktion genannt, die im Kampf und auf der Jagd ganz neue Möglichkeiten eröffnen soll. Ich habe nur mit einem Ohr zugehört. War gedanklich bei den Vorbereitungen des Balls und habe davon geträumt, was für Möglichkeiten mein Wahrspruch mir eröffnen würde.

Jetzt betrachte ich den Gegenstand fasziniert, den Dariel mir über den modrigen Tisch hinweg zuschiebt. Das wenige Licht, das durch die offene Tür in die fensterlose Hütte fällt, spiegelt sich in silbrigem Metall. Meine Fingerspitzen wandern über kleine Hebel und Rädchen.

»Ein Revolver«, sagt Dariel, als sei damit alles erklärt. Zum ersten Mal höre ich dieses Wort.

Die Jägerin sitzt nach wie vor zusammengesunken am Balken. Ich weiß nicht, wie viel sie von unserem Gespräch mitbekommt. Ob sie schläft, döst, träumt oder hellwach ist. Ihr Kopf hängt herab, Haare fallen ihr vors Gesicht. Damit sie nicht zu viel von dem hört, was wir sagen, senke ich die Stimme.

»Aber wie funktioniert es? Ist das eine Form von … Magie?«

Er prustet los. »Muss hier auf Gara alles mit düsterer Magie erklärt werden? Nein, nicht im Geringsten. Das ist Fortschritt, Prinzessin. Davon versteht ihr reichen, mächtigen Leute nichts. Draußen, vor euren dicken Mauern und jenseits des Ozeans, schreitet die Zeit voran.«

»Und das weißt du, weil …«

»Weil ich mich dafür interessiere. Weil ich weiß, dass die Welt am Rande Garas nicht endet. Weil ich lernen will.«

Unschlüssig drehe ich die Waffe in den Händen hin und her. Ein geschwungener Griff mit geschnitzten Verzierungen, vorn ein Rohr. Damit hat Dariel auf die Jägerin gedeutet. Ich spähe in die Öffnung.

»Nein. Einfach nein.« Er ist blass um die Nase, als er mir den Gegenstand vorsichtig aus der Hand nimmt. »Dieses Ende? Tötet Menschen. Und hier an diesem Bügel darfst du auf keinen Fall ziehen. Es sei denn, du willst eine Kugel abfeuern.«

Als ich daran denke, welche Wucht diese unscheinbare Waffe entfesselt hat und dass ein Zug an diesem kleinen Hebel ausreicht, um Menschen zu töten, bin ich froh darüber, sie nicht mehr in der Hand zu halten.

»Woher hast du das? Diese Dinger sind sündhaft teuer.«

»Der Tüftler, der im Schloss war und sie vorgestellt hat. Abends, nachdem deine Familie ihn aus ihren Fängen entlassen hat, haben wir lange zusammengesessen und uns unterhalten. Er hat mit einem Schiff den Ozean überquert und hatte so viel zu erzählen. Ich wollte alles wissen, was er über diese anderen Welten zu berichten hatte.«

Seine Augen leuchten, als er davon erzählt. Das merke ich sogar im Halbdunkel der Hütte.

»Und weil ihr euch so gut unterhalten habt, hat er dir so etwas Kostbares geschenkt?«

Er lacht. »Der Revolver hat all meine Ersparnisse aufgefressen. Aber er hat nur einen Bruchteil des Preises gefordert, den er deinen Brüdern genannt hat. Ich konnte nicht widerstehen.«

Ich weiß nicht, was mir mehr Angst macht: dunkle Flüche und Blutmagie oder die Tatsache, dass Menschen in der Lage sind, solche Dinge zu konstruieren.

KAPITEL 3

Oona

Odine. Das ist der Name der Prinzessin.

Dariel. So heißt der Mann, der sie begleitet.

Warum er an ihrer Seite ist und sie beschützt, weiß ich nicht. Vermutlich ist er ein Leibwächter, möglicherweise ein angeheuerter Söldner. Es ist mir egal. Ebenso, wie mir die Fragen gleichgültig sind, mit denen sie mich traktiert.

Eine Rote Witwe? Ein Wahrspruch? Wer mich nach ihr ausgesandt hat? Das alles spielt keine Rolle für mich. Ich weiß nur, dass Marus mir diesen Auftrag anvertraut hat und dass ich ihn ausführen werde.

Wie einen Hund haben sie mich nach draußen geführt, damit auch ich an die frische Luft komme und Tageslicht sehe. Mit Fesseln, die bei jeder Bewegung rasseln, und gebunden an ein stabiles Seil, damit ich nicht fliehen kann.

Als hätte ich das im Sinn.

Sie ahnen nicht, dass ich mich befreien könnte, wenn ich wollte. Die Handfesseln sind nicht so fest angelegt, dass sie sicher wären. Die Prinzessin hat ein weiches Herz, sie hat sorgsam darauf geachtet, dass mich das Metall nicht einschnürt und die Fesseln mir nicht wehtun. Es wäre schmerzhaft. Vielleicht müsste ich mir die Daumen ausrenken und die Haut aufschürfen, aber ich könnte sie ohne große Probleme loswerden.

Sie ahnen nicht, dass ich hier reglos verharre, um meine Energie zu sammeln. Der Kampf gegen den Sislak hat mich angestrengt, hat mir meine Kräfte geraubt und mich matt und schwach zurückgelassen. Ich muss mich schonen. Aber meine Verletzungen heilen wesentlich schneller, als die Prinzessin und der Mann ahnen. Während ich mit gesenktem Kopf hinter ihnen herstolpere, schließen sich meine Wunden.

»Geht es?«, fragt die Prinzessin leise. Mit ihren zarten Händen kontrolliert sie, ob meine Fesseln zu eng sitzen.

Ich zucke vor der Berührung zurück. Was soll das? Wieso ist sie freundlich zu mir? Was verspricht sie sich davon? Etwa, dass ich sie verschone?

Das wird nicht passieren. Schlimm genug, dass ich Marus warten lasse. Ich stelle mir vor, wie er mich anlächelt, wenn ich mit der Prinzessin in die Festung zurückkehre. Von diesem Gedanken allein könnte ich tage- und wochenlang zehren.

Folgsam lehne ich mich an den Stamm, zu dem sie mich führen, und lasse zu, dass sie das Seil um den Baum wickeln. Festgebunden wie ein Hofhund, der das Streunen nicht lassen kann. Unter gesenkten Lidern hervor beobachte ich die beiden unauffällig.

Die Prinzessin sitzt am Rand eines Teichs auf dem Boden und kämmt mit den Fingern durch ihre langen Haare. »Ein Königreich für eine Zofe«, seufzt sie. »Dieses Vogelnest wird von Tag zu Tag schlimmer.«

Sie beugt sich vor und taucht die Haare ins Wasser. Selbst wenn dieses Mädchen sich die Haare wäscht, kommt das einem kleinen Tanz gleich. Dabei stellt sie sich nicht mal geschickt an. Mit Sicherheit ist sie es gewohnt, dass Bedienstete sich um ihre ellenlangen Seidenhaare kümmern und in sorgfältiger Kleinarbeit jeden Knoten ausbürsten. Ich schnaufe leise.

Der Mann nähert sich ihr, beugt sich übers Wasser und scheint etwas darin zu betrachten. Dann zuckt er zurück und gibt einen erschrockenen Laut von sich.

Sofort quietscht die Prinzessin auf, zieht ihre Haare aus dem Wasser und springt auf. »Was? Bei allen Bestien, Dariel! Was hast du gesehen?«

»Ich könnte schwören, da schwamm gerade Froschlaich auf dem Wasser. Ob der jetzt in deinen Haaren hängt?«

Im ersten Moment denke ich, er meine das ernst und ekele sich vor Froschlaich. Fassungslos schüttle ich den Kopf. Stellen sich Menschen, die keine Jäger sind, dermaßen an?

Dann schnaubt die Prinzessin erbost und bespritzt ihn mit Wasser.

»Du scheußliches Monster«, schimpft sie.

Erst als er darüber lacht, kapiere ich, dass er sich nur einen Spaß mit ihr erlaubt hat und sie erschrecken wollte. Da sind Untertöne in ihrer Unterhaltung, die ich nicht zu deuten vermag. Warum sagen sie nicht geradeheraus, was Sache ist?

Wie zwei kleine Kinder albern sie miteinander, spritzen im Schlammwasser herum und geraten gefährlich nah an die Bereiche des Sumpfes, in denen der tückische Morast auf jeden Fehltritt lauert.

Mit einer Mischung aus Faszination und Unglauben sehe ich ihnen zu, schweigend an meinen Baumstamm gelehnt. So unbeschwert gespielt habe ich nicht einmal als Kind. Ist ihnen der Ernst ihrer Lage nicht bewusst?

Irgendetwas versetzt mir einen kaum merklichen Stich, wie von einer hauchfeinen Nadel, die sich in mein Herz bohrt. Verwirrt versuche ich, mir an die Brust zu fassen, werde aber von den Fesseln daran gehindert. Ich spüre dem irritierenden Echo nach, das die Szene zwischen den beiden Menschen in meinem Inneren auslöst, und kann mir doch keinen Reim darauf machen.

Schlammbespritzt, aber mit geröteten Wangen und glänzenden Augen, haben sich die Prinzessin und ihr Begleiter nun auch hingesetzt. Die Prinzessin hat mir etwas zu essen gebracht, einen kostbaren Teil ihrer Vorräte, die sich dem Ende neigen. Ich habe den Kopf beiseitegedreht und die Lippen zusammengepresst. Ihre Herzlichkeit erfüllt mich mit Misstrauen. Ich bin ihr Feind, warum ist sie so freundlich?

Schulterzuckend packte sie den harten Brotkanten und das Stück Wurst wieder ein. »Dann eben später«, sagte sie.

Mir knurrt der Magen.

Jetzt sitzen sie so weit von mir entfernt, dass sie glauben, sich in Ruhe unterhalten zu können. Allerdings muss ich mich nicht anstrengen, um jedes Wort zu hören.

»Ich habe so etwas noch nie mit eigenen Augen gesehen«, sagt der Mann. Dariel. »Ich meine, ich wusste, dass Blutjäger spezielle Waffen führen. Komplizierte Spezialanfertigungen, deren Anleitungen geheim gehalten werden und deren Bau sündhaft teuer sein muss. Aber selbst gesehen? Noch nie.«

Meine Augen verengen sich. Sie haben mir meinen Neuntöter abgenommen. Dass er so etwas noch nie in der Hand hatte, merkt man Dariel an. Er wendet den Griff in den Händen hin und her und weiß nichts damit anzufangen.

»Das kleine Rädchen drehen«, rufe ich ihm zu.

»Zähle bis zur dritten Rille von unten. Du kannst sie ertasten.«

Erstaunt schaut er hoch. Er hat wohl nicht damit gerechnet, dass ich das Gespräch belausche. Dann nickt er mir knapp zu. Wie naiv kann man sein? Er dreht tatsächlich am Rädchen – und stößt einen unterdrückten Schmerzensschrei aus. Der Neuntöter fällt ihm aus der Hand. Erschrocken beugt sich die Prinzessin vor und mustert die Reihe von Stichwunden in seiner Handfläche, aus denen Blut quillt.

Er wirft mir einen finsteren Blick zu. Ich kann nicht anders: Meine Mundwinkel ziehen sich wie automatisch zu einem bösen Grinsen hoch.

Womit ich nicht gerechnet habe, ist die Reaktion der Prinzessin. Auf mich wirkt sie wie ein zartes Blümchen, kaum in der Lage, sich selbst die Stiefel zu schnüren. Aber jetzt stapft sie auf mich zu, stemmt die Hände in die Hüfte und baut sich vor mir auf. In den braunen Augen liegt ein entschlossener Ausdruck.

»Wehe, du erlaubst dir so einen Spaß noch mal, Jägerin«, sagt sie kühl. »Du kannst verdammt froh sein, dass wir dich am Leben lassen. Uns ist sehr wohl bewusst, dass du uns im Gegenzug keinerlei Gnade entgegenbringen würdest.«

Ich lache ihr ins Gesicht.

Aber insgeheim imponiert mir, dass Odine für Dariel einsteht. Wer stand jemals für mich ein?

KAPITEL 4

Odine

Nass kleben meine Haare an meinen Schultern und meinem Rücken. Nie musste ich mich selbst um ihre Pflege kümmern. Oft habe ich träumend aus dem Fenster geblickt, während eine Zofe meine hüftlangen blonden Haare sorgsam entwirrt und zu kunstvollen Frisuren geflochten hat. Jetzt hätte ich sie am liebsten auf Höhe meines Kinns abgeschnitten, um mir die Arbeit zu ersparen. Nur kindischer Trotz hindert mich daran, dem Impuls zu folgen. Starrsinnig halte ich an meiner Haarpracht fest, für die ich in meinem alten Leben bewundert wurde.

Ich sitze auf einem flachen Stein im Sonnenschein. Der Sumpf hat eine seltsame Schönheit, die sich nicht sofort offenbart. Erst wenn man gezwungen ist, eine Weile hier zu verbringen, entdeckt man die bizarre Anmut dieser scheinbar so lebensfeindlichen Umgebung.

Golden und rötlich tanzen Lichtreflexe auf den grünen Gewässern, die ganz ruhig daliegen. Libellen tanzen über Gräser.

Das Licht der untergehenden Sonne lässt die blanken Menschenknochen schimmern, die die Bestie übrig gelassen hat und die nach wie vor um die Hütte herum verteilt sind.

Dariel hat es sich ein Stück von mir entfernt gemütlich gemacht. Keinen von uns zieht es hinein in die halb verfallene, modrig riechende Hütte. Wir nutzen jeden Moment, den wir draußen verbringen können. Er hat ein kleines Messer hervorgeholt und schnitzt etwas aus einem Stück Holz. Seine beiden Hände sind notdürftig mit Stoffstreifen bandagiert, die wir aus dem Saum meines neuen Kleides geschnitten haben. Wieder wallt Ärger in mir auf, als ich an die Jägerin denke. Am liebsten hätte ich ihr eine schallende Ohrfeige verpasst, weil sie Dariel in eine Falle gelockt und ihn aus purer Böswilligkeit verletzt hat.

Er steht auf und kommt zu mir. Mit meiner Hand forme ich ein Schatten spendendes Dach über meinen Augen. »Was hast du denn da geschnitzt?«

»Zeige ich dir, wenn es fertig ist.« Er hat das Holzstück in einer Tasche verschwinden lassen und deutet auf meine Haare. »Kann ich dir damit helfen?«

»Ich fürchte, da ist jede Hilfe vergebens.« Betrübt halte ich eine verfilzte Strähne hoch.

Ohne ein weiteres Wort setzt er sich hinter mich. Mir verschlägt es für einen Augenblick den Atem, als er behutsam nach meinen Haaren greift. Keine galanten Gesten und Verbeugungen, wie ich es von den Jünglingen gewohnt bin, die mich bei Hofe zum Tanz aufgefordert haben. Nur er und ich, seine Hände in meinen Haaren, die beiläufig meine Schultern streifen, als er die Finger durch die verknoteten Strähnen gleiten lässt.

Ich schließe die Augen, meine Hände sinken auf meinen Schoß hinab. Ich höre Dariels leise Atemzüge. Sachte streichen seine Finger durch mein Haar. Ein Kribbeln breitet sich von meiner Kopfhaut in meinem ganzen Körper aus. Das Atmen fällt mir schwer.

Ich ertappe mich bei dem Wunsch, ihm noch näher sein zu wollen. Seine Hände auf meiner Haut zu spüren, nicht nur dieses sachte Zupfen an meinen Haaren. Mich an ihn zu schmiegen, wie ich es auf dem Hochsitz getan habe.

Als er aufhört, öffne ich die Augen wieder. Beinahe hätte ich ihn gebeten, weiterzumachen. Doch ich beiße mir rasch auf die Zunge. Was ist nur los mit mir?

Plötzlich bin ich nervös, als ich ihm in die warmen braunen Augen schaue. Irgendetwas haben diese harmlosen Berührungen mit mir gemacht. Ich kann mich ihm gegenüber doch nicht unsicher fühlen. Wer ist er schon? Hitze schießt mir in die Wangen. Mein Leben lang war ich selbstbewusst. War mir meiner Stellung und der Macht meiner Familie bewusst. Niemals hätte mich ein Mann wie er nervös gemacht.

»Jetzt siehst du wieder halbwegs ansehnlich aus«, sagt er grinsend und zerstört damit die merkwürdige Spannung, die sich nun schon seit Tagen zwischen uns aufgebaut hat.

»Halbwegs ansehnlich«, schnaube ich und bin insgeheim froh darüber, dass meine Unsicherheit verflogen ist. Schwungvoll stehe ich auf. »Du weißt, wie man einer Dame Komplimente macht.«

»Einer Dame? Siehst du hier eine?«

Erbost plustere ich die Wangen auf. »Aus dir wird jedenfalls in diesem Leben kein galanter Gentleman mehr«, versetze ich hart und wende mich ab, ohne seine Reaktion abzuwarten.

KAPITEL 5

Oona

»Wie geht es dir?«, fragt die Prinzessin, während sie mir Wasser einflößt.

Dann kontrolliert sie erneut die Hand- und Fußfesseln und macht die Metallschellen sogar noch etwas lockerer. Wunderbar. Nun werde ich mich nicht einmal verletzen müssen, um sie loszuwerden, wenn die Zeit reif ist.

Sie rüttelt noch einmal daran, um sicherzugehen, dass sie trotz allem fest genug sitzen. Zaghaft lächelt sie mich an.

In der Festung fragt dich niemand, wie es dir geht, solange dir nicht ein Körperteil fehlt oder du unkontrolliert blutest. Ich erleide gerade weder massive Schmerzen, noch ist mein Leben bedroht. Ich friere nicht einmal. »Wie soll es mir schon gehen?«, erwidere ich brüsk.

Sie interpretiert meine Antwort falsch. »Ich wünschte auch, alles wäre anders«, sagt sie leise. »Aber du wirst verstehen, dass wir dich nicht laufen lassen können. Du würdest uns sofort angreifen, nicht wahr? Weil meine Familie dich beauftragt hat, mich auszuschalten?«

Nicht um dich auszuschalten, sondern um dich mitzunehmen. Von wem der Auftrag ursprünglich stammt, ist mir gleichgültig. Aber ich sehe keinen Sinn darin, ihr das zu erklären. Also schweige ich.

»Wie heißt du eigentlich?«, fragt sie weiter, als wäre das eine belanglose Plauderei zwischen zwei Menschen, die einander nichts Böses wollen.

Ihre freundliche Art lässt mich antworten, obwohl ich das eigentlich gar nicht will. »Oona.«

»Oona.« Sie lässt den Namen nachdenklich über ihre Zunge rollen, dann lächelt sie unvermittelt. »Das ist ein wirklich schöner Name. Ich bin Odine.«

Fassungslos starre ich sie an, während sie wieder zu ihren Tätigkeiten übergeht.

Wie geht es mir? Die Frage lässt mir keine Ruhe, hat sich in meinen Kopf gebohrt. Vielleicht nur, weil ich das nie gefragt werde. Und weil ich die Frage nie jemandem stelle.

In der Festung spielt es keine Rolle, wie es jemandem geht, solange die Jägerinnen und Jäger funktionieren. Aber die Prinzessin wollte nicht wissen, ob ich körperliche Beschwerden habe. Sie wollte wissen, wie ich mich fühle. Warum auch immer sie sich dafür interessiert.

Wie fühle ich mich?

Enttäuscht von mir selbst. Weil ich weiß, dass ich

Marus enttäusche, da ich zu lange brauche, um seinen Auftrag auszuführen.

Auf merkwürdige Weise verloren. Obwohl ich doch genau weiß, wer ich bin, wo mein Platz ist und was meine Aufgaben sind.

Allein.

Unwillkürlich kauere ich mich enger zusammen und verfluche die Prinzessin in Gedanken dafür, dass ihre Frage Gedanken ausgelöst hat, die mich verwirren und immer weitere Fragen aufwerfen.

KAPITEL 6

Odine

Es gibt keine Kochstelle in der Hütte. Ich wollte ein Feuer im Inneren entfachen, das uns nachts warm hält und auf dem wir Essen zubereiten können. Doch Dariel erklärte mich für verrückt und sagte, damit würden wir uns selbst ausräuchern, weil es keinen Abzug und, abgesehen von der Tür, keine Öffnungen gibt.

Also entfachten wir das Feuer draußen. Nur haben wir nichts, was wir darauf zubereiten können. Unsere Vorräte sind beinahe aufgebraucht.

»Ich gehe los und versuche, uns etwas zu beschaffen«, verkündet Dariel und setzt sich in Bewegung.

Sofort springe ich auf. »Ich komme mit.«

Er sieht mich zweifelnd an. »Ähm … Wozu?«

»Warum sollst du allein dafür verantwortlich sein, Essen zu suchen? Ich kann doch helfen.« Untätig herumzusitzen und zu überlegen, wie es weitergehen soll, belastet mich. Wie kribbelnde Ameisen kriecht mir die Unruhe unter die Haut.

»Sei mir nicht böse, aber ich glaube nicht, dass das viel Sinn macht.«

Sofort schießt mir das Blut in die Wangen. »Du traust mir nicht zu, dir eine Hilfe zu sein?«

Er traut mir überhaupt nichts zu. Wenn es etwas zu tragen gibt, übernimmt er das ganz automatisch, auch wenn ich selbst dazu in der Lage bin. Als ich ein Stück vom mittlerweile steinharten Brotkanten abschneiden wollte und mit dem Messer abgerutscht bin, hat er die Augen verdreht und es mir aus der Hand genommen. Als wäre ich ein Kind.

»Wie oft hast du bereits ein Tier in freier Wildbahn gejagt?« Er hebt die Hand, bevor ich antworten kann. »Nein, lass mich anders fragen: Wie oft hast du ein Tier geschlachtet, das sich schon in Gefangenschaft befand und nicht weglaufen konnte?«

Kein einziges Mal, natürlich nicht. Ebenso wenig, wie ich mein Essen jemals selbst zubereitet habe. Kein Wunder, dass er mich für unfähig hält. Doch das ändert nichts daran, dass es mich zornig macht.

»Dann ist heute eben das erste Mal.«

Er kratzt sich am Kopf und scheint zu überlegen, was mehr nervt: weiter mit mir zu diskutieren oder mich mitzunehmen, obwohl ich ihm ein Klotz am Bein wäre. Dass ihm diese Gedanken so deutlich anzusehen sind, treibt mich zur Weißglut.

»Jemand muss auf die Jägerin aufpassen«, unternimmt er noch einen Versuch, mich abzuwimmeln.

»Die wird den ganzen Holzbalken, an den wir sie gebunden haben, nicht abreißen können«, fauche ich und stapfe los. Hinter mir höre ich ein schicksalsergebenes Seufzen, dann folgt er mir.

Je weiter wir uns von der Hütte entfernen, desto wilder und unberechenbarer erscheint mir der Sumpf. Dort, wo wir uns die letzten Tage aufgehalten haben, ist der Boden sicher und trägt mich. Jetzt kostet mich jeder Schritt Konzentration, und ich muss an meine Stute denken, die diesem tückischen Untergrund beinahe zum Opfer gefallen wäre.

Ein Rascheln im Dickicht lässt mich zusammenzucken. »Was war das?«

»Sieh doch nach. Vielleicht etwas, was uns als Mahlzeit dienen kann. Oder etwas, dem du als Mahlzeit dienst.«

Ich werfe ihm einen düsteren Blick zu und umfasse den Griff des Messers fester, das mir auf einmal viel zu klein erscheint, um als Verteidigung vor gefährlichen Tieren zu dienen. »Weißt du was? Nichts lieber als das. Irgendetwas müssen wir schließlich essen.«

Zielstrebig steuere ich auf das Geräusch zu und versuche, mir nicht anmerken zu lassen, dass mir die Knie schlottern. Fest schließt sich da plötzlich eine warme Hand um meinen Unterarm und hält mich zurück.

»Lass das«, fordert Dariel hart. »Der Sumpf ist kein Spielplatz, auf dem du dein Ego aufpolieren kannst.«

Ich reiße die Augen auf. »Stell dir vor, das war auch nicht meine Absicht. Wir brauchen schlicht und einfach etwas zu essen. Und ich habe nicht vor, untätig darauf zu warten, dass andere alles für mich erledigen.«

»Damit hattest du die letzten achtzehn Jahre deines Lebens auch kein Problem«, entgegnet er.

Ich schnappe nach Luft. Das hat gesessen. Schließlich hat er recht.

Ich reiße mich los und reibe mir über den Unterarm. Erbost funkle ich ihn an.

»Neid steht dir nicht«, zische ich. »Ja, mein bisheriges Leben war voller Privilegien. Deins nicht so sehr. Sind die fiesen Bemerkungen jetzt deine kleine Rache dafür? Wenn ich dir einen Rat geben darf: Spar dir das. Sonst verzichte ich auf deine Dienste und behalte das Collier.«

Harte Worte, die meinen Mund verlassen haben, bevor ich sie zurückhalten kann. Keines davon ist so gemeint. *Geh nicht, Dariel. Ohne dich bin ich ganz allein.*

Sein Kiefer mahlt. »Dein Glück, dass ich als einfacher Bürger alles für ein paar glitzernde Steine täte.«

»Ja, was für ein Glück. Könnte ich mir keinen Söldner leisten, wäre ich arm dran.«

Ein Fauchen unterbricht unseren Streit. Unsere Köpfe fahren herum. Hart stößt Dariel mich zur Seite. Gerade rechtzeitig. Direkt vor meinem Bein schnappen spitze Zähne ins Leere.

Keine Bestie, nur ein Alligator. Aber ein großes Vieh, dessen Maul offen steht und die beängstigenden Zähne entblößt. Dank Dariel bin ich außerhalb der Gefahrenzone, doch dafür steht er dem Tier direkt gegenüber. Er greift langsam nach der mysteriösen Waffe – dem Revolver, wie er gesagt hat –, als wieder ein Fauchen aus der Kehle des Alligators dringt. Dariel erstarrt in der Bewegung. Um seine Lippen zuckt es nervös. Sein Blick geht zu seiner Waffe, dann wieder zum Alligator.

Ich zögere nicht. Ohne den Blick vom Tier abzuwenden, schnappe ich mir einen langen Stock. Instinktiv würde ich lieber wegrennen, aber das ist keine Option. Mir ist klar, dass ich dem Alligator mit diesem lächerlichen Stöckchen keinen Schaden zufügen kann. Dennoch stochere ich nach ihm, schreie, winke mit den Armen. Tue alles, um seine Aufmerksamkeit auf mich zu ziehen.

Es funktioniert besser, als mir lieb ist. Das Tier ruckt mit seinem aufgerissenen Maul zu mir herum. Mit einem erschrockenen Keuchen springe ich nach hinten. Viel schneller, als ich es ihm mit seinen kurzen Beinen zugetraut hätte, hechtet der Alligator in meine Richtung.

Aber Dariel ist schneller. Blitzartig ist er über dem Alligator und drückt ihn mit einem Knie nieder. Das Tier schnappt nach ihm, windet sich und schafft es, Dariel abzuschütteln.

»Schieß doch«, keuche ich. »Warum schießt du denn nicht?«

»Die Munition ist unendlich kostbar, ich habe kaum mehr etwas«, presst er hervor, ohne das Tier aus dem Blick zu lassen. »Die spare ich für wichtigere Gegner auf.«

Er entkommt den verzweifelten Bissen des Alligators nur unendlich knapp. Einen Moment glaube ich, Dariel wäre davongekommen. Dann sehe ich, dass sein Hosenbein an einer Stelle zerrissen ist.

Ist er verletzt? Ich kann es nicht beurteilen. Gerade springt er beiseite, ehe die gewaltigen Kiefer des Reptils wieder zusammenschnappen.

Ich eile ihm zur Seite und werfe mich ebenfalls auf die Echse. Schweiß rinnt mir in die Augen, während ich die raue, dicke Haut festhalte und das Reptil niederdrücke. Als Dariels Messerklinge zwischen die harten Schuppen dringt, spüre ich den Stich fast so, als hätte er mich getroffen. Tränen mischen sich mit meinem Schweiß, denn obwohl der Alligator uns angegriffen hat, den Tod hat er nicht verdient.

Verschwitzt und keuchend stehen wir uns gegenüber und schauen schweigend auf das verendete Tier. Auf die Jagd zu gehen, habe ich mir anders vorgestellt. Nicht so brutal und roh. Sauberer, distanzierter. Ein gezielter Bogenschuss aus der Ferne. Nicht so direkt, nicht mit unseren eigenen Händen.

Mit dem Handrücken wische ich mir die Tränen aus den Augen. Es war unsere einzige Chance, zu überleben. Fressen und gefressen werden. Heute sind wir diejenigen, die sich den Bauch vollschlagen können. Morgen kann es ganz anders aussehen. Die Wildnis kennt keine Gnade.

Mittlerweile ist mir klar, dass das Leben bei Hofe unter all dem Samt und Glitzer genauso brutal und gnadenlos ist. In gewisser Weise ist mir die ungeschönte Ehrlichkeit hier draußen lieber als die Hochglanzfassade, hinter der ich mein bisheriges Leben verbracht habe.

»Wie gut für dich, dass ich wohl doch nicht so nutzlos bin, wie du denkst«, platze ich heraus.

»Wie gut für dich, dass du dieses alberne Edelsteinding hast, um für deinen Söldner aufzukommen«, schmettert er mir entgegen.

Adrenalin flutet immer noch durch meinen Körper. Mir ist heiß und kalt zugleich. Das Pochen meines Herzens fühle ich bis in meine Schläfen.

Herausfordernd sieht er mich an. Schweiß glänzt auf seiner Stirn, aber der kurze, heftige Kampf hat ihn nicht so mitgenommen wie mich. Im schwachen Licht unter den Bäumen sehen seine Augen dunkel aus, haben einen harten Ausdruck.

Was als Nächstes geschieht, geht viel zu schnell. Ich habe keine Ahnung, was in uns gefahren ist. Ich stoße ihn mit meiner Hand an der Schulter an. Er hält sie fest. Als er mich daran näher zu sich zieht und ich einen Schritt auf ihn zustolpere, presse ich die Lippen fest zusammen.

Meine Hand in seiner. Mein Blick fixiert den seinen.

Und dann, plötzlich, meine Lippen auf seinen.

Die harten Worte, die gerade noch zwischen uns standen, lösen sich in nichts auf. Er packt mich, zieht mich noch näher zu sich heran. Ich schlinge die Arme um seinen Nacken.

Der Kuss ist so viel zarter als die Worte, die zwischen uns gefallen sind. Zarter als alles, was ich je gespürt habe. Sein Mund auf meinem, sein Atem auf meiner Haut, ein Kribbeln, das durch meinen Körper fährt und mich mit Wärme erfüllt.

Alles, was gerade noch war, und alles, was noch sein wird, verliert in diesem einen Augenblick seine Bedeutung.

Alles, was jetzt zählt, sind Dariels Lippen auf meinen. Sie lassen mich für einen winzigen Moment vergessen, was für eine katastrophale Wendung mein Leben gemacht hat.

Alles, was ich in dieser Sekunde will, ist mehr.

Viel zu schnell ist der Augenblick vorbei. Atemlos lösen wir uns voneinander. Wie von selbst fährt meine Hand zu meinen Lippen. Ich schaue ihn an und frage mich benommen, was da gerade passiert ist.

Keiner von uns sagt etwas. Schweigend legen wir den Weg zur Hütte zurück.

KAPITEL 7

Oona

Es zischt, als Fett in die Flammen tropft. Langsam dreht sich der erlegte Alligator, den die zwei zurück ins provisorische Lager geschleppt haben, über dem Feuer. Sein Körper steckt auf einem langen Ast, der als Spieß dient.

Odine und Dariel sitzen ein Stück von mir und damit der Stelle entfernt, an die sie mich diesmal gebunden haben. Schweigend und mit angezogenen Beinen hocken sie nah am Feuer und schauen in die Flammen. Was auch immer auf der Jagd passiert ist, es hat etwas zwischen ihnen verändert. Nicht, dass es mich interessieren würde. Aber es fällt mir doch auf. Vielleicht nur, weil ich sonst nichts habe, womit ich mich befassen kann. Regungslos und gefesselt bin ich meinen Gedanken ausgeliefert, habe nichts zu tun, außer die beiden Menschen im Blick zu behalten, die mich gefangen halten.

Eigentlich beschäftigt mich nur der eine Gedanke: Wann ist der richtige Moment, um zuzuschlagen? Um Dariel zu überwältigen, Odine in Fesseln zu legen und sie endlich an Marus auszuliefern, der wissen wird, wie danach mit ihr zu verfahren ist?

Wann wird dieser Moment endlich kommen? Erst mal müssen meine Verletzungen vom Kampf mit der Sumpfbestie verheilen, damit ich wieder vollständig bei Kräften bin. Nach wie vor wissen die beiden Menschen nicht, was sie mit mir anfangen sollen und wie sie weitermachen werden. Mein Glück. Das verschafft mir Zeit, mich gänzlich zu erholen und auf den passenden Augenblick zu lauern.

Diesmal ist es Dariel, der auf mich zukommt, und nicht Odine. Er bringt mir etwas vom gegrillten Alligator.

»Die hinter dem Rücken gefesselten Arme müssen auf Dauer verdammt unangenehm sein«, sagt er ruhig. »Ich nehme dir die Fesseln zum Essen ab. Versuch nichts Unvernünftiges.«

Er sagt es nicht unfreundlich. Und als er mir die Metallschellen abnimmt, tut er das vorsichtig, um mir nicht wehzutun. Ich unterdrücke einen Laut der Erleichterung. Meine Schultern und Arme haben von der unnatürlichen Position mittlerweile tatsächlich ziemlich geschmerzt. Es tut unendlich gut, sie bewegen zu können. Ich wehre mich nicht, als Dariel mir die Handgelenke diesmal vor dem Körper zusammenbindet und mich dann wieder an den Baum fesselt. So kann ich zumindest selbst essen und trinken, ohne mich füttern lassen zu müssen wie ein Kleinkind. Mit einem knappen Nicken nehme ich das Stück Fleisch entgegen, das er mir reicht.

»Du bist nicht besonders gesprächig, was?« Kopfschüttelnd sieht er mich an.

Schweigend und mit ausdruckslosem Gesicht erwidere ich seinen Blick. Mir fällt die Neugier darin auf. Menschen fürchten uns Jägerinnen und Jäger, fühlen sich von uns abgestoßen. Doch nicht Dariel. In seinen Augen lese ich vielmehr Wissbegierde. Allerdings bin ich nicht auf der Welt, um seinen Wissensdurst zu befriedigen. Von mir hat er keine Informationen zu erwarten.

Obwohl es schon fast dunkel und der Sumpf bei Nacht viel gefährlicher ist als bei Tag, sitzen die beiden noch draußen. Das Feuer lässt ihre langen Schatten zucken und tanzen. Ich kann ihnen im Gegenlicht nicht in die Gesichter schauen, sehe sie nur als Schattenrisse.

Als Odine sich einen Ruck gibt und ein Stück auf Dariel zurutscht, bekomme ich das aber sehr wohl mit. Ich sehe, dass sie ihre schmalen Schultern strafft und sich ihm zuwendet. Behutsam löst sie die Verbände an seinen Händen und kontrolliert die kleinen Stichwunden an den Handflächen. Dunkel zeichnen sich ihre Umrisse vor dem Feuer ab.

Irgendwie rührt mich der Anblick. Das irritiert mich zwar, ich kann aber nichts dagegen tun. Es beeindruckt mich, wie Odine mit ihrer Situation umgeht. Sie ist eine Prinzessin, eine Fürstentochter. Doch die Verhältnisse, in denen sie jetzt lebt, sind alles andere als fürstlich. Das harte Leben in der Wildnis ist sie nicht gewohnt. Aber sie schlägt sich ziemlich wacker. Sie ist stärker, als ich gedacht hätte. Vielleicht stärker, als sie selbst denkt.

Noch immer weiß ich nicht, was sie und Dariel miteinander verbindet. Ist es Freundschaft, oder ist er ein bezahlter Leibwächter? Die Art, wie er sie ansieht und auf sie achtet, lässt jedenfalls keinen Zweifel daran: Er wird nicht zulassen, dass ihr etwas geschieht. Nicht, wenn er es verhindern kann. Gleichzeitig bin ich mir sicher, dass auch Odine alles in ihrer Macht Stehende tun würde, um ihn zu schützen. Sie passen aufeinander auf.

Ich brauche niemanden, der auf mich aufpasst. Aber auf einmal ertappe ich mich bei dem kindlichen Wunsch, ich hätte auch jemanden, der mich so ansieht. So wie Dariel Odine und so, wie sie ihn ansieht.

Das Knistern des Feuers lullt mich ein und trägt mich zurück in die vielen Nächte im Innenhof der Festung. All die Nächte, in denen die anderen Jägerinnen, Jäger und ich uns ums große Feuer versammelt haben. In denen wir den Sieg über Bestien zelebriert und feierlich von ihrem Blut getrunken haben. In denen ich Seite an Seite mit jenen saß, die meinesgleichen sind, ohne mich jemandem nah zu fühlen.

Odine und Dariel haben mir in den letzten Tagen mehr Freundlichkeit zuteilwerden lassen, als ich sie in meinem bisherigen Leben erfahren habe. Obwohl ich sie angegriffen habe und sie mich gefangen halten.

Ich kaue auf meinem zähen Stück Alligatorfleisch herum und denke an die zugige Kälte in den endlosen, düsteren Gängen und Hallen der Festung.

Ich denke daran, wie ich mir als Kind selbst mit aller Macht verboten habe, zu weinen, weil ich erahnte, dass ich keinen Trost bekommen, sondern Tadel ernten würde.

Ich denke an Xaron, der dort mit mir aufgewachsen ist. Wir hätten aufeinander aufpassen können, wie Dariel und Odine aufeinander aufpassen. Stattdessen haben wir miteinander gewetteifert. Wir hätten einander Halt bieten können, doch wir hätten einander, ohne zu zögern, in eine Grube voll giftiger Schlangen gestoßen. Wenn das bedeutet hätte, in Marus' Gunst aufzusteigen.

Odines Kopf sinkt ihr auf die Brust, als sie von der Müdigkeit übermannt wird. Dariel gibt ein Schnaufen von sich, und auch ohne sein Gesicht zu sehen, weiß ich, dass er schmunzelt. Behutsam legt er seinen Mantel über ihre Schulter, bleibt dann noch ein wenig am Feuer sitzen und schaut in die Flammen. Erst als nur noch rote Glut übrig ist und das Prasseln einem gelegentlichen Knacken weicht, steht er auf. Ganz vorsichtig, um sie nicht zu wecken, hebt er die Prinzessin hoch. Ihre Haare, die über seinen Arm fallen, glänzen im schwachen Restlicht des heruntergebrannten Feuers rotgold.

Ich starre ihm hinterher, während er sie in die Hütte trägt. Gleich wird er wieder herauskommen, um auch mich und die Pferde in den Schutz des Unterschlupfes zu holen.

Es ist einer dieser Momente, auf die ich lauere. Ein Moment, in dem ich zuschlagen könnte. Er rechnet nicht damit. Es wäre ein Leichtes, jetzt aus den gelockerten Handfesseln zu schlüpfen und ihn anzugreifen, wenn er nichts ahnend wieder aus der Hütte kommt. Ihm den Schlüssel abzunehmen, den er, wie ich weiß, gerade bei sich trägt. Meine Fußfesseln damit zu öffnen. Seinen Körper achtlos hier liegen zu lassen und mir zu holen, wofür ich hier bin. Odine wäre bis zu diesem Zeitpunkt vielleicht noch nicht einmal aufgewacht. Wenn sie begreifen würde, was vor sich geht, wäre es schon zu spät. Dann hätte ich sie längst überwältigt und in Fesseln gelegt und würde mich mit ihr auf den Weg zur Festung machen.

Aber nichts davon tue ich. Ruhig warte ich, bis Dariel zurückkommt, und unternehme keinen Versuch, ihn zu attackieren.

»Es tut mir leid, uns beiden«, sagt er wie aus dem Nichts und klingt dabei aufrichtig zerknirscht. »Dich so zu behandeln und wie einen Hund festzubinden, ist nichts, was uns Freude bereitet. Wir überlegen uns eine andere Lösung. Versprochen. Alles, was wir wollen, ist, möglichst weit wegzukommen und uns in Sicherheit zu bringen. Wenn du uns versprechen könntest, dass du uns friedlich unserer Wege ziehen lässt, würden wir dich freilassen. Aber das kannst du nicht. Wenn du es sagen würdest, wüssten wir, dass du lügst.« Er seufzt. Seine warmen Hände streifen meine Haut, als er das Seil vom Baum löst.

Natürlich hat er recht. Ich kann nicht so tun, als gäbe es meinen Auftrag nicht. Ihnen ist bewusst, dass ich tun werde, wozu ich ausgeschickt wurde. Also spare ich mir die Worte und folge Dariel gehorsam in die Hütte.

Tu es.

Er wendet mir den Rücken zu. Rechnet nicht damit, dass ich einen Versuch mache.

Es geht mir gut genug. Wenn ich ehrlich zu mir bin, sind meine Kräfte längst zurückgekehrt. Es gibt keinen rationalen Grund, weiter zu zögern.

Aber doch tue ich es. Erfinde Ausreden vor mich selbst.

Und als ich mich auf die Decke lege, die Odine und Dariel mir als Schlaflager ausgebreitet haben, und ihren Atemzügen sowie dem gelegentlichen friedlichen Schnauben der Pferde lausche, weiß ich, warum.

Um zu tun, wozu ich hier bin, müsste ich Dariel töten. So einfach ist das. Er würde niemals zulassen, dass ich Odine mitnehme. Das sollte mich nicht weiter kümmern, aber das tut es. Ich will nicht. Ich will keinen Menschen töten. Und es macht mir Sorge, was aus Odine wird, wenn ich sie ausliefere. Keine Ahnung, warum sie verfolgt wird und warum ich beauftragt wurde, sie einzufangen. Aber ich kann mir denken, dass kein erfreuliches Schicksal auf sie warten würde.

Ich war mir so sicher, dass es für mich keinen Unterschied machen würde, ob ich Menschen oder Bestien bekämpfe. Aber mit ihrer Freundlichkeit haben die Prinzessin und ihr Begleiter mich eiskalt erwischt. Ich erkenne mich selbst nicht wieder und frage mich, was aus der erbarmungslosen, effizienten Jägerin geworden ist, die Marus' Vertrauen genießt und auf die er sich blind verlassen kann.

KAPITEL 8

Odine

Endlos weit reicht die Wiese, bis zum Horizont und darüber hinaus. Im Wind wiegen sich die Gräser wie die Wellen eines grünen Ozeans. Die Füße des Mädchens berühren den Boden kaum. Der Wind scheint ihr Flügel zu verleihen.

Scheint mir Flügel zu verleihen. Sind es meine Füße oder die des Mädchens? Die Grenzen verschwimmen. Ich weiß nicht, wo das Mädchen endet und wo ich beginne. Einmal stecke ich in seiner Haut, dann wiederum sehe ich es vor mir.

Ich sehe die Angst in seinem Gesicht. Etwas stimmt nicht. Es rennt nicht einfach nur, es flieht vor etwas. Vor jemandem?

Mein Herz donnert in meiner Brust. Wild sticht es in meiner Seite. Weiter, ich darf nicht anhalten. Sonst kriegt es mich. Sonst kriegt er mich.

Steile Klippen tun sich vor mir auf. Schwindelerregend tief geht es hinab. Dort vorn wartet nur der Tod.

Doch das, was hinter mir her ist, ist schlimmer als der Tod. Ich weiß, er ist noch da. Ich konnte ihn nicht abschütteln. Mir war von Anfang an klar, dass ich das nicht kann. Und doch musste ich es versuchen.

Steine lösen sich vor meinen Fußspitzen und poltern in die Tiefe. Mit rudernden Armen kann ich gerade noch anhalten und finde mein Gleichgewicht. Der Wind zerrt an mir, wird zum Sturm, will mich mit sich in die Tiefe ziehen.

Eine flehende Bitte liegt auf meinen Lippen, als ich herumfahre.

Warum?

Ich weiß, dass er kein Erbarmen kennt. Solange er lebt, wird er nicht von mir lassen.

Er ist da, hat mich eingeholt. Als ich in seine Augen schaue, sehe ich darin, was ich schon weiß: Er kennt keine Gnade. Trotzdem wimmere und flehe ich, versuche, vor ihm zurückzuweichen.

Ich stolpere, reiße schützend die Hände vor mich. Taumle an der Kante, am Abgrund entlang. Mein Fuß tritt ins Leere – und ich stürze. Die Dunkelheit unter mir tut sich auf, kennt nur den einen Zweck: mich zu verschlingen.

Schweißgebadet schrecke ich hoch. Meine Kehle ist rau von meinen Schreien.

Es ist noch dunkel. Kein Lichtstrahl fällt durch die Ritzen in die Hütte. Aus aufgerissenen Augen starre ich in die Finsternis. Mein gesamter Körper scheint in Flammen zu stehen. Hastig und mit zitternden Händen taste ich über meine schweißnasse Haut, befühle meine erhitzten Wangen. Alles in Ordnung, ich bin unverletzt. Es war nur ein Traum.

Nur ein Traum.

Aber er hat sich so entsetzlich echt angefühlt. Ich bin noch atemlos vom Rennen, spüre noch das Brennen in meiner Lunge. Ich glaube die Gräser zu fühlen, die meine Beine streifen. Den Fall. Und – den Aufprall.

Es ist nicht das erste Mal, dass mich dieser Traum heimsucht. In letzter Zeit hat er mich jede Nacht verfolgt. Von Mal zu Mal fühlt er sich realer an.

Diese Klippen. Der Mann, der hinter mir her ist. Die Angst. Meine Brust wird zusammengequetscht, sodass mein Herz kaum schlagen kann und mir das Atmen schwerfällt.

In der Dunkelheit findet Dariels Hand meine. Sanft tastet er mit seinen Fingern nach meinen. Die unsichtbare Klaue um meine Brust löst sich, ich atme auf. Dafür breitet sich jetzt ein unruhiges Kribbeln in meinem Bauch aus.

»Es tut mir leid«, flüstert er mir zu. »Es ist nicht wahr, dass ich dir nichts zutraue. Du bist nicht schwach, Odine. Ganz im Gegenteil. Das musst du niemandem beweisen. Weder mir noch dir.«

Ich antworte nicht, aber seine Worte tun mir gut. Als ich erneut einschlafe, lasse ich seine Hand nicht los. Ich denke an den Kuss, über den wir seither kein Wort verloren haben. Ich weiß nicht, was das zwischen mir und ihm ist, aber eines weiß ich mit absoluter Sicherheit: Ich bin unendlich froh darüber, ihn an meiner Seite zu haben.

KAPITEL 9

Oona

Die Zeit rinnt mir durch die Finger.

Irgendwann muss ich aktiv werden. Marus wartet. Er ist der Letzte, den ich warten lassen darf und will.

Als ich mir an die pochende Stirn fasse, rasseln meine Handfesseln. Dieses Chaos in meinem Kopf. Genervt atme ich durch meine zusammengebissenen Zähne aus.

Mir gehen die Ausreden aus. Ich weiß ganz genau, was ich zu tun habe. Nicht morgen. Heute. Am besten gestern.

Das ist es, wofür ich auf der Welt bin. Wozu ich gemacht wurde. Blutjägerinnen zögern nicht. Wenn ich zögere, was für eine Blutjägerin bin ich dann? Wenn ich keine Jägerin bin, was bleibt dann von mir?

Es wäre so einfach. Würde sich nur nicht alles in mir dagegen sträuben, den beiden Menschen Leid zuzufügen.

Dariel kehrt mit einem Tuch voller gesammelter Früchte und Wurzeln zum Lager zurück. Sobald Odine ihn sieht, hellt sich ihr Gesicht auf. Sie sind so abstoßend nett zueinander. Sind nett zu mir. Wie soll man sich gegen jemanden stellen, der so freundlich ist? Der keine Bestie mit glühenden Augen und blanken Klauen ist, die es nur darauf abgesehen hat, einen zu zerfetzen? Das war nicht Teil meiner Ausbildung.

KAPITEL 10

Odine

»Ich?« Entsetzt starre ich Dariel an.

Mit verschränkten Armen steht er mir gegenüber. »Warum denn nicht? Seit unserer Flucht habe ich jeden Tag dafür gesorgt, dass wir etwas zu essen haben.«

»Weil du weißt, was du tust. Ich habe das noch nie gemacht.«

»Du bist auch noch nie auf Alligatorenjagd gegangen. Das hat dich nicht daran gehindert, in den Sumpf zu marschieren wie eine wütende Kriegerprinzessin und mit einer Riesenechse zu ringen.«

Ich verziehe den Mund. Warum muss er immer so schrecklich recht haben?

Skeptisch betrachte ich die Sachen, die er auf einem flachen Stein ausgebreitet hat. Beeren, unförmige weiße Pilze und ein paar Knollen, an denen Erde hängt. Ein erlegtes Eichhörnchen, das vor der Zubereitung bestimmt gehäutet werden muss. Bei der bloßen Vorstellung wird mir übel.

»Bist du sicher, dass man das alles essen kann? Ich

habe von Menschen gehört, die giftige Pilze gegessen haben und daran qualvoll gestorben sind.« Mit einem Stöckchen pikse ich die Ausbeute an.

»Ziemlich sicher. Sicher genug, um das Risiko einzugehen.«

Der Alligator hat uns über ein paar Tage gerettet. Wir haben so viel gegessen, wie wir konnten, um das Fleisch nicht verkommen zu lassen und uns Reserven anzulegen. Wir haben versucht, den Rest haltbar zu machen, doch das Fleisch fing an, widerlich zu stinken, und Fliegen haben sich darauf getummelt. Ich bin sicher, im Blick der Jägerin Verachtung gelesen zu haben. Sie hätte bestimmt gewusst, was zu tun ist, um das Fleisch zu konservieren. Doch wie üblich hat sie uns stur angeschwiegen. Ein wenig bewundere ich sie für ihre trotzige Haltung und den unerschrockenen Blick. Obwohl sie unsere Gefangene ist, hat sie ganz offensichtlich keinerlei Angst vor uns. Kennt sie so etwas wie Angst überhaupt?

Dariel räuspert sich und holt mich damit zurück in die Realität. »Jedenfalls knurrt uns allen der Magen. Bald werden wir zu schwach sein, um Essen zu sammeln. Ich schlage vor, wir gehen das Risiko ein.«

»Könntest du nicht immer recht haben? Das wird langsam zu einer ziemlich lästigen Angewohnheit.«

»Leider wurde mir das in die Wiege gelegt. Ich kann nicht anders.« Er grinst mich an, und in meinem Bauch flattert es auf einmal wie verrückt.

Seufzend beuge ich mich wieder über die Früchte und Wurzeln. Es ist wahr: Seitdem wir unterwegs sind, hat Dariel sich jeden Tag ums Essen gekümmert. Heute bin ich an der Reihe. Und es ist mir erstaunlich unangenehm, dass ich davon nicht die geringste Ahnung habe. Essen zuzubereiten, ist etwas, was ich noch nie in meinem Leben machen musste.

Ich senke den Kopf und gebe mir einen Ruck. Entschlossen greife ich nach dem Messer und einer Wurzel und beginne, daran herumzusäbeln.

»Warte«, sagt Dariel leise. Er sitzt schräg hinter mir und fasst an mir vorbei.

Als er seine Hand auf meine legt, die das Messer führt, atme ich scharf ein. Ein heißer Schauer fährt durch meinen Körper. Was macht seine Nähe nur mit mir? Kurz schließe ich die Augen und öffne sie dann rasch wieder, als das Messer langsam niederfährt und durch die Lebensmittel gleitet. *Konzentriere dich, Odine. Bewahre Contenance.*

Aber Dariel so nah bei mir zu spüren, macht etwas mit mir. Etwas, was ich selbst nicht verstehe.

Er ist nicht der Erste, den ich geküsst habe. Manchmal habe ich mich auf Bällen weggeschlichen, mich mit Adelssöhnen in verborgenen Winkeln des Schlosses oder dem Labyrinth des Schlossgartens getroffen und süße Küsse ausgetauscht, getränkt von Honigwein und Unschuld. Kichernd habe ich dann Nerina alles davon erzählt.

Aber das hier? Das war anders. Dariels Kuss war nicht süß. Nicht unschuldig. Sondern so rau und echt, dass mein Körper gar nicht weiß, was er damit anfangen soll. So stark, dass ich für einen Moment alles andere vergessen habe. Selbst jetzt, bei der Erinnerung daran, wird mein Mund ganz trocken.

Sanft führt er meine Hand. Seine Berührung macht mich wahnsinnig. Beschränkt sich auf meine Hand, doch ich spüre auch seinen Atem, der meinen Nacken streift. Und das reicht aus, um meine Gedanken so gründlich durcheinanderzuwirbeln, dass ich gar keinen mehr zu fassen bekomme.

Irgendwann ist das Wurzelgemüse gewaschen und geschnitten.

Irgendwann köchelt ein Eintopf in einem improvisierten Kessel über dem Feuer.

Wie es dazu gekommen ist? Keine Ahnung. Ich kann mich so schlecht konzentrieren, dass ich mir keinen der Arbeitsschritte gemerkt habe. Der Lerneffekt ist nicht vorhanden. Das mit dem Kochen muss ich mir bei anderer Gelegenheit noch einmal zeigen lassen. Noch immer ist Dariel ganz nah bei mir, sitzt seitlich hinter mir.

Noch immer hält er meine Hand, einen Augenblick noch. Noch einen kleinen Moment länger, als es nötig gewesen wäre.

Sein Atem auf meiner Wange.

Diesmal schließe ich wirklich die Augen, das Messer rutscht mir aus den Fingern und landet klappernd auf dem Stein. Ich kümmere mich nicht darum. Ich bin so kurz davor, den Kopf zur Seite zu drehen und meine Lippen auf seine zu legen. Es wäre so leicht. Nur eine winzige Drehung meines Kopfes.

Mein Atem geht schneller. Alles in mir verlangt danach, nach mehr Nähe zu ihm.

Aber dann spüre ich den bohrenden Blick der Jägerin. Kurz habe ich sie völlig vergessen, ihre Anwesenheit einfach verdrängt. Aber natürlich ist sie noch da, ein kleines Stück von uns entfernt, nach wie vor gefesselt. Manchmal scheint sie zu dösen. Manchmal jagt ihr Blick mir einen Schauer über den Rücken. Und manchmal habe ich das Gefühl, sie sieht mehr, als mir lieb ist – so wie jetzt.

Ich atme tief durch. So energisch, dass Dariel hinter mir einen überraschten Laut von sich gibt. Der Moment ist dahin. Ich stehe auf und klopfe mir die Hände am Rock des Reitkleides ab.

Als ich mich umdrehe, begegnet mein Blick dem der Jägerin. Ich habe mich nicht geirrt, sie sieht mich tatsächlich an. Weiß sie, wie sehr mich meine Gefühle für Dariel verwirren? Dass ich kurz davor war, ihn zu küssen? Plötzlich ist es mir peinlich, ich fühle mich durchschaut und nackt.

»Heute speisen wir so luxuriös wie im Schloss«, verkünde ich vollmundig und hoffe, dass weder Oona noch Dariel auffällt, wie rot meine Wangen sind.

KAPITEL 11

Oona

Ein Geräusch reißt mich aus dem Schlaf. Auf der Stelle bin ich hellwach und starre in die Dunkelheit, bis sich langsam Umrisse abzeichnen.

Eine Gestalt steht mitten in der Hütte. Viel Platz ist hier nicht, die Pferde blockieren den ganzen Bereich vor der Tür. Abgesehen davon gibt es nur die schmalen Schlafplätze und den morschen Holztisch. Vor diesem schwankt die schmale Person leicht vor und zurück.

Odine.

Ihr Kopf hängt schlaff herab, die Haare fallen ihr ins Gesicht. Was hat sie vor? Ich spanne mich an. Dann wird mir bewusst, dass sie gar nichts vorhat. Ich glaube, sie ist nicht einmal wach.

Dariel hat nichts bemerkt, er schläft tief und fest. Die Pferde schnauben nervös, in ihren dunklen Augen spiegelt sich silbrig das wenige Licht, das durch die Ritzen in die Hütte fällt. Draußen dämmert der Morgen. Doch im Inneren der Hütte ist es noch so dunkel, dass ich kaum etwas sehen kann.

Mir ist in den letzten Nächten immer wieder aufgefallen, wie unruhig Odine schläft. Dass sie offenbar von Albträumen geplagt wird. Dass sie im Schlaf redet.

Und jetzt steht sie aufrecht da, schlafwandelt und scheint gefangen zu sein im Labyrinth ihrer Traumbilder.

Nichts, was mich zu interessieren hat. Doch ich bringe es nicht über mich, meine Augen wieder zu schließen und die Prinzessin zu ignorieren. Die Art, wie sie sachte schwankt, ähnlich einem jungen Baum, den ein unsichtbarer Wind beugt, hat eine seltsam hypnotische Wirkung auf mich. Wie gebannt schaue ich sie an. Die feinen Härchen auf meinen Unterarmen stellen sich auf.

Sie hebt den Kopf, wendet das Gesicht hin und her. Ihr leerer Blick stiert Löcher in die Finsternis.

Und dann öffnet sie den Mund. Als ich verstehe, was sie sagt, krampft sich mein Magen schlagartig zusammen.

»Marus«, flüstert sie, und ihre Stimme bricht. »Marus. Marus.«

Das kann nicht sein. Sie kann ihn nicht kennen. Das Oberhaupt der Blutjägergilde hat die Festung seit so vielen Jahren nicht mehr verlassen.

Es gibt eine Erklärung. Weiß sie, dass er über alle

Aufträge entscheidet, die an die Jägerinnen und Jäger gehen? Dass er mich beauftragt hat, sie zu holen? So muss es sein.

Aber sie hat bisher den Eindruck gemacht, völlig ahnungslos zu sein. Es ist das erste Mal, dass ich den Namen meines Mentors aus ihrem Mund höre.

»Odine.« Meine Stimme schneidet durch die Stille. »Was ist los? Was ist mit Marus?«

Sie hört mich nicht. Ihr Gesicht dreht sich weiter hin und her, Tränen schimmern in ihren Augen, und sie wirkt völlig weggetreten.

»Marus, nein, Marus.« Sein Name aus ihrem Mund wird begleitet von einem verängstigten Wimmern.

Ich fühle mich wie elektrisiert, ein Kribbeln schießt durch meinen Körper, von der Kopfhaut bis in meine Zehen.

»Marus!«, kreischt sie aus Leibeskräften.

In dem Moment kann ich mich nicht mehr zurückhalten und ignoriere meine mühsam aufrechterhaltene Tarnung. Ich streife die Handfesseln ab, ohne mich darum zu kümmern, dass das Metall meine Haut aufreibt, und stehe trotz der Fußfesseln im nächsten Augenblick direkt vor ihr.

Fest umfasse ich ihre Schultern und schüttle sie.

»Was ist mit Marus?«, herrsche ich sie an.

Dariel schreckt aus dem Schlaf hoch und springt

mit einem Satz auf. Ich sehe es nur aus den Augenwinkeln, denn meine Aufmerksamkeit ist voll und ganz auf Odine gerichtet.

Ihr Kopf ruckt hin und her, so brutal schüttle ich sie. Auf einmal starrt sie mich direkt an und macht so unvermittelt einen Satz auf mich zu, dass ich sie vor Schreck beinahe losgelassen hätte. Die Eindringlichkeit ihres Blicks jagt mir einen Schauer über den Rücken und bohrt sich mitten in meine Seele.

»Er holt mich«, speit sie förmlich aus. Ihre Hände umklammern meine Handgelenke. Sie sind eiskalt, wie die einer Toten. Ihre Fingernägel bohren sich in meine Haut.

Für einen Moment glaube ich, nicht Odine vor mir zu haben, sondern eine Fremde.

Eines der Pferde beginnt zu buckeln und schlägt aus. Donnernd bricht die morsche Tür aus den Angeln, woraufhin das Morgenlicht gleißend hell in den dunklen Innenraum strömt.

Im nächsten Moment ist Dariel da, stößt mich von Odine weg und stellt sich schützend vor sie. Meine Füße sind immer noch aneinandergefesselt, sodass mich mein Ausfallschritt nicht rettet, sondern zu Fall bringt. Als Dariel meine befreiten Handgelenke sieht, werden seine Augen erst groß und verengen sich dann.

Gleichzeitig schauen wir zu meinem Neuntöter, der auf dem Tisch liegt. Er hechtet los, aber ich bin schneller, mache mit beiden Beinen gleichzeitig einen Satz und werfe mich so auf meine Waffe. Schnappe mir den Neuntöter, rolle mich auf den Rücken – und ziele mit der langen Degenklinge, die aus dem Griff geschossen ist, auf Dariels Kehle. Die Spitze des todbringenden Metalls berührt seine Haut ganz leicht, ohne sie zu verletzen. Doch eine Bewegung meines Handgelenks würde ausreichen, um seinem Leben ein Ende zu setzen.

Dariel hält abrupt inne, wird blass und hebt langsam die Hände. Unwillkürlich ziehe ich die Oberlippe hoch und präsentiere ihm irgendwas zwischen einem Grinsen und Zähnefletschen. Es tut so gut, meinen Neuntöter wieder in der Hand zu halten. Die Waffe ist längst zu einem Teil von mir geworden, zu einer Verlängerung meines Körpers. Ohne sie fühle ich mich nackt.

In meinem Kopf wirbelt alles durcheinander. Doch eine Frage stellt sich drängender als alle anderen. Langsam zwinge ich Dariel zurück, bis er mit dem Rücken an der Wand steht, und schaue aus den Augenwinkeln zu Odine, die inzwischen aufgewacht ist und blass und verängstigt dreinschaut.

»Odine, du musst mir antworten.« Alles in mir schlägt Alarm. Irgendetwas ist hier nicht in Ordnung, und ich muss herausfinden, was es ist. »Wovon hast du da geschwafelt? Was ist mit Marus? Woher kennst du ihn?«

Sie starrt mich nur an, und einen Augenblick lang glaube ich, sie würde gleich in Tränen ausbrechen. Dann strafft sie die Schultern und misst mich mit einem Blick, der keine Widerrede duldet.

»Genug«, sagt sie laut und deutlich. Obwohl ihr Kinn zittert und ihre Augen feucht schimmern, liegt in ihrem Tonfall eine natürliche Autorität. »Oona, bitte leg die Waffe beiseite. Dariel, keine Angriffe mehr. Lasst uns in Ruhe reden.«

Wer ist sie, mir etwas sagen zu wollen? Der Einzige, von dem ich Anweisungen entgegennehme, ist Marus.

Und wo bei allen Bestien ist Dariels Waffe, die Feuer spuckt und mir die Schulter zerfetzt hat? In der Hütte sehe ich sie nicht. Trägt er sie versteckt am Körper? Ist sie unter seiner Kleidung, in einer Tasche verborgen? Sobald er sie sich schnappt und auf mich richtet, bin ich verloren.

Er zögert kurz, murmelt einen Fluch. »Sei's drum. Wenn Odine reden will, lass uns reden.« Entwaffnend dreht er mir die Handflächen zu.

Dieses Verhalten ergibt keinerlei Sinn. Mit meinem Neuntöter halte ich die Macht in der Hand, kontrolliere die Situation. Kann endlich tun, wofür ich hier bin.

Und trotzdem leiste ich Odines Aufforderung Folge. Lasse die Klinge sinken, sodass sie nicht mehr auf Dariels Kehle gerichtet ist.

Bin ich es einfach schon zu lange gewohnt, zu gehorchen, wenn mir befohlen wird? Will ich um jeden Preis herausfinden, wieso sie im Schlaf von Marus spricht? Oder liegt es an der unerwarteten Stärke in der Stimme dieses zerbrechlichen Mädchens, das mir plötzlich Achtung abringt?

KAPITEL 12

Odine

Contenance bewahren, Odine. Eine Lady hat sich immer im Griff.

Also gebe ich mein Bestes, auf den Rest meines klaren Verstands zu hören. Ein Gedanke nach dem anderen. Das ist eine ziemliche Herausforderung, weil gerade alles gleichzeitig auf mich einprasselt.

Lasst uns in Ruhe reden, habe ich gefordert. Jetzt sitzen wir auf einem feuchten Baumstamm vor der Hütte, ich mit angezogenen Beinen und um die Knie geschlungenen Armen, Dariel mit ausgestreckten Beinen, die Hände in die Taschen seiner Hose gesteckt und nur scheinbar ganz locker. In Wirklichkeit merke ich ihm die Wachsamkeit deutlich an. Und Oona in einer seltsam lauernden Haltung, hockend, die unmöglich bequem sein kann und mich an eine Katze kurz vor dem Sprung erinnert.

Wie so oft ist der Sumpf von einem ungesund grünlichen Dunst eingehüllt. Die Bäume sind vom Gewicht der Flechten, Misteln und vieler Jahre gebeugt und neigen sich über die trüben Wasserflächen. Obwohl es kalt ist und die Sonne nicht durch die Baumwipfel und den Nebel bricht, bedeckt ein Schweißfilm meine Haut. Die Luftfeuchtigkeit ist unerträglich, legt sich nicht nur auf meine Haut, sondern auch meinen Gaumen. Ich will diesen Ort einfach nur verlassen.

Als hätte mein Pferd meine Gedanken gelesen, kommt es zu mir, stupst mir in den Rücken und schnaubt mir seinen warmen Atem in den Nacken.

»Ich weiß, du willst auch hier weg«, murmle ich.

Dariel und Oona starren mich an – Dariel besorgt, Oona ungeduldig –, und ich weiß nichts zu sagen.

Darum stelle ich zuerst eine Frage.

»Wie lange weißt du schon, dass du aus den Fesseln entkommen kannst, wann immer du willst?«

Ihr Schweigen ist Antwort genug.

Daniel schnauft. »Worauf hast du gewartet? Den richtigen Augenblick, um uns nachts zu überraschen und im Schlaf zu erdrosseln?«

»So ungefähr«, gibt sie unverhohlen zu.

Dariels Unterkiefer mahlt. »Dafür ist es jetzt zu spät. In deiner Gegenwart schließe ich nie wieder die Augen.«

Ein träges Grinsen schleicht sich auf ihr Gesicht. »Viel Spaß dabei, auszutesten, wer von uns beiden länger wach bleiben kann.«

»Schluss jetzt, ihr zwei!« Unwillkürlich nehme ich Nerinas herrischen Tonfall an, mit dem sie früher die Dienerschaft zurechtgewiesen hat und bei dem ich selbst immer zusammengezuckt bin. »Kindische Streitigkeiten haben hier gerade keinen Platz.«

Oona zieht eine Augenbraue hoch. Mir fällt auf, wie selten sie blinzelt. Das lässt ihre hellen Augen noch bedrohlicher erscheinen. Aber ich will mich nicht einschüchtern lassen, nicht jetzt in diesem Moment. Obwohl mir die Jägerin eine Heidenangst einjagt.

Dariel strafft die Schultern. »Du hast recht. In erster Linie möchte ich wissen, was da gerade mit dir los war, Odine.«

Okay, also raus mit der Sprache. Auch wenn ich es selbst nicht begreife.

»Ich habe diese Träume.« Wie das klingen muss. Ich kann meine Visionen kaum in Worte fassen, aber ich muss es versuchen. Denn der Name in meinem Kopf – Marus – hat etwas in Oona ausgelöst. Sie kennt ihn. Will ich mehr erfahren, ist sie meine beste Chance. »Mehr als Träume. In ihnen sehe ich das Mädchen …«

»Welches Mädchen?« Oonas Blick ist unheimlich. Sie starrt mich noch eindringlicher an als sonst.

Mein ganzes Selbstbewusstsein von eben ist wie weggeblasen. »Seit ich ein Kind bin, eigentlich schon immer, spüre ich, dass da noch jemand ist. Eine Freundin, die niemand außer mir sieht.«

»Eine imaginäre Freundin?«, fragt Dariel ruhig.

Ich weiß genau, was er denkt: Kinder fantasieren sich erfundene Freunde herbei, wenn sie einsam oder gelangweilt sind.

Entschlossen schüttle ich den Kopf. »Ich stelle sie mir nicht nur vor. Ich habe sie mir nicht ausgedacht. Sie ist echt, aber irgendwie … auch nicht.«

Wie kann ich etwas erklären, was ich selbst nicht begreife? Mir bleibt nichts anderes übrig, als es einfach zu versuchen. Ich erzähle von den vielen Malen, wenn ich in einen Spiegel sah. Wenn ich mit absoluter Sicherheit wusste, dass das blonde Mädchen darin nicht ich war, sondern sie. Erzähle davon, wie sie manchmal lächelte oder zwinkerte. Dass es in letzter Zeit so wirkte, als wollte sie mit mir in Kontakt treten. Dass sie meine Träume übernommen hat und ich manchmal nicht weiß, wer ich bin und wer sie ist. Erzähle davon, dass sie in meinen Träumen verfolgt wird. Dass sie Angst hat. Dass jemand hinter ihr her ist, der ihr nichts Gutes will.

»Marus«, flüstere ich, und eine Gänsehaut bildet sich auf meinen Unterarmen, als ich den Namen ausspreche, den das Mädchen mal gestammelt, mal geschrien hat. Tief in meinen Adern spüre ich ein Echo ihrer Panik.

Sofort strafft sich Oonas Haltung. »Was weißt du über ihn?«

»Nichts. Gar nichts«, erwidere ich ehrlich. »Ich kenne niemanden, der so heißt. Aber sie kennt ihn.

Sie hat Todesangst vor ihm. Sie kennt ihn. Das Mädchen kennt ihn.«

Unruhig knibbelt Oona an der Rinde des Baumstammes, auf dem sie hockt. Bisher habe ich ihr kaum Emotionen angemerkt, aber jetzt ist sie so nervös, dass sie kaum stillhalten kann. Sobald es um diesen Marus geht, ist sie wie ausgewechselt.

»Und du kennst ihn auch«, stelle ich fest. Das ist nicht schwer zu erraten.

Keine Antwort.

»Ist er ein Jäger?«, schaltet sich Dariel ein.

Oona beantwortet keine unserer Fragen.

»Du bist ihm nie begegnet, hast nie von ihm gehört, aber er erscheint dir in einem Traum?«, hakt sie drängend nach.

Ich schüttle den Kopf. »Es ist mehr wie eine … Erinnerung.«

Erst in dem Moment, als ich es laut ausspreche, verstehe ich, dass es genau das ist. Oder verliere ich den Verstand?

KAPITEL 13

Oona

Eine Erinnerung.

Wie kann sie sich an etwas erinnern, was sie nie erlebt hat? An einen Menschen, den sie nicht kennt? Was soll das Geschwafel von einem Mädchen, das nur Odine sehen kann? Leidet die Prinzessin unter einer Krankheit? Wird sie deshalb gesucht? Was für ein Hexenwerk steckt hinter alldem?

Ich verstehe das alles nicht, spüre aber eindeutig, dass ich es sollte. Eines ist klar: Odine glaubt, was sie da sagt. Auch als sie erzählt hat, dass die Traumbilder von Marus eine Erinnerung wären, wenngleich sie ihn nicht kennt, habe ich ihr geglaubt.

Und jetzt? Unentschlossen schauen wir zwischen uns hin und her.

Eigentlich gibt es nur eine Antwort auf diese Frage: Ich müsste Dariel angreifen. Mir Odine schnappen. Schneller sein als er, der seinen Revolver sicher bei sich trägt. Ich lege keinerlei Wert auf eine weitere klaffende Fleischwunde, verursacht durch diese kleine, harmlos aussehende Waffe, deren Munition brennt wie Feuer und meine Schulter durchschlagen hat, als wäre es nichts.

Meine Finger zucken leicht. Ich muss schnell sein, aber das bin ich. Ich weiß, ich kann es schaffen.

Dariels Augen verengen sich. Er beobachtet mich unentwegt.

Und dann, schlagartig, verändert sich etwas in der Atmosphäre. Etwas verschiebt sich, eine unbestimmte Nuance in der Luft, in der Umgebung. Ich bekomme es nicht zu fassen, doch meine Instinkte warnen mich.

Gefahr.

Weder habe ich etwas gehört noch etwas gesehen. Trotzdem weiß ich mit Sicherheit, dass dort im Sumpf etwas ist. Oder jemand. Eine Bestie? Nein, anders.

Schlimmer.

Meine Kehle schnürt sich zu.

Dicht über dem feuchten Boden kriechen die Dunstschwaden dahin, die aus den Gewässern aufsteigen. Als hätten sie ein Eigenleben, wälzen sie sich träge näher und strecken ihre durchscheinenden Finger nach uns aus.

Eine hochgewachsene, dunkle Gestalt taucht zwischen den Bäumen auf. Die schwarzen Lederstiefel verschwinden bis zu den Knöcheln im Nebel. Ein provokantes Grinsen liegt auf dem Gesicht des Mannes.

Neben mir höre ich ein Klicken. Mein Kopf zuckt

zur Seite, und ich sehe Dariel, der den Revolver mit beiden Händen fest umfasst und ihn erst auf den Neuankömmling, dann auf mich richtet, als wäre er nicht sicher, wer von uns die größere Gefahr darstellt.

Xaron lacht. »Sieht so aus, als hätte Marus gut daran getan, mich zu deiner Verstärkung loszuschicken. Statt deinen Auftrag zu erledigen, plauderst du? Was zur Hölle, Oona! So untätig und lahm habe ich dich noch nie erlebt.«

KAPITEL 14

Odine

Er ist wie aus dem Nichts aufgetaucht. Ein Jäger wie Oona, das sieht man auf den ersten Blick.

Sie ist auf einen Schlag noch blasser als sonst. Sogar ihre Lippen verlieren an Farbe.

»Xaron«, zischt sie. »Verschwinde! Du wirst hier nicht gebraucht.«

Er genießt seinen Auftritt sichtlich. »Das sieht unser Oberhaupt ganz anders. Ich wurde nicht nur geschickt, um dir deinen Auftrag abzunehmen, für den du offensichtlich nicht qualifiziert bist. Sondern auch, um nachzusehen, wo du verdammt noch mal bleibst und was du treibst. Gönnst du dir eine Auszeit auf dem Lande? Du bist keine Adelstochter, die sich dem süßen Nichtstun hingeben kann! Falls du das vergessen haben solltest.«

Angespannt beobachte ich jede seiner Bewegungen. Er ist ein Feind, so viel steht fest. Ein ziemlich gut aussehender Feind, aber ein Feind. Eine kalte, gefährliche Art von Schönheit geht von ihm aus, die mir einen Schauer über den Rücken jagt. Blass wie der Mond und hart wie das Eisen, aus dem Waffen gefertigt sind. Das dunkle Blau seiner Augen gleicht dem des Abendhimmels.

Als er meinen Blick einfängt, wird sein süffisantes Grinsen breiter. »Und das ist die Beute. Hübsch. Fast schade, dass wir sie ausliefern müssen. Nein, ich korrigiere: dass *ich* sie ausliefern muss.«

Er kommt mit langsamen, lauernden Schritten auf mich zu. Ebenso wie Oona trägt er eng anliegende, dunkle Kleidung, größtenteils in Schwarz und aus Leder und festen, praktischen Stoffen gefertigt.

»Keinen Schritt weiter. Ich meine es ernst.« Dariels Stimme ist fest. Er hat die Waffe jetzt auf den Fremden gerichtet.

Der schwarzhaarige Jäger schenkt ihm keinerlei Beachtung. Er schaut nicht einmal zu ihm hin. Sein Blick bleibt auf mich gerichtet, und er mustert mich mit einem Interesse, das mir Übelkeit verursacht: als wäre ich ein Lamm, das er zur Schlachtbank führen will und von dem er keinerlei Gegenwehr erwartet. Wie von selbst ballen sich meine Hände zu Fäusten. Auch wenn ich nichts gegen ihn ausrichten kann, werde ich nicht kampflos aufgeben. Einmal mehr wird mir meine Wehrlosigkeit schmerzlich bewusst. Mein gesamter Einfluss beruhte auf meinem hohen Stand. Und der hat rein gar nichts mit meinen Fähigkeiten zu tun. Das Einzige, was ich neben meiner Abstammung vorzuweisen habe, ist mein hübsches Gesicht. Und das hilft mir hier draußen herzlich wenig.

Der Jäger beschleunigt seine Schritte. Ein Rascheln verrät, dass Oona sich erhebt.

Das ist der Moment, in dem der Schuss knallt.

Blätter regnen zu Boden, Vögel flattern auf. Mein Schrei geht im ohrenbetäubenden Schuss unter. Schneller, als ich es realisieren kann, duckt sich der Jäger zur Seite. Ich presse mir beide Hände auf den Mund.

Hat Dariel getroffen? Hat er den Fremden verletzt?

Nein, nichts. Der Schuss ging ins Leere.

Dariel stößt einen wilden Fluch aus und versucht erneut zu schießen, aber irgendetwas stimmt nicht. Die Waffe klickt nur hohl. Mit einem zornigen Ausruf lässt Dariel sie fallen und reißt ein Messer aus seinem Gürtel. Eines, das kaum als Waffe durchgeht und mit dem wir bisher nur Brot geschnitten haben.

Der Anblick des lächerlichen Werkzeugs reißt mich aus meiner Starre. Auch mein Messer wirkt so schrecklich klein und nutzlos, aber ich halte es fest in der Hand, suche mit den Füßen einen festen Stand und senke das Kinn, während ich dem Jäger in die Augen starre.

Dieser kann sich vor Lachen kaum halten. Unsere Versuche, sich gegen ihn zur Wehr zu setzen, erheitern ihn bloß. Unwillkürlich knirsche ich mit den Zähnen. Was für ein Widerling.

Ich verstehe sogar, wie erbärmlich unser Widerstand auf ihn wirken muss. Eine einzige Jägerin hat uns schon in die Flucht getrieben. Nun finden wir uns einem zweiten Jäger gegenüber. Völlig ausgeschlossen, dass wir eine Chance gegen beide haben.

Von einem Augenblick auf den anderen schaltet er um. Sein Lachen verstummt, der Blick ist klar und fokussiert. Er greift zu seiner Waffe – ich erkenne den schlichten Metallgriff, weil ich bei Oona genau den gleichen gesehen habe. Was so harmlos aussieht, verbirgt in seinem Inneren eine Vielzahl scharfer Klingen.

»Dariel«, presse ich hervor, ohne den Blick vom Jäger abzuwenden. »Hau ab. Die wollen nur mich. Dich werden sie gehen lassen.«

Mir graut davor, der Jägerin und dem Jäger ganz allein gegenüberzustehen. Ohne Dariel. Aber es ist wahr. Was kann er schon ausrichten?

Als Antwort schnaubt er nur leise.

Er wird nicht gehen.

Ein Teil von mir hat es gewusst. Ein anderer Teil von mir hat dennoch gehofft, dass er sich in Sicherheit bringt, statt an meiner Seite unterzugehen. Der größte Teil meines Inneren allerdings ist erfüllt von einer kindlichen Sehnsucht, naiv und doch so stark, dass sie alles andere überdeckt: Alles soll gut werden.

Irgendwie, auf irgendeine Weise soll meine Welt wieder in Ordnung kommen.

Der Nebel wabert um die Füße des Jägers. Er zieht einen Mundwinkel hoch, doch ein Lächeln ist das nicht. Eine Klinge schnellt aus seiner Waffe hervor. Er hält eine blanke Schwertschneide in meine Richtung.

Dariel stellt sich vor mich. Das Messer in seiner Hand wirkt angesichts des Schwertes lächerlich.

Ohne Vorwarnung schnellt der Jäger los. Ein angreifendes Raubtier – es gibt kein Entrinnen. Ich will die Augen schließen, aber ich kann nicht. Einen endlosen Moment lang starre ich meinem Schicksal entgegen.

Aber das Schicksal hat andere Pläne. Metall prallt gegen Metall. Das Klirren geht mir durch Mark und Bein.

Oona hat sich zwischen uns und den Fremden geworfen. Drei Spitzen ragen aus ihrer Waffe: eine Art Dreizack. Damit fängt sie den Schwerthieb ab.

Zum ersten Mal zeichnet sich Überraschung auf dem Gesicht des Mannes ab.

»Was …?«, keucht er.

»Ich konnte dich noch nie leiden«, faucht sie.

Einen Herzschlag lang sind sie in ihrer Position gefangen, die Waffen ineinander verkeilt. Er ist so viel größer als sie, trotzdem schwankt sie nicht. Gebeugt von der Wucht seines Hiebs, leistet sie ihm Widerstand.

Es ist die Ruhe vor dem Sturm, und sie hält bloß so lange an, wie ich für einen Atemzug brauche. Dann bricht der Orkan los, ein Wirbelsturm aus Klingen. Oonas Dreizack zuckt immer wieder auf den Jäger zu, in Richtung seines Gesichts, seiner Brust. Keuchend wehrt er jede ihrer Attacken ab. Sie ist unglaublich schnell und wendig, immer wieder stößt ihre Hand nach vorn.

Doch er steht ihr in nichts nach. Er führt das Schwert, als hätte es kein Eigengewicht. Als wäre das alles ein Spiel für ihn. Das amüsierte Grinsen auf seinem Gesicht jagt mir einen Schauer über den Rücken.

»Auf die Pferde!«, brüllt Oona uns über ihre Schulter hinweg zu.

Dariel zögert nicht. Statt sich in den Kampf einzumischen, zerrt er die beiden Pferde an den Zügeln herbei. Er will mich hochhieven, damit es schneller geht, aber dazu kommt er nicht. Ich fliege förmlich in den Sattel meiner Stute, angetrieben vom Adrenalin, das durch meine Adern rauscht.

»Los! Lass uns abhauen!«, ruft er mir zu und zügelt sein Pferd, das unter ihm bockt und sich immer wieder aufbäumt. Es will ebenfalls weg von hier, weg von den beiden kämpfenden Raubtieren in Menschengestalt. Nur mit Mühe kann Dariel es halten.

Auch meine graue Stute ist in ihrem Fluchtinstinkt schwer zu kontrollieren, aber ich setze mich durch. Haarscharf presche ich mit ihr an Oona vorbei.

Die hat den anderen Jäger gerade zurückgedrängt und ihm eine blutende Wunde am Arm zugefügt. Er taumelt zurück, schaut sie hasserfüllt an und ist drauf und dran, erneut auf sie loszugehen.

»Spring auf!« Ich wende mein Pferd, galoppiere erneut an ihr vorbei. Schlamm spritzt unter den Hufen der Stute hoch. Ich beuge mich vor und strecke eine Hand aus.

Oona packt meine Hand, springt auf, schwingt sich hinter mich in den Sattel. Ich treibe meine Stute an, ohne zu wissen, wohin. Weg von hier, weiter.

Weiter auf der Flucht.

KAPITEL 15

Oona

Die Seidenhaare der Prinzessin peitschen mir ins Gesicht. Ich sitze hinter ihr auf dem Pferd. Im Rücken spüre ich Xarons fassungslosen Blick.

Ich darf nicht daran denken, was ich gerade getan habe. Ich habe mich gegen einen der Meinigen gestellt. Und damit gegen alle Jägerinnen und Jäger. Gegen Marus. Gegen meinen Orden. Gegen alles, was ich bin, was mich ausmacht und woran ich glaube.

Und noch etwas lässt mir keine Ruhe: der Ausdruck auf Xarons Gesicht, als ihm klar wurde, dass ich ernsthaft die Waffen gegen ihn erhebe, nicht in einer Trainingssituation, sondern im realen Leben.

Er hat nicht nur überrumpelt gewirkt. Nicht nur verwirrt.

Sondern auch verletzt.

Warum? Und warum tut mir das weh? Wir können einander nicht leiden, konnten es noch nie. Ihn zu verletzen, sollte mir Genugtuung verschaffen. Und mich nicht in noch schlimmere Zweifel stürzen als jene, die ich ohnehin schon die ganze Zeit mit mir rumschleppe.

Das Pferd läuft schnell wie der Wind, aber nicht schnell genug, um vor meinen Gedanken wegzurennen, meiner Fassungslosigkeit über das, was gerade passiert ist. Was ich gemacht habe.

Ich verstehe mich selbst nicht. Ich verstehe gar nichts mehr.

Aber stehen zu bleiben, ist keine Option. An Odines Schulter vorbei schaue ich in die Ferne, sehe Dariel vor uns reiten, der sein Pferd unbarmherzig zu immer schnellerem und schnellerem Tempo anspornt, sehe die Landschaft, die sich verändert. Der Boden wird trockener, endlose Grassteppen tun sich vor uns auf.

Ich schaue einer Zukunft entgegen, die all die Jahre kerzengerade vor mir gelegen hat und sich jetzt in nichts auflöst. Eine Zukunft, die ich mit einer einzigen kopflosen Aktion in tausend Scherben zerbrochen habe.

TEIL 3

KAPITEL 1

Odine

Ich träume von einem Monster.

Jede Nacht träume ich von einem Monster. Von einer Bestie mit dem Gesicht eines Menschen. Mit zarten, feingliedrigen Händen. Glatter Haut. Einem Lächeln, so gutmütig wie das eines liebevollen Vaters. Augen, die schöner sind als die herrlichsten Glockenblumen.

Ich weiß nicht, was dieses Monster von mir will. Ich weiß nur, dass ich ihm nicht entkommen kann. So schnell ich auch renne, so herzzerreißend ich auch flehe, so tapfer ich auch kämpfe.

Jedes Mal endet der Traum mit meinem Fall. Dem endlosen Sturz in die Tiefe. In dem Moment, wenn ich über den Rand der Klippe taumle, setzt mein Herz aus. Noch bevor ich aufpralle, hört es auf zu schlagen.

Wache ich auf, fährt meine Hand jedes Mal zuerst zu meiner Brust. Schwach pocht es darin.

»Marus«, flüstere ich diesen Namen, den das Mädchen fürchtet und den auch ich zu fürchten gelernt habe. Ohne den Mann dahinter je getroffen zu haben.

Das Oberhaupt der Blutjägergilde, wie ich jetzt gelernt habe. Jemand, zu dem Oona aufschaut. Und den sie verraten hat, indem sie sich spontan auf meine und Dariels Seite geschlagen und sich damit gegen den anderen Jäger gestellt hat.

Was führt sie im Schilde? Was geht in ihr vor? Sie ist mir ein Rätsel.

Doch mich zu beschweren liegt mir fern, immerhin ist ihre Entscheidung der Grund dafür, dass Dariel und ich nach wie vor am Leben und weiterhin auf der Flucht sind.

Weiter gen Norden. Weiter in Richtung Silberfels.

Und dann? Dorthin, wohin uns das Schicksal lenkt. Mich und Dariel – solange er an meiner Seite bleibt. Ich will nicht daran denken, was sein wird, wenn diese Phase endet. Wenn er die Hand ausstreckt, seine Bezahlung fordert und beschließt, dass er mich lange genug begleitet hat.

Und Oona? Wohin ihr Weg sie führt, weiß ich nicht. Doch im Moment verläuft er parallel zu unserem. Wir haben einen Waffenstillstand geschlossen und vereinbart, dass keiner von uns den anderen angreifen wird. Niemand wird dem anderen im Schlaf die Kehle durchschneiden – wie beruhigend.

Dieser Friede mag zerbrechlich sein. Immerhin habe ich keine Ahnung, was ihre Motive sind und warum sie entschieden hat, wie sie entschieden hat. Manchmal glaube ich, sie weiß es selbst nicht.

KAPITEL 2

Oona

Warum ich es getan habe. Das wollen die beiden von mir wissen. Das will ich selbst von mir wissen.

Das frage ich mich, während ich wach liege und hoch zu den unzähligen Sternen starre.

Woher verdammt noch mal soll ich wissen, warum ich innerhalb eines Augenblicks alles hingeschmissen habe, was mein Leben ausgemacht hat? Eine Kurzschlussreaktion, eine andere Erklärung gibt es nicht.

Oder ist da noch mehr? Es macht verdammt noch mal einen Unterschied, ob ich meine Waffen gegen Bestien richte oder gegen Menschen. Ich wusste, dass Xaron Dariel, ohne zu zögern, getötet hätte, um an Odine heranzukommen und sie an den Haaren zur Festung zu schleifen.

Er hätte gemacht, wofür ich zu schwach war.

Ich beiße die Zähne so fest zusammen, dass mein Unterkiefer schmerzt. Ich dachte, ich wäre die perfekte Jägerin. Ich dachte, ich wäre besser als Xaron. Dabei bin ich eine Versagerin. Diese Skrupel kommen mehr als unerwartet. Skrupel sind das Letzte, was ich brauche. Ich habe etwas über mich gelernt, womit ich nie gerechnet hätte.

Und jetzt bin ich hier, habe mich ein Stück abseits von Odine und Dariel ausgestreckt, die Seite an Seite neben dem wärmenden Feuer liegen. Abseits von den Pferden, die in meiner Gegenwart stets so angstvoll mit den Augen rollen, als würden sie jeden Moment in heller Panik davonstürzen.

Ich lausche den Atemzügen der Prinzessin und ihres Begleiters. Er schläft tief und fest, aber sie quält sich wie üblich mit ihren Träumen.

Ein Rascheln fesselt meine Aufmerksamkeit. Leise steht Odine auf. Wie beim letzten Mal zieht sich auch jetzt eine Gänsehaut über meinen Rücken und meine Arme. Es ist ein geisterhafter Anblick, wie sie da steht und, wie von einem unsichtbaren Wind bewegt, sachte hin und her wankt.

Lautlos erhebe auch ich mich. Schiebe mich an Odine vorbei, darauf bedacht, sie nicht zu berühren und aus dem Schlaf zu reißen. Mit der Fußspitze stoße ich Dariel an, doch der schläft wie betäubt. Ein gezielter Tritt in die Rippen, dann gibt er einen dumpfen Laut von sich und rappelt sich hastig auf. Ich muss ihm zugutehalten, dass er nur einen kurzen Moment lang dreinschaut, als wollte er mich schlagen. Dann ist er wach genug, um zu kapieren, warum ich ihn mit einem Tritt geweckt habe.

Das Mondlicht offenbart Odines Emotionen wie ein offenes Buch. Gebannt sehe ich sie an und weiß, dass Dariel neben mir dasselbe tut. Auch er hat sich erhoben und streckt die Arme nach ihr aus, als wollte er sie davor bewahren, zu fallen. Aber auch er wagt es nicht, sie zu berühren.

Auf einmal schlägt sie die Augen auf und wirkt völlig klar. Ihr Blick richtet sich erst auf Dariel, dann auf mich.

Gerade, als mir der Gedanke kommt, spricht Dariel ihn aus: »Das ist nicht Odine.«

Es ist ihr Gesicht, und doch auch nicht. Die Knochenstruktur, das Antlitz ist gleich – aber ihre Mimik ist anders. Als sie sich ruhig umsieht, wirkt sie absolut fremd. Odine hat etwas Zerbrechliches, Verspieltes, fast Kindliches an sich, wenngleich sie in letzter Zeit viel durchmachen musste.

Aber diese Frau? Keineswegs. Sie ist so alt wie Odine, aber erwachsen. Es ist Odines Körper, aber auch wieder nicht.

Das Klicken neben mir ist leise, hallt aber doch ohrenbetäubend durch die Stille der Nacht. Dariel hat es auf unserer Flucht vor Xaron irgendwie geschafft, seinen Revolver aufzuheben und mitzunehmen. Jetzt hat er ihn entsichert. Aber natürlich wird er nicht auf Odine schießen, auch jetzt nicht.

Er klammert sich wohl nur an seine Waffe, weil er irritiert ist.

Ich lasse mich nicht so einfach erschrecken. Stattdessen mache ich einen Schritt auf sie zu.

»Sag etwas«, fordere ich sie ohne Umschweife auf.

Ihr Blick ist eindringlich. Wir starren einander in die Augen, und mir fällt auf, dass sich ihre Farbe verändert hat. Das warme Bernsteinbraun von Odines Iriden hat sich in ein stechendes Grün verwandelt, hell wie die Gräser auf einer sonnenbeschienenen Wiese. Sie öffnet den Mund, als wollte sie etwas sagen, doch kein Wort kommt über ihre Lippen.

Auf einmal verliert ihr Körper jegliche Spannung. Als hätte jemand mit einer Schere die Fäden einer Marionette durchgeschnitten, sackt sie in sich zusammen.

Nun überrascht Dariel mich mit seinen Reaktionen. Augenblicklich ist er an ihrer Seite, schlingt seine Arme um sie. Kraftlos hängt sie in seiner Umarmung. Dariel und ich tauschen einen Blick aus.

Ich weiß nicht, wie ich in dieser Situation gelandet bin, aber mit einem Schlag hat sich alles zwischen uns geändert. Nun stehe ich an Dariels und Odines Seite, wer weiß, für wie lange. Jetzt will ich herausfinden, was hier vor sich geht. Denn mein Gespür sagt mir ganz deutlich: Was auch immer mit Odine passiert, es ist untrennbar verwoben mit Marus, mit dem Orden und damit auch mit mir.

KAPITEL 3

Odine

Ich träume von einem Monster.

Jetzt bin ich wach, zumindest glaube ich das. Aber vor meinem Blick verschwimmt die Welt. Manchmal verschiebt sich die Realität für einen winzigen Moment, und dann weiß ich kurz nicht, wer und wo ich bin.

»Nisha«, höre ich mich sagen. »Ihr Name ist Nisha.«

Woher ich das weiß? Keine Ahnung. Sie hat es mir gesagt, aber nicht mit Worten.

Dariel und Oona sitzen mir gegenüber und sehen mich wie gebannt an. Ich konnte nicht aus eigener Kraft stehen, darum haben sie mich auf einen flachen Stein gesetzt, auf dem ich nun kauere, und sich vor mir postiert. Sie warten auf eine Erklärung, aber ich weiß nicht, was ich sagen soll.

Eine Woge fremder Gedanken rauscht durch meinen Kopf. Als hätte jemand sie mir eingeflüstert. Bilder, die sich wie Erinnerungen an Ereignisse anfühlen, die ich aber niemals selbst erlebt habe. Oder doch? Sind es Situationen, die ich gesehen und vergessen habe?

Mit einem leisen Stöhnen fasse ich mir an die Stirn, drücke beide Handflächen gegen meine Schläfen. Wenn ich sie mir nur einfach aus dem Kopf reißen könnte! Diese andere Person, die in meinen Gedanken ist, in meinen Träumen und irgendwie einfach in mir. Die mehr und mehr in mein Bewusstsein schwappt, als hätte sie irgendein verdammtes Recht darauf, hier zu sein.

Manchmal macht sie mir Angst.

Jetzt gerade macht sie mir Angst.

Freundin. Das Wort taucht in meinem Kopf auf, als hätte ich selbst den Gedanken geformt. Aber in Wahrheit hat sie ihn mir eingeflüstert. Es ist eine Nachricht in meinem Kopf.

Freundin? Ist sie das?

So habe ich sie immer gesehen, doch je näher sie mir kommt, je stärker ich sie in meinen Gedanken spüre, desto mehr jagt sie mir einen Schauer über den Rücken.

»Ein Dorf.« Ich flüstere. Meine Stimme übertönt kaum den lauen Wind. »Nicht weit von hier. Sie lebt dort. Es ist ihr Zuhause.«

»Woher weißt du das?« Das Misstrauen in Oonas Stimme ist nicht zu überhören. Vermutlich denkt sie, ich leide unter Wahnvorstellungen. Verdenken könnte ich es ihr nicht.

»Odine wird ihre Gründe haben, das zu sagen. Ich vertraue ihr.« Dariel schlägt sich sofort auf meine Seite. Ich möchte wetten, dass er insgeheim auch seine Zweifel hat. Immerhin ist er ein rationaler Mensch, der nur an das glaubt, was er auch verstehen kann. Aber gegen die Jägerin treten wir als Einheit auf, hier bilden wir eine starke Front.

»Niemand bittet dich, uns zu begleiten«, brause ich auf. »Geh deiner Wege. Ich bin dir dankbar dafür, dass du uns vor dem anderen Jäger gerettet hast. Aber was für einen Grund haben wir jetzt noch, gemeinsam zu reisen? Du sagst, dein Auftrag ist verloren, weil du nicht zu den Jägern zurückkehren kannst. Ist das so? Dann haben wir keinen Grund mehr, dich zu bekämpfen. Wir werden den Teufel tun, noch mal zu versuchen, dir diese nutzlosen Fesseln anzulegen. Warum einigen wir uns nicht darauf, dass sich unsere Wege hier trennen, friedlich und einvernehmlich?«

Sie zieht die Augenbrauen finster zusammen. Immer noch muss ich mich jedes Mal beherrschen, um nicht zu erschaudern, wenn sie so dreinschaut. War sie seit jeher so verdammt unheimlich, oder zählt das Einstudieren eines gruseligen Blicks zur Blutjäger-Ausbildung?

»Das geht nicht«, erklärt sie schlicht. Als wäre damit alles gesagt.

»Weil du dich unserer reizenden Gesellschaft nicht erwehren kannst?«, versetzt Dariel.

Unter anderen Bedingungen hätte ich vielleicht gegrinst, aber dazu fehlt mir die Kraft. Die Bilder meines Traumes wabern noch wie Nebel durch meinen Kopf und machen mich benommen. Statt mir das Geplänkel länger anzutun, spreche ich Klartext.

»Ich weiß nicht genau, woher ich die Gewissheit nehme«, gebe ich zu. »Dieses ... Dieses zweite Bewusstsein in meinem Kopf – das Mädchen – Nisha. Sie zeigt es mir. Je stärker sie wird, desto deutlicher nehme ich wahr, was sie mir sagen will. Es ... zieht mich dorthin. Als würde mich etwas leiten. Ein Kompass, der in meiner Brust und in meinem Kopf sitzt.«

Halb erwarte ich, dass sowohl Oona als auch Dariel nach diesen Worten aufstehen und gehen. Doch Dariel schweigt, seine Miene verrät nichts von seinen Gedanken.

Und Oona nickt. Aus ihrem Kragen holt sie einen Anhänger, der an einem Lederband baumelt. Eine dünnwandige Glasphiole. Ich will danach greifen, aber sofort zieht sie die Hand weg, sodass ich das winzige Glasbehältnis nur sehen, aber nicht anfassen kann.

»Ist da ein Haar drin?« Fasziniert betrachte ich den Gegenstand.

Ihr Grinsen wirkt zwar freudlos, trotzdem werde ich das Gefühl nicht los, dass sie sich über mich amüsiert. »Ja, eines von dir. Wer auch immer uns Jäger auf dich angesetzt hat, hat Marus ein Haar ausgehändigt. Wir brauchen etwas von dem Wesen, das wir jagen sollen. Meistens Blut. Manchmal Fell. Eine Klaue oder einen ausgefallenen Zahn, den ein armer Freiwilliger im Revier der Bestie sammeln muss. Ohne kommt kein Vertrag zustande.«

Mir wird übel, als ich mir vorstelle, dass meine Mutter oder meine Schwester Nerina Haare aus meiner Haarbürste gesammelt hat, um sie sorgfältig in einem Pergamentumschlag zu verstauen und an die Blutjäger senden zu lassen. Ich kämpfe das elende Gefühl nieder und versuche, mich zu konzentrieren.

Dariel stellt die Frage, die auch mir auf der Zunge liegt. Neugierig beugt er sich vor. »Kurios. Und das ... leitet dich zu der Bestie, die du jagst?«

Empört stoße ich ihn mit dem Ellenbogen an. »Oder zu dem Menschen«, stelle ich klar.

Eine Entschuldigung murmelnd, schaut er die Phiole genauer an, die Oona langsam vor seinen Augen hin und her dreht. »Unglaublich. Ein banaler Gegenstand, der eine solche Macht entfaltet. Kannst du erklären, wie genau das funktioniert? Welcher Mechanismus steckt dahinter?«

Ein bisschen wünschte ich, er würde die Sache mit weniger wissenschaftlichem Interesse und mehr Mitgefühl betrachten.

»Schlicht und einfach Magie! Versteht sich das nicht von selbst?«, entgegne ich etwas gekränkt.

Oona hält den Anhänger hoch, sodass sich das Licht darin fängt und sich im geisterblassen Blau ihrer Augen spiegelt.

»Ich habe längst aufgehört, mich zu fragen, was wie funktioniert«, sagt sie leise. »Mir reicht, dass es funktioniert. Dass ich die Magie spüre, diese Kraft, die durch mein Leben, durch mein Blut und durch die Welt fließt. Dass sie mich leitet und mir meinen Weg zeigt. Auch wenn ich von dem gerade abgekommen bin. Ich vertraue darauf, dass die Magie mich auch weiterhin führt. Immerhin ist sie ein Teil von mir und treibt mich immer weiter vorwärts, auf ein Ziel zu, das mir selbst unbekannt ist. Diese Phiolen? Irgendwie funktionieren sie nach einem ähnlichen Prinzip. Füllt man sie mit etwas, was zu einem lebenden Wesen gehört, dann haben auch sie ein Ziel. Eine Richtung. Ich kann es fühlen, wenn ich sie berühre: ein Sehnen. Dieser kleine Gegenstand teilt mir mit, wohin ich meine Schritte lenken muss.«

Das waren ungewöhnlich viele Worte aus ihrem Mund. Mich beunruhigt aber besonders eine Information.

Ich muss schlucken. »Diese anderen Jäger ... Die könnten dich auch finden, wenn sie etwas von dir haben, nicht wahr? Und wenn sie noch etwas von mir besitzen, können sie sich auch jederzeit zu mir leiten lassen. Es gibt kein Verstecken. Wohin wir auch gehen, sie werden uns aufspüren.«

Sie steht auf und lässt den Anhänger wieder in ihrem Ausschnitt verschwinden. »Das ist korrekt. Was glaubst du, wie Xaron uns so problemlos finden konnte, mitten im Sumpf? Umso wichtiger, dass wir keine Zeit verlieren. Einen Vorsprung aufzubauen, ist das Einzige, worauf wir jetzt zählen können. Ich kenne Xaron gut. Besser, als mir lieb ist. Er ist jetzt in seinem Stolz verletzt, weil ich ihn verwundet habe – vor allem aber wird er eilig zu Marus laufen, um die Befehle für weitere Schritte einzuholen. Marus handelt nie unüberlegt. Er wird abwägen und dann entscheiden, was zu geschehen hat. Das alles verschafft uns Zeit.«

Dariel packt unsere Satteltaschen. »Dann war es das mit unserer Pause.« Besorgt sieht er mich an. »Kannst du schon wieder aufbrechen? Du siehst aus, als würdest du jeden Moment umkippen. Und dabei sitzt du schon auf dem Boden.«

»Charmant wie immer.« Als ich aufstehe, bemühe ich mich, nicht zu wanken. Der Nebel in meinem Kopf macht mich schwindelig. Die Träume der Nacht haben ihre klebrigen Finger noch in meinem Geist versenkt, aber ich strenge mich an, stark zu sein. Schwäche bringt mich jetzt nicht weiter. Oona hat recht, wir dürfen keine Zeit verlieren. »Aber wir reiten nicht nach Silberfels. Nicht sofort. Es gibt noch einen weiteren Ort, der im Norden liegt. Im

Nordosten – an der Küste, an den Klippen. Nishas Heimatdorf.«

Was auch immer dort zu finden ist: Sie möchte, dass ich dorthin gehe. Und ich werde ihrem Ruf folgen.

KAPITEL 4

Oona

»Es ist im Grunde genommen nicht schwer. Du musst die Steine so aufeinanderschlagen. Siehst du? Und dann entsteht ein Funke. Den fängst du dann auf.«

Wir sind dabei, unser Nachtlager aufzuschlagen. Nach und nach hat sich die Landschaft verändert, die Grassteppe wich einem bewaldeteren Gebiet. Auf einer Lichtung haben wir beschlossen, die Nacht zu verbringen. Dariel zeigt Odine, wie man ein Feuer mithilfe von Feuersteinen entzündet. Aus großen Augen sieht sie ihm zu. Als sie es selbst versucht, wirken die Steine in ihren zarten Händen groß. Sie verzieht das Gesicht, als es ihr auch beim zehnten Anlauf nicht gelingt.

Ich bin nicht so geduldig wie Dariel.

»Das ist doch nicht so schwer«, herrsche ich sie an und nehme ihr die Steine aus der Hand. Kräftig schlage ich einen Stein auf den anderen, fange die Funken auf, und schon lodern Flammen in die Höhe.

Odine und Dariel starren mich an.

»Du hast nicht viele Freunde, was?«, fragt Dariel geradeheraus.

Ich starre ihn an. Was fällt ihm ein?

Da kichert Odine auf einmal. »Schon gut, Oona. Er meint es nicht böse.«

Und auch Dariel grinst jetzt.

Verwirrt blicke ich von ihr zu ihm und wieder zu ihr. Das alles verwirrt mich. Wollte er mich provozieren, mit mir Streit anfangen? Nein, wird mir jetzt klar. Er hat mich einfach nur geneckt. Macht uns das etwa zu so was wie ... Freunden?

In der Jägerfestung ist der Tonfall ernster. Odine und Dariel sind anders als jene Leute, mit denen ich sonst zu tun habe. Wenn sie etwas sagen, dient das nicht unbedingt einem Zweck. Manchmal scherzen sie einfach nur miteinander. Und ... mit mir.

Dariel steht schwungvoll auf. »Komm schon, Jägerin. Wenn du in der Kaninchenjagd so gut bist wie im Feuermachen, steht uns heute ein wahres Festmahl bevor. Odine kann solange ihre neu erworbenen Feuerfähigkeiten perfektionieren.«

Die Prinzessin lacht. »Wenn ihr zurückkommt, steht die ganze Lichtung in Flammen.«

Ich schnappe mir ein Messer. Meinen Neuntöter verschwende ich nicht an Kaninchen. »Na schön. Wenn du etwas lernen willst, dann pass gleich gut auf.« Herausfordernd grinse ich ihn an. Warum fühle ich mich so wohl mit diesen beiden Menschen – wohler als im Kreis der Jägerinnen und Jäger, mit denen ich so viele Jahre verbracht habe?

Der Ruf eines Käuzchens hallt über die Lichtung. Kurz fühle ich mich versucht, ihn zu erwidern. Dann muss ich grinsen. Was Dariel und Odine dann wohl dächten? Würden sie glauben, dass alle Blutjägerinnen gern mit Vögeln reden?

Über dem Feuer röstet eines der beiden erlegten Kaninchen auf einem improvisierten Spieß. Es zischt, als Fett in die Flammen tropft.

»Beim nächsten Mal komme ich mit, und ihr zeigt mir, wie man jagt!« Mit diesen Worten hat Odine uns empfangen, als wir mit unserer Beute zum Lager zurückgekehrt sind.

»Träum weiter, Prinzessin. Du würdest doch nicht mal ein totes Huhn erlegen, das man dir zuwirft«, habe ich ihr geantwortet.

Aber tatsächlich legt sie in allem eine solche Entschlossenheit an den Tag, dass ich immer mehr ahne, wie viel in ihr steckt. Mit den Feuersteinen ging sie bereits geschickt um, als wir zurückkamen. Sie hat geübt, bis sich an ihren Fingern Blasen bildeten.

Jetzt blickt sie versonnen nach oben in den klaren Himmel, an dem unzählige Sterne funkeln. Dariel hingegen schaut nicht hoch. Er schaut zu Odine.

Einmal mehr frage ich mich, warum er das alles

für sie tut. Er ist kein bezahlter Leibwächter, so viel habe ich mir mittlerweile zusammengereimt. Hilft er ihr tatsächlich einfach aus freien Stücken auf ihrer Flucht?

»Wieso tust du das eigentlich?«, frage ich ihn geradeheraus. »Warum riskierst du dein Leben, indem du eine Prinzessin begleitest, auf die Blutjäger angesetzt wurden? Niemand zwingt dich dazu.«

Schlagartig ändert sich die Atmosphäre. Odine wirkt auf einmal wie erstarrt. Sie kommt ihm zuvor und erwidert auf meine Frage: »Es ist nicht so, als bekäme er nichts dafür.«

Was auch immer sie damit meint, es kommt nicht gut bei ihm an. Säuerlich verzieht er das Gesicht. »Ja! Nur daran liegt es. Deswegen helfe ich dir, Odine. Deswegen bleibe ich an deiner Seite. Weil du mir dafür Glitzersteine versprochen hast und weil ich eine Elster bin, die nichts Funkelndem widerstehen kann.«

Ich wundere mich über den bitteren Unterton. Dann tue ich es mit einem Schulterzucken ab. Wir haben reale Probleme – da will ich mir nicht den Kopf über die Befindlichkeiten von Odine und Dariel zerbrechen.

Ich hätte gar nicht fragen sollen. Was interessieren mich Dariels Motive? Was geht mich die Beziehung der beiden an?

Eine Weile schweigen wir. Der Nachtwind fährt

raschelnd durch die Bäume und Sträucher. Odine zupft gedankenverloren Grashalme aus.

»Ich wollte ohnehin weggehen«, sagt Dariel dann unvermittelt.

»Was?«, fragt Odine leise. »Das wusste ich nicht.«

»Ich hatte vor, den Hof zu verlassen.«

»Und deine Anstellung als mein Lehrer?« Sie verzieht den Mund. »War ich eine so unerträgliche Schülerin?«

»Klar«, versetzt er. Und als sie aufbrausen will, kommt er ihr zuvor und sagt: »Aber das war nicht der Grund. Ich bin an den Hof gekommen, weil meine Mutter dort eine Anstellung gefunden hat, nachdem sie vor vielen Jahren nach Gara gekommen war. Als Junge bin ich um sie herumgewuselt, während sie als Zofe gedient hat. Und später, als ich größer wurde, habe auch ich Arbeit gefunden. Ich habe im Stall gearbeitet und der Jagdgesellschaft gedient. Als die Fürstenfamilie meine Talente entdeckt hat, habe ich es sogar zum Lehrer gebracht und durfte die jüngste Tochter unterrichten.«

Als sich ihre Blicke begegnen, lächeln beide kurz, sehen dann aber weg. Verwirrt und schweigend verfolge ich das Gespräch, ohne mich einzuschalten.

»An dem Abend, als ich auf der Flucht vor der Ballgesellschaft in den Stall gerannt kam …«

»Da war ich in Gedanken bereits weit weg. Ich habe überlegt, wohin ich gehen und was ich tun will. Um ehrlich zu sein, war der einzige Grund, warum ich nach dem Tod meiner Mutter noch dageblieben bin, dass ich keinen ausgereiften weiteren Plan hatte.«

»War es denn so schrecklich mit mir? Komm schon, Dariel. Ich weiß, ich war nicht immer eine einfache Schülerin. Ich war manchmal bockig und hatte keine Lust, hundertmal dieselben Fechtübungen durchzuexerzieren. Aber es ging dir nicht schlecht, oder?«

Dariel schweigt eine Weile. Er stützt das Kinn in seine Handfläche und starrt in die Flammen. »Schlecht? Nein. Ich wurde gut gehalten.«

»Gehalten?«, wiederholt Odine verwirrt.

Er zuckt mit den Schultern. »Wie ein braver Jagdhund, der gute Arbeit leistet. Aber es hat mich abgestoßen, Odine. Was macht einen Fürsten wertvoller als einen Jäger? Einen Jäger wertvoller als einen Bauern?«

»Na, dass …«, beginnt sie und bricht dann verwirrt im Satz ab.

Ich weiß, worauf Dariel hinauswill. Doch Odine schaut ihn nur mit großen Augen an. Manchmal will ich sie schütteln in der Hoffnung, dass in ihrem Kopf ein paar Gedanken an den richtigen Platz fallen. In mancherlei Hinsicht ist sie so unendlich naiv. Was man ihr vermutlich nicht einmal verübeln kann. Sie ist völlig weltfremd aufgewachsen, mit dem goldenen Löffel im Mund und ohne die Notwendigkeit, sich über irgendetwas den Kopf zu zerbrechen, was über das Wetter, den nächsten Ball oder vielleicht noch ihre Unterrichtsstunden hinausging.

»Ich weiß, dass es anderswo nicht so gehandhabt wird, Odine. Meine Mutter hat mir von ihrer – unserer – alten Heimat erzählt. Es gibt Orte, an denen ein Mensch an seinen Handlungen gemessen wird. Nicht etwa daran, in welche Familie er geboren wurde. Und ja, es hat mich abgestoßen, zu wissen, dass dieses System auf Zufall und Willkür beruht. Und dass es gleichzeitig in Stein gemeißelt ist.«

Odine wurde leise, während er lauter wird.

»Ich habe nie gering von dir gedacht«, murmelt sie.

Sein Blick wird weich. »Ich weiß. Und trotzdem hast du nie hinterfragt, warum du über mir stehst. Warum du die Herrin warst und ich nur ein besserer Diener.«

Sie schaut ihn so verstört an, dass sogar ich Mitleid bekomme.

»Es ist in Ordnung, Odine«, sagt er sanft. »Ich mache dir keinen Vorwurf. Du hast gefragt, warum ich vorhatte zu gehen, und ich habe dir den Grund genannt. Ich wollte irgendwohin gehen, wo ich nicht Tag für Tag mit einem System konfrontiert bin, das ich verachte und verabscheue. Es ist nicht so, als wäre es mir schlecht gegangen. Anderen ging es wesentlich schlechter als mir. Der springende Punkt ist, dass es oft überhaupt keinen rationalen Grund gibt, warum manche Menschen höher und andere niedriger gestellt sind. Es ist reine Willkür. Und das stößt mir übel auf. Verstehst du, worum es mir geht?«

Odine stochert mit einem Stock im Feuer herum. Als die Glut heller aufflammt, werfen ihre langen Wimpern dunkle Schatten auf ihre Wangen. Fauchend greift das Feuer nach dem Stöckchen, als sie es schließlich loslässt.

»Als ich in den Stall kam und dich anflehte, mir zur Flucht zu verhelfen, hast du nur auf den passenden Moment gewartet, um dem Hof den Rücken zu kehren und ein neues Leben anzufangen«, stellt sie fest. Damit geht sie nicht auf seine harsche Kritik an dem System ein, das ihr durch puren Zufall ein Leben auf der Sonnenseite beschert hat, während andere zusehen müssen, wie sie über die Runden kommen.

Er überlegt und lächelt dann schief. »Du warst der Anstoß, den ich gebraucht habe, um Konsequenzen zu ziehen und endlich zu gehen. Mich hat dort seit Jahren nicht mehr viel gehalten. So wie es dann gekommen ist, habe ich mir das alles aber nicht vorgestellt. Ich wollte mit einer Abfindung friedlich meiner Wege ziehen. Nicht verfolgt werden, weil ich jemandem zur Flucht verholfen habe. Aber nur damit keine Missverständnisse aufkommen: Ich bereue nichts. Gar nichts.«

Ich sage nicht viel, höre nur zu. Beobachte.

Dariels Worte erscheinen mir naiv. Denkt er wirklich, anderswo wäre alles besser? Gleichzeitig verstehe ich ihn. Das Ständesystem Garas ist außergewöhnlich ausgeprägt und starr.

Uns Jägerinnen und Jäger kümmert das wenig, wir stehen außerhalb der Gesellschaft. Wer an welchem Hof und in welcher Stadt das Sagen hat, spielt für uns kaum eine Rolle. Hauptsache, der Auftraggeber bezahlt. In unserem Orden gelten die etwas, die Leistung bringen. Es zählt, was du tust. Nicht, als wer oder was du geboren wurdest.

Woher ich stamme und wie ich aufgewachsen bin, verblasst in meinen Erinnerungen immer mehr. Es ist unwichtig geworden. Ich weiß nicht, wer ich wäre, wenn Marus mich nicht geholt hätte. Ebenso wenig weiß ich, in was für Familien die anderen Jägerinnen und Jäger geboren wurden. Es ist einfach bedeutungslos.

Nur Marus hebt sich vom Rest ab. Doch nicht durch seine Geburt. Sondern weil er in gewisser Weise für uns alle wie ein Vater ist, ohne den es keine Ordnung gäbe und ohne den alles auseinanderfiele. Bedingungslos verehren wir ihn. Nicht nur ich, jede und jeder Einzelne von uns.

KAPITEL 5

Odine

Zu klein für einen Namen. Zu unbedeutend, um auf irgendeiner Landkarte verzeichnet zu sein.

Das ist Nishas Heimatort. Ich horche in mich hinein, suche in meinem Kopf nach einer Spur von ihr, doch nichts. Jetzt gerade bleibt sie stumm. Vielleicht hält sie ebenso den Atem an wie ich, während ich auf die Ansammlung von Häusern hinabschaue.

Auf einer Anhöhe sind wir stehen geblieben und von den Pferden abgestiegen. Es kommt mir so vor, als wäre ich schon einmal hier gewesen. Aber ich weiß, dass das nicht stimmt.

Das sind Nishas Erinnerungen. Sie war schon hier, sie ist hier aufgewachsen.

Meine Finger schließen sich fester um die Zügel meiner Stute. Sie presst ihre samtige Nase an meine Wange und schnaubt gegen meine Haut, als spürte sie, wie schwindelig mir gerade ist. Ich bin gefangen in diesem Zustand zwischen Schlafen und Wachsein, der mich immer häufiger befällt. Meine Handflächen fühlen sich kalt an und kribbeln leicht, als hätte ich sie zu lange in Eiswasser gehalten oder Schneebälle geformt.

Vor uns liegt eine Straße, kaum mehr als ein breiterer Weg. Einige Nebenstraßen gehen von ihr ab. Ein paar Häuser, Höfe, Stallungen. Ein Platz in der Mitte, auf dem vermutlich Märkte und Versammlungen abgehalten werden. Und das war es auch schon. Viel mehr hat die Siedlung nicht zu bieten.

Ringsumher wogen die Wiesen, einem grünen Ozean gleich. Mein Herz zieht sich zusammen. Ich erkenne die Landschaft aus meinem Traum. In der Ferne zeichnen sich schroffe, dunkle Formen ab: die Klippen, die sich über die gesamte Ostküste ziehen, die das Land einfassen wie eine trutzige Mauer und die Gara gegen das Außenland abschirmt. Und dahinter? Das Meer. Wir sind noch zu weit weg, um es zu hören. Trotzdem atme ich tiefer ein, in der Hoffnung, einen Hauch der salzigen Brise einzusaugen.

Keine Mauern, keine Palisaden. Nicht einmal ein Zaun, der das Dorf umschließt. Das ist mehr als ungewöhnlich. Fürchten die Menschen hier nicht die Bestien, die bei Tag und Nacht durch das Land streifen?

»Willst du hier Wurzeln schlagen?« Oona zieht ungeduldig am Zügel der Stute und fletscht die Zähne, als das Pferd unwillig nach ihr schnappt. »Wenn wir hier noch länger rumstehen, können wir uns ebenso gut Handfesseln anlegen und wie nett verpackte Geschenke darauf warten, dass Xaron uns einsammelt. Versteh mich nicht falsch, mit dem Aas werde ich fertig, aber Marus ist nicht so leicht zu besiegen. Er wird nicht noch einmal den Fehler begehen, Xaron allein loszuschicken.«

»Ich gebe der Jägerin ungern recht. Wirklich sehr, sehr ungern.« Dariel streift sich die braunen Haare aus der Stirn. Sie sind länger geworden, seit wir unterwegs sind. Ich hätte es nicht gedacht, aber es steht ihm nicht schlecht. »Wenn wir uns im Dorf umsehen wollen, dann haben wir keine Zeit zu verlieren.«

»Ihr seid anstrengender als mein Sprachlehrer, der immer darauf beharrt hat, dass ich weniger träume und mehr lerne«, beschwere ich mich.

Aber natürlich haben sie recht. Also machen wir uns an den Abstieg.

KAPITEL 6

Oona

Es ist anders hier unten. Anders als in anderen Städten und Dörfern, in denen ich war.

Allerorts begegnen mir die Menschen mit Misstrauen, mit Furcht, oft sogar mit Abscheu. Das kenne ich, das ist nicht neu. Nie jedoch wurde mir die Abneigung der Jägerzunft gegenüber so unverhohlen entgegengeschleudert wie von den Menschen hier. Eine alte Frau spuckt vor mir aus. Ein Mann macht Schutzgesten und verschwindet eilig in seinem Hauseingang. Keine zwei Atemzüge später nehme ich eine Bewegung hinter den Vorhängen wahr, weil er mir argwöhnisch hinterherstarrt. Kinder, die gerade noch mit einem aus Lederflicken genähten Ball gespielt haben, rennen bei meinem Anblick weg.

Geschnitzte Bestienköpfe schmücken die Fassaden und Giebel der Häuser, verzerrte Fratzen, die ihren leibhaftigen Vorbildern erschreckend ähnlich sehen. Sie geifern uns von Hausmauern und Brunnen entgegen. Steinerne und hölzerne Augen der Bestien scheinen mir durch die Straßen zu folgen, tot und kalt. Türknäufe haben die Form von Klauen. Um das Tor des großen Hauses am Marktplatz ranken sich schuppige Schwänze von Dornenechsen, die kunstfertige Hände aus Holz geschnitzt haben.

Dazwischen befinden sich Zähne, die poliert glänzend aus dem Holz ragen und in Messing gefasst sind. Sie sind nicht aus Holz und nicht aus Metall. Ich muss sie mit der Fingerspitze berühren, bevor ich es glaube: Es sind echte Zähne. Nicht die von Bestien, vermutlich handelt es sich um die Zähne verendeter Tiere.

»He da! Fürchtet ihr die Bestien nicht?« Ich halte einen Mann, der mit gesenktem Blick an mir vorbeihasten will, kurzerhand am Ärmel fest. »Keine Mauern. Dafür Abbilder?«

Er begegnet meinem Blick. »Wir fürchten sie wohl! Aber es gibt Dinge auf der Welt, die wir mehr fürchten. Die wir für monströser halten. Manche Menschen. Und mehr als alles andere … Jäger.« Er spuckt das Wort förmlich aus. Ich bin so überrumpelt, dass ich keinen weiteren Versuch unternehme, ihn aufzuhalten. Der Stoff seines Ärmels entgleitet meinen Fingern, und er geht mit aufrechtem Rücken und steifen Schritten weiter. Meine Hand hängt noch für einen Moment schlaff in der Luft, während ich ihm hinterherschaue.

»Haben Sie von einer Nisha gehört?« Odine wiederholt den Namen, der mit ihrem Schicksal verwoben ist, bei jeder Gelegenheit. Sie fragt nach dem Mädchen, das sie in ihren Träumen heimsucht und das ihr aus Spiegeln entgegenblickt. Doch sie stößt nur auf verschlossene Mienen und eine Mauer des Schweigens. Niemand hier macht den Anschein, als hätte er diesen Namen je zuvor gehört. Odines verrückte Träume haben uns entweder in die Irre geführt, oder die Dorfbewohnerinnen und -bewohner sind bessere Schauspieler, als man erwarten würde.

Immer ungeduldiger stellen Odine und Dariel ihre Fragen. Er steht ihr zur Seite, auch wenn ihr Verhalten jeder Vernunft trotzt. Gemeinsam folgen sie einem Hirngespinst. Ein bezahlter Leibwächter ist er definitiv nicht. Er folgt ihr und schützt sie, weil sie ihm wichtig ist.

Ich halte mich im Hintergrund. Mit mir redet hier ohnehin niemand, der es vermeiden kann.

Allein lasse ich mich durch die Gassen treiben, lasse meinen Blick über die geifernden Bestienfratzen wandern und meine Gedanken schweifen. Eigentlich will ich weg von hier, raus aus diesem Dorf, hinaus in die Natur, die so hart und brutal ist. Sie ist mir um ein Vielfaches angenehmer als die Menschen hier.

Plötzlich höre ich das Raunen. Hinter Odines Rücken ertönt ein Flüstern, immer in einem so großen Abstand, dass die Leute sichergehen können, dass sie davon nichts mitbekommt. Mit meinen schärferen Sinnen rechnen sie nicht. Mich vermeiden sie so gründlich, dass ihnen nicht auffällt, dass ich sie sehr wohl hören kann.

»Nisha«, dieser Name sticht immer wieder aus dem Getuschel heraus.

Ich tue, was mir als Jägerin in Fleisch und Blut übergegangen ist. Es ist die Grundlage meiner Arbeit, denn andernfalls hätte ich keine Chance, meine Beute je zu erlegen, und wäre wohl längst nicht mehr am Leben: Ich beobachte ganz genau. Halte mich in den Schatten und betrachte jedes Detail, studiere die Gesichter und verstohlenen Blicke der Bewohnerinnen und Bewohner. Interpretiere ihr Verhalten. Lese jede Regung.

Und schließlich bemerke ich, dass auffällig viele Blicke in eine bestimmte Richtung gehen. Immer nur ganz kurz, als hätten die Leute gar nicht vor, dorthin zu schauen, und versuchten, sich zu beherrschen. Doch das will ihnen manchmal mehr schlecht als recht gelingen.

Ich ziehe einen Mundwinkel hoch. Möchte zu gern wissen, was dort hinten ist, dort in dieser unscheinbaren Ecke des Dorfes.

Kühle Luft umarmt mich, als ich in die tiefen Schatten einer schmalen Gasse eintauche. Die Gasse ist kurz, schon tut sich ein Innenhof vor mir auf, umringt von Bruchsteinmauern, die golden im Sonnenlicht glänzen. Moos wächst aus Ritzen.

Herberge steht auf dem Holzschild über der Tür, die

nicht mit Bestienmotiven verziert ist, sondern mit Blumen. Die Herberge scheint keinen speziellen Namen zu haben, ebenso wenig, wie das Dorf einen besitzt. Da es hier wohl die einzige Einrichtung dieser Art ist, gibt es vermutlich schlicht und einfach keinen Grund für einen weiteren Namen. Ich frage mich, wie viele Besucherinnen und Besucher wohl den Weg durch die unscheinbare Gasse finden, komme aber zu dem Schluss, dass es mit Sicherheit ohnehin kaum Reisende gibt, die es in dieses Dorf verschlägt. Viele Übernachtungsgäste wird diese Herberge nicht haben. Vielleicht dient das Gebäude auch als Taverne, in der sich die Leute abends zusammenfinden, um Met und Ale in geselliger Runde zu trinken.

Jetzt gerade sehe ich niemanden. Ein tiefer Friede schwebt über diesem Ort, eine ganz besondere Ruhe. Ich fühle mich an das Kloster erinnert, in das ich einst gerufen wurde, um eine Weißkopfspinne zu erlegen, die Priesterinnen eingesponnen und ausgesaugt hatte. Nachdem die Bestie ihr Ende gefunden hatte, lag über dem uralten Gemäuer eine ähnliche Stimmung, wie ich sie hier wahrnehme.

Ein Baum in der Mitte des Hofs steht in voller Blüte, schneeweiß reckt er seine Äste dem Himmel entgehen. Ich gehe darauf zu, will nur kurz in seinem Schatten verharren.

Und da sehe ich sie.

Odine.

KAPITEL 7

Odine

Sie ist so weiß wie die Blüten des Baumes, der seine Äste schützend über sie streckt. Fasziniert stehe ich vor ihr. Meine Fingerspitzen treffen auf kalten, glatten Stein. Leblos blicken Steinaugen ins Leere. Doch der Ausdruck, den der Steinmetz auf dem Gesicht eingefangen hat, ist so lebendig.

Ich blicke in mein eigenes Gesicht.

Nein. In Nishas Gesicht, das meinem bis ins kleinste Detail gleicht.

Schweigend haben wir drei uns vor der Statue versammelt, die Oona im Innenhof entdeckt hat. Leise rauscht der Wind durch die Zweige und lässt einzelne Blüten auf die Steinstatue herabrieseln. Behutsam fege ich sie mit der Hand von Nishas Abbild, von ihrem Kopf und von ihren Schultern.

Wenngleich aus hartem Marmor gefertigt, wirkt sie auf mich zerbrechlich. Obwohl ihre Hände es offenbar gewohnt waren, zu arbeiten. Sie trägt kein kostbares Kleid, wie ich es in meinem früheren Leben getragen hatte. Ihre Beine stecken in weiten

Hosen, wie die Leute im Dorf sie tragen. Ihre weite Bluse umspielt ihre Figur. Wie lebensecht sie aussieht. Ich kann kaum aufhören, zu staunen. Es ist ein verrücktes Gefühl, ihr gegenüberzustehen und mich in ihr wiederzuerkennen.

»Das ist Nisha. Der Name des Mädchens ist Nisha, nicht wahr?«

Dariels Stimme reißt mich aus meinen Gedanken.

Ich habe gar nicht gemerkt, dass wir nicht mehr allein sind. Jetzt sehe ich sie auch, die ältere Frau, die aus der Herberge getreten ist und unschlüssig in der Tür steht, nachdem Dariel sie angesprochen hat. Ihre Miene ist schwer zu lesen, die Züge ausgezehrt von vielen Jahren harter Arbeit und vermutlich vielen Entbehrungen. Doch sie strahlt eine Stärke aus, steht dort wie ein unbeugsamer Baum, der Stürmen trotzt, weil seine Wurzeln tief ins Erdreich reichen.

Nur kurz zögert sie, dann zieht sie das dunkelrote Fransentuch enger um ihre Schultern und kommt auf uns zu. Auf mich, um genau zu sein.

Ihre hagere Hand umfasst mein Kinn, hart und fest wie eine Metallklammer. Sie blickt mich forschend mit ihren schwarzen Vogelaugen an. Sie ist so viel kleiner als ich, obwohl ich selbst nicht gerade groß bin. Trotzdem flößt sie mir Respekt ein. Schweigend halte ich ihrem Blick stand.

Auf einmal wird ihr Gesicht weicher. Sie streichelt

über meine Wange, nur ganz kurz, bevor sie die Hand wieder sinken lässt.

»Du siehst aus wie sie«, sagt sie leise.

Ich muss schlucken, mein Mund ist staubtrocken, und meine Kehle kratzt. »Kennst du sie ... Nisha? Lebt sie hier? Kann ich sie treffen? Bitte führe mich zu ihr.«

Sie lacht so laut auf, dass ich im ersten Moment erschrecke.

»Was ist so lustig?«, fragt Dariel finster, der sich neben mir aufgebaut hat. Obwohl von der Frau wohl kaum eine Gefahr ausgeht, scheint er es auch jetzt als seine Aufgabe anzusehen, mich zu beschützen.

Sie schaut ihn gar nicht an. »Mädchen. Ich werde dich nicht zu Nisha führen.«

»Bitte!«, stoße ich hervor. »Du verstehst nicht, wie wichtig es ist. Mir liegt alles daran.«

Sie hört auf zu lachen und mustert mich stattdessen voller Mitleid. »Ich kann dich nicht zu ihr führen, weil sie nicht mehr hier lebt. Sie lebt gar nicht mehr. Nisha ist vor vielen Jahren verstorben.«

KAPITEL 8

Oona

Kaum ein Wort gibt sie mehr preis, nachdem sie uns verraten hat, dass Nisha ein Mädchen war, das vor vielen Jahren hier lebte. Tausend Fragen jagen mir durch den Kopf, und ich bin sicher, dass es Odine und Dariel nicht anders geht. Ich will die Frau packen und die Antworten auf alle Fragen aus ihr herausschütteln. Wieso auch nicht? Wieso sollten wir sie nicht schütteln?

Odine legt die Hand auf meinen Unterarm. Bei dieser ungewohnten Berührung zucke ich unwillkürlich zusammen und vergesse für einen Moment beinahe meine Ungeduld.

»Gib ihr Zeit«, sagt sie so leise, dass die Frau es nicht hört. »Wir bleiben über Nacht im Dorf. Bis morgen hat sie ihre Gedanken vielleicht sortiert. Vielleicht spricht sie dann mit uns. Bestimmt. Ich glaube daran.«

Mir ist es ein Rätsel, wie sie so ruhig bleiben kann. Ich weiß doch, dass auch sie auf Antworten brennt, wenngleich aus anderen Gründen als ich. Ich will erfahren, wie Nisha und Marus miteinander zusammenhängen. Mit Sicherheit steche ich in ein Wespennest, wenn ich weiter nachforsche. Wenn ich es nicht täte, hätte ich keine Sekunde mehr Ruhe.

»Eine Nacht«, zische ich.

Der düstere Blick der Frau richtet sich auf mich. Auf einmal bin ich doch nicht mehr so sicher, dass sie unseren kurzen Wortwechsel nicht gehört hat.

Dariel räuspert sich. »Wir brauchen einen Platz zum Übernachten.«

Das Grinsen, das über das Gesicht der alten Frau huscht, lässt sie mit einem Mal um zwanzig Jahre jünger wirken. »Schwierig, zu dieser Jahreszeit sind wir immer sehr überlaufen. Aber mit etwas Glück kann ich noch drei freie Betten auftreiben.«

Wir sind die einzigen Gäste. Natürlich sind wir das.

Am Abend sitzen wir im Schankraum. Megara, wie sich uns die Frau vorgestellt hat, bringt Honigwein und Eintopf. Plötzlich ist sie redselig und geschwätzig, plaudert über die Ernte und vieles mehr. Doch wann immer ich drauf und dran bin, sie nach Nisha zu fragen, scheint sie das instinktiv zu spüren und eilt davon, um neuen Met oder einen Putzlappen aus der Küche zu holen. Missmutig rühre ich in meinem Eintopf und frage mich, seit wann ich eigentlich so leicht zu lesen bin.

Das ein oder andere Mal stecken andere Dorfbewohnerinnen und -bewohner den Kopf zur Tür herein und machen große Augen, als sie uns Fremde hier sitzen sehen. Mir entgeht nicht, dass Megara kurze, bedeutungsschwere Blicke mit ihnen austauscht, bevor sie eilig das Weite suchen. Sobald wir weg sind, wird sie jedem ganz genau erzählen müssen, was wir hier wollten.

Entweder das, oder sie verständigen sich stillschweigend darauf, uns im Schlaf zu überwältigen und noch heute Nacht auf einem Scheiterhaufen zu verbrennen.

»Keine Ahnung, ob es sinnvoll ist, dass wir hier gelandet sind.« Dariel schaufelt sich einen großen Löffel Eintopf in den Mund. »Aber es tut verdammt gut, ein Dach über dem Kopf und warmes Essen im Bauch zu haben, das wir nicht erst jagen oder sammeln und notdürftig garen mussten. Zu wissen, dass wir heute in einem Bett schlafen werden. Einem richtigen Bett.«

»Es ist sinnvoll.« Odine hat ihr Essen kaum angerührt, obwohl auch sie hungrig sein muss. Ihre Wangen sind nicht mehr so rosig und prall, die letzte Zeit hat sie sichtbar ausgezehrt. Entschlossenheit glänzt in ihren Augen, ihre Pupillen sind weit. »Nisha hat mich hierhergeführt. Ihr habt die Statue gesehen, an ihrer Existenz könnt ihr also nicht länger zweifeln.

Nisha ist echt, und sie versucht, mir etwas mitzuteilen.«

Dariel seufzt tief. »Ja, natürlich. Es steckt etwas dahinter. Etwas, was wir noch nicht begreifen. Aber du sagst selbst, dass wir Megara bis morgen Zeit lassen sollen, um alles sacken zu lassen. Gib dir selbst doch auch Zeit, Odine. Diesen einen Abend. Gönne dir eine Pause. Die brauchen wir alle, du vielleicht am meisten. Versuche, dir für ein paar Stunden nicht den Kopf zu zerbrechen. Morgen sehen wir weiter.«

Wir.

Auf einmal werde ich wie selbstverständlich in eine Gruppe einbezogen, die ich vor Kurzem nicht kannte und dann nur als Beute sah.

Plötzlich bin ich Teil eines Wir.

Ich weiß nicht, wie ich das finden soll.

KAPITEL 9

Odine

Als sich die Zimmertür hinter uns schließt, sind wir zu zweit. Zum ersten Mal, seit wir die Jägerin gefangen genommen haben. Zumindest haben wir uns eingebildet, wir hielten sie gefangen. In Wirklichkeit hat sie völlig entspannt darauf gewartet, die Fesseln bei passender Gelegenheit abzustreifen.

Jetzt hat Oona ein eigenes Zimmer und ist durch die Wand von uns getrennt.

Auf dieser Seite der Wand sind es Dariel und ich. Da es keine weiteren Gäste gibt, hätten wir problemlos ebenfalls in getrennten Zimmern Platz gefunden. Doch irgendwie kam das für uns beide nicht infrage. Seit unserer Flucht haben wir kaum einen Moment getrennt verbracht. Ohne ihn wäre die Einsamkeit mit voller Wucht über mich hereingebrochen, das weiß ich. Seine Nähe hält die Schatten fern.

Zwei schmale Betten, je zu einer Seite des Fensters. Eine geschlossene Tür. Wir beide. Und auf einmal ist das Schweigen in diesem Raum sehr laut.

Achtlos liegt das Collier, meine Lebensversicherung, auf dem Tisch. Im schwachen Licht wirken die geschliffenen Steine matt, das Gold glanzlos. Daneben hängt das Reitkleid über der Stuhllehne. Es ist viel praktischer als die meisten Kleider, die ich in meinem alten Leben trug. Trotzdem hat es gutgetan, das staubige Reisegewand abzulegen. Ich versinke förmlich im weiten Nachthemdchen aus dünnem Leinen, das bis zu meinen Knöcheln reicht und das Megara mir geliehen hat. Wenngleich es meinen Körper verbirgt, fühle ich mich darin nackt.

Um meine Verlegenheit zu überspielen, setze ich mich auf mein Bett und löse den Zopf, zu dem ich meine Haare geflochten hatte. Wieder der Kampf gegen Knoten und Haarnester, den ich so einfach vermeiden könnte, würde ich zum Messer oder zur Schere greifen und die allzu langen und unpraktischen Haare abschneiden. Noch immer wehre ich mich dagegen.

»Wenn wir Silberfels erreicht haben ...« Kaum ist der Gedanke in meinem Kopf aufgetaucht, ist er auch schon aus meinem Mund hinaus.

Ich breche mitten im Satz ab, aber Dariel greift die Bemerkung auf. »Was soll dann sein? Wir suchen uns ein Schiff. Und dann lassen wir Gara hinter uns. Das ist der einzige Weg, deine Verfolger abzuschütteln, die sogar Blutjäger hinter dir herschicken.«

Das ist es, was mich mit Sorge erfüllt. Bisher konnte ich mich auf einen Schritt nach dem anderen konzentrieren, musste selten weiter in die Zukunft schweifen, doch hier, in diesen schützenden Mauern, komme ich zum Nachdenken. »Aber was dann, Dariel? Was wartet dann auf uns?«

»Die Welt«, erwidert er schlicht.

Das ist so viel, so groß, dass mir schwindelig wird.

Er scheint das zu bemerken, denn er setzt sich zu mir aufs Bett. »Hab keine Angst davor. Es wird ein Abenteuer. Natürlich lauern dort draußen Gefahren, aber gibt es die nicht in Gara auch? Bestien, die Menschenfleisch fressen. Dunkle Magie, die niemand so recht versteht und die auf Blut basiert. Düsterer Aberglaube, der das Land fest im Griff hat. Wie viel schlimmer kann es schon werden?«

Ich runzle die Stirn. »Sag du es mir. Du warst schon anderswo, auch wenn du damals noch sehr jung warst. Und du sprichst davon, dass es anderswo Fortschritte gibt, von denen Gara nur träumen kann.«

»So ist es auch. Ich weiß, Gara ist deine Heimat. Aber dieses Land ist nur ein winziger Kontinent, durch den Ozean getrennt von vielen weiteren, größeren Ländern, die in vielerlei Hinsicht weiter entwickelt sind. In denen Kultur und Wissenschaft Licht erstrahlen lassen, gegen das Gara dunkel und matt erscheint. Ich weiß auch nicht viel, aber davon bin ich überzeugt.«

Seine Leidenschaft könnte ansteckend sein, wenn meine Skepsis nicht so groß wäre.

»Der einzige Fortschritt, den ich aus anderen Ländern kenne, ist eine Maschine, die Feuer und Metallkugeln spuckt und Menschen tötet«, merke ich an. »Ein effektiverer Weg zu töten. Schöner Fortschritt.«

Sein Lächeln fällt etwas schief aus. »Punkt für dich. Aber du würdest staunen, wenn du wüsstest, was es sonst noch so gibt. Was gäbe ich dafür, all das mit eigenen Augen sehen zu dürfen. Wann immer ich jemanden treffe, der schon gereist ist, lasse ich nicht locker, bis er mir alles erzählt, was er gesehen hat.«

Während Dariel neben mir auf dem Bett sitzt, berichtet er. Er spricht von großen Kutschen, die mit Dampf betrieben werden und ganz ohne Pferde auskommen. Von Geräten, die Licht spenden, ohne dass man einen Docht, Kerzenwachs oder brennbares Öl benötigt. Von einem Kasten, aus dem Musik dringt, auch wenn niemand da ist, um ein Instrument zu spielen. Mit großen Augen und offenen Ohren lausche ich. All das klingt für mich nach Magie, aber Dariel beharrt darauf, dass es etwas anderes ist: Technologie. Etwas, was ich nicht begreife und er auch nicht, was er aber verstehen lernen will.

Was mich noch mehr fasziniert als diese Errungenschaften, die er beschreibt, ist das Feuer in seinen Augen. Er interessiert sich für so vieles, ist wissbegierig. Brennt darauf, mehr kennenzulernen und mehr zu erfahren. So viele Jahre lang habe ich ihn als jemanden gesehen, der bei Hofe angestellt ist. Einer von vielen Lehrern, die aus meiner Sicht nicht mehr waren als Bedienstete. Allmählich begreife ich, dass er mir in einigem überlegen ist. Je länger ich ihm zuhöre, desto mehr springt sein Feuer auch auf mich über.

»Wohin fahren die Schiffe von Silberfels aus? Welche Häfen steuern sie an? Wie heißen die Kontinente, die Länder, die es dort draußen gibt?« Mein Wissen endet an den Steilküsten Garas. Dort, wo das Land in Wasser übergeht, ist meine Welt zu Ende.

»Es gibt Magarien tief im Süden.« Er klingt, als sei er selbst nicht ganz sicher. Ein wenig wie ein Kind, das eine Geschichte nacherzählt, die es von den Eltern gehört hat. Ohne zu wissen, ob es sich um die Wahrheit oder ein Märchen handelt. »Dort bedeckt feiner Sand den Boden, so heiß, dass man sich die Hand verbrennt, wenn man ihn berührt. Das Landesinnere ist lebensfeindlich, doch um die Küsten ziehen sich prachtvolle Städte. Die weißen Türme sollen sich endlos hoch in den Himmel recken. Daneben glänzen goldene Dächer in der Sonne. Ich habe gehört, dort leben sehr weise Köpfe. Die Straßen sind angeblich sauberer als irgendwo sonst, weil die Menschen unterirdische Systeme entwickelt haben, mit denen sie jeglichen Unrat beseitigen können. Und im Norden? Dort schwimmt Eis auf dem Meer. Das Land jenseits des Ozeans ist schroff und schneebedeckt. Dort ist es viel kälter als auf Gara selbst im tiefsten Winter. Die Menschen sprechen mit Wölfen und lesen aus den Sternen wie aus Büchern.«

»Wir werden all das sehen«, sage ich lächelnd und spüre dabei ein Kribbeln und Ziehen in meinem Bauch. »Mit unseren eigenen Augen. Wir werden mit der Kutsche fahren, die nicht von Pferden gezogen wird. Wir werden zu der Musik tanzen, die aus dem mechanischen Kasten dringt, als würden unsichtbare Geister auf Instrumenten spielen.«

Werden wir das? *Gemeinsam?*

Dariel redet von einem Leben jenseits des Ozeans, als wäre er dann noch an meiner Seite. Und auch ich spreche von einem Wir, von einem Uns.

Wie naiv.

Aber ich will daran glauben. Ich vermeide den Blick zum Collier und weigere mich, daran zu denken, dass unsere gemeinsame Zeit begrenzt ist. Um mich von den quälenden Gedanken abzulenken, konzentriere ich mich umso mehr auf meine Haare, zupfe wie besessen an den verknoteten Stellen herum und stoße einen Fluch aus, für den meine Mutter mir die Ohren lang gezogen hätte.

Und plötzlich sind da Dariels Hände. Er rückt näher, setzt sich ganz dicht hinter mich. Wie schon einmal fasst er behutsam in mein Haar, um mir zu helfen. Mir bleibt der Atem weg, als ein Kribbeln von meiner Kopfhaut ausgehend durch meinen ganzen Körper schießt. Ich schließe die Augen und konzentriere mich ganz auf die Empfindung und seine Nähe.

Auf einmal spüre ich glatte Zinken, ein Gefühl, das mir mehr als vertraut ist: ein Kamm! Wie oft wurden meine Haare damit von Zofen gekämmt? Aber so einen Gegenstand besitze ich jetzt nicht mehr.

Ich reiße die Augen auf, drehe mich auf dem Bett um und knie Dariel gegenüber. Eine meiner Haarsträhnen ist noch in seiner Hand – und zwischen den Zinken des Holzkammes.

Langsam dämmert mir, was das bedeutet, doch ich kann es kaum glauben. »Den hast du … für mich gemacht?« Als er geschnitzt hat, ohne mir zu zeigen, an was er arbeitet … Hat er ein Geschenk für mich gemacht? Der Kamm ist nicht so prunkvoll wie meine vorherigen. Er ist nicht mit Juwelen besetzt und nicht mit filigranen Schnörkeln verziert. Doch er ist mit Verstand gefertigt. Glatt geschliffen und ohne raue Stellen oder Kanten.

Sogar ich, die von Schnitzarbeiten keine Ahnung habe, erkenne, wie viel Mühe in so einem Stück steckt. Wann hat er auf unserer Reise überhaupt die Zeit dazu gefunden? Er muss in jeder freien Minute daran gearbeitet haben.

»Ist nichts Großes.« Er zuckt mit den Schultern.

Doch, das ist es. Mein Herz ist auf einmal so voll.

Das Braun von Dariels Augen wirkt noch wärmer als sonst. Ein Glanz liegt darin, den ich schwer deuten kann. Er hat etwas Verletzliches an sich. Als könnte ein falsches Wort von mir etwas zerbrechen, was so filigran ist, dass ich es weder sehen kann, noch zu fassen bekomme.

Ich will ihm sagen, dass er nicht gehen soll, auch dann nicht, wenn unsere Flucht geglückt ist. Dass er bei mir bleiben soll, weil ich doch außer ihm nichts und niemanden habe. Und dass ich mich mit ihm anders fühle als jemals zuvor in meinem Leben.

Doch kein Wort kommt über meine Lippen. Trotzdem ist mir so, als könnte er die unausgesprochene Bitte hören.

Der Kamm fällt aufs Bett. Dariel zieht mich nicht an sich. Er breitet nur die Arme aus, und ich fliege förmlich hinein. Meine Lippen finden seine, als gäbe es nichts Natürlicheres auf der Welt. Als hätte ich ihn schon hundert-, schon tausendmal geküsst. Wie automatisch finde ich meinen Weg zu ihm, schmiege mich an ihn, spüre seine starken Arme um mich.

Sanft küsst er mich. Doch das ist es nicht, was ich will. Ich will mehr. Will ihn spüren, will echtes Verlangen spüren. Etwas, was mich meine Ängste und Verluste vergessen lässt. Als ich seine Unterlippe zwischen meine Zähne ziehe, keucht er verblüfft auf. Nur für einen Moment hält seine Überraschung an, dann verändert sich etwas zwischen uns. Etwas in unserem Kuss. Augenblicklich wird er fordernder, leidenschaftlicher.

Noch nie bin ich körperlich weiter gegangen. Nie gab es für mich mehr als heimliche Küsse, über die man stillschweigend hinweggesehen hat. Sich jemandem ganz hinzugeben, wäre für eine Prinzessin undenkbar gewesen. Nicht, dass ich es nie gewollt hätte. Doch ich wäre dann keine Heiratspartie mehr gewesen und hätte Schande über meine Familie gebracht. Dass für meine Brüder andere Regeln gelten und nicht nur eines, sondern zwei Augen zugedrückt wurden, versteht sich von selbst. Wenn ich an diese Ungerechtigkeit denke, wallt trotziger Unwille in mir auf.

Nie hat mich gestört, dass meine Brüder als Männer ihr Schicksal selbst lenken können, während mich die Gesellschaft und der Wahrspruch leiten sollen. Im Gegenteil, ich habe mich in meiner Rolle wohlgefühlt. Nun erst, mit etwas Abstand, spüre ich das Gewicht der goldenen Ketten, die ich getragen habe.

Jetzt ist alles anders. Die alten Spielregeln gelten nicht mehr. Ich bin allein und verlassen, aber das hat auch etwas Gutes. Niemand ist mehr da, um mir zu sagen, was ich zu tun und zu lassen habe. Niemandes Blicke verurteilen mich.

Doch selbst wenn: Das, was ich mit Dariel gefunden habe, ist so viel größer und wichtiger als alles, was ich bisher kannte. Dieser Mann ist es wert, gegen Regeln zu verstoßen. Dariel liebkost mich mit seinen Lippen, und mir wird klar: Selbst wenn alle Adligen des Hofes mit dem Finger auf mich zeigten, würde ich mich jetzt nicht davon abbringen lassen, mich ihm hinzugeben. Sein Kuss lässt mein Herz verrücktspielen.

Ich will dich nicht verlieren.

Habe ich es geflüstert? Nein, nur gedacht. Doch die Worte erfüllen meinen ganzen Kopf.

Ich liebe dich.

Noch etwas, was ich nicht ausspreche, auch wenn mein Herz diese Wahrheit in die Welt hinausschreien will.

Dariels Berührungen werden fordernder. Es fällt mir schwer, noch einen klaren Gedanken zu fassen, während ich mich ihm entgegendränge. Seine Hand scheint in Flammen zu stehen, als sie über meine Wange fährt. Oder bin ich es, die brennt? Mit seinem Daumen berührt er meinen Mundwinkel. Unwillkürlich öffne ich die Lippen.

Im Gebälk knackt es. In diesem Zimmer in einem kleinen Haus in einem winzigen Dorf sind wir ganz für uns. Es gibt niemanden jenseits dieser Wände, der von Bedeutung wäre. Keine Gefahren lauern außerhalb dieser Mauern. Es gibt nichts, was mir etwas anhaben kann.

Durch den dünnen Stoff des Nachthemdes spüre ich die Hitze von Dariels Körper. Noch immer ist er zu weit weg. Ungeduldig ziehe ich ihn noch näher an mich heran.

Er umschließt mich mit seinen Armen. Dort, ganz nah bei ihm, vergesse ich alle Bestien und Wahrsprüche, ich vergesse Jäger und mein eigenes Schicksal. Ich spüre Dariels Hände, seinen Atem auf meiner Haut. Seinen Körper ganz nah an meinem. Und ich weigere mich, zu denken.

Alles, was ich will, ist, zu fühlen. Und das ist es, was ich tue.

»Komm! Komm mit mir«, wispert sie, und ich folge ihrem Ruf. Ihrem leisen Drängen, das mir keine Wahl lässt. Unsichtbare Fäden leiten mich wie eine Marionette, zwingen mich, mich vom Bett zu erheben.

Schwer und beschützend liegt Dariels Arm auf mir. Tief und friedlich atmet er weiter, als ich mich aus seiner Umarmung winde und aufstehe.

Mondlicht fällt zum Fenster herein. Es scheint durch mich hindurch, aus mir heraus, als wäre ich ganz aus Kristall.

Auf einmal bin ich draußen. Die Füße, die mich tragen, sind die des Mädchens. Sie laufen über die Wiese. Kratzer übersäen meine Beine und brennen wie Feuer. Die hohen Gräser, die aus der Ferne weichen Wogen ähneln, sind scharfkantig wie dünne Messer.

Renne ich? Oder sie? Ist es mein Körper oder ihrer?

Sie ist neben mir, reicht mir die Hand. Ich ergreife sie, halte sie ganz fest und spüre ihre Wärme durch den eisigen Wind. Ist es Tag oder Nacht? Gerade habe ich noch den Mond gesehen, jetzt ist davon nur ein kränklicher Schein übrig. Egal. Ich träume nur, nicht wahr? Was kümmert mich, woher dieses diffuse Licht stammt, das die Gräser wie aus einer anderen Welt wirken lässt.

Sie zerrt mich immer weiter, immer schneller. Ich habe keine Zeit, mich umzusehen. Weiter, einem Ziel entgegen, das sie kennt, ich jedoch nicht. Weiter über die Wiese, die um uns wogt. Wir fliegen förmlich dahin, Seite an Seite, Hand in Hand, sind eins.

Der Wind fährt durch mein hauchdünnes Nachthemdchen, aber die Kälte macht mir nichts aus. Auch der Schmerz von den zahlreichen feinen Schnittwunden, die die Halme mir zufügen, kann mir nichts anhaben.

»Mädchen«, will ich rufen, »Nisha.«

Meine Lippen bewegen sich nicht, aber ich weiß, sie kann mich hören. In ihrem Blick, den sie mir zuwirft, liegt eine unbestimmte Traurigkeit, diffus und verwirrend wie das Licht um uns herum.

Ich weiß genau, wohin sie mich bringt.

Zu den Klippen.

KAPITEL 10

Oona

Die Stille kribbelt mir unter der Haut. Das Nichtstun und Warten machen mich wahnsinnig. Ich will wissen, was die Verbindung zwischen Marus und Odine ist, zwischen Nisha und Odine, zwischen Nisha und Marus.

Probleme mit dem Einschlafen sind mir eigentlich fremd. Jetzt wälze ich mich unruhig hin und her, hadere mit meinen Entscheidungen. Meine Gedanken drehen sich im Kreis, Runde um Runde, und führen doch zu nichts. Wie sinnlos, das ist die reinste Zeitverschwendung. Was geschehen ist, ist geschehen. Meine Handlungen kann ich nicht rückgängig machen. Was die Zukunft bringt, wird sich zeigen.

Xaron hätte nie so gehandelt. Sich nie gegen Marus und die Jägergilde gestellt.

Ich muss an die vielen Momente denken, in denen wir darum gekämpft haben, die besten und stärksten Jäger zu werden, die Gara gesehen hat. Wie sehr wir uns bemüht haben, Marus stolz zu machen. In einem Wimpernschlag habe ich alles hingeworfen, wofür ich gelebt habe.

Mich gegen einen Jäger zu wenden, ist Hochverrat.

Mich gegen Marus' Willen zu stellen, unverzeihlich.

Odine und Dariel laufen zu lassen und dann in den Schoß der Gilde zurückzukehren, als wäre nichts passiert, ist keine Option. Selbst wenn ich jetzt doch beschließen würde, die verstoßene Prinzessin auszuliefern, würde mich der Orden nicht mit offenen Armen empfangen.

Marus' Liebling, das war ich einmal. Seine liebste Jägerin. Das war mir das Wichtigste. Jetzt habe ich sein Vertrauen verloren, und mir wird mit voller Härte klar, wie wichtig mir dieser Mann ist. Ohne ihn wäre ich nichts.

Bevor ich zu den Jägerinnen und Jägern gekommen bin, hatte ich nichts und niemanden. Jetzt bin ich ebenso verloren wie damals als kleines Kind. Nur, dass es jetzt keinen Marus gibt, der seine rettende Hand nach mir ausstreckt und mich in eine Gemeinschaft aufnimmt, in der ich Teil von etwas war und eine Aufgabe hatte. Eine Aufgabe, die weder leicht noch schön war, die mir aber einen Weg vorgegeben hat.

Ungeduldig schnaufe ich und werfe mich im Bett auf die andere Seite. Warum ist dieses Bett eigentlich so weich? Die Wärme im Zimmer erstickt mich. Fast wünsche ich mich hinaus, in die raue Wildnis, in die Kälte und zu den Gefahren, die mir vertrauter sind als diese warme Weichheit.

Unnatürlich laut hallt ein Geräusch durch die Stille, eigentlich nur ein leises Knacken, das aber sofort meine Aufmerksamkeit weckt. Die Härchen auf meinen Unterarmen stellen sich auf, sämtliche Schläfrigkeit ist auf einen Schlag verflogen. Ich bin hellwach, meine Sinne geschärft. Mit angehaltenem Atem lausche ich in die Finsternis und versuche zu ergründen, was für ein Geräusch das war.

Nichts hält mich mehr im Bett. Lautlos erhebe ich mich. Jemand ist im Haus, jemand bewegt sich in diesen vier Wänden, oder spielen mir meine Sinne einen Streich? Natürlich könnte es sich um alle möglichen Personen handeln. Megara lebt hier, nebenan schlafen Dariel und Odine. Außerdem kann ich nicht ausschließen, dass auch andere Gäste hier nächtigen. Schließlich ist und bleibt das hier eine Herberge.

Dennoch werde ich das Gefühl nicht los, dass etwas nicht stimmt.

Ich setze meine Füße nur ganz sachte auf den Boden, damit die Dielen nicht knarren. Ich habe Megaras Angebot abgelehnt, eines ihrer Nachthemden zu tragen, und nur meine Lederrüstung ausgezogen. Die praktische dunkle Unterkleidung, bestehend aus einem Hemd und einer schmalen Hose, trage ich noch immer. Ich bin jeden Augenblick einsatzbereit, wenn es nötig sein sollte. So wie jetzt.

Nur ein Moment, bis ich in die Stiefel geschlüpft bin. Der Neuntöter schmiegt sich in meine Hand, mit der anderen öffne ich vorsichtig meine Zimmertür.

Stille und Dunkelheit auf dem Gang – und dann ein leises Klicken, das mir einen Schauer über den Nacken jagt. Obwohl meine Schulter verheilt ist, pocht sie schmerzlich, als würde sie sich an die Verletzung erinnern. Kaltes Metall drückt sich gegen meinen Rücken, ich spüre es durch den Leinenstoff meines Hemdes.

»Was hast du mit ihr gemacht?« Dariels Stimme klingt zum Zerreißen gespannt.

Er wird nicht abdrücken, das weiß ich. Er ist nicht der kaltblütige Typ. Will mir eigentlich nichts tun. Also gehe ich das kalkulierte Risiko ein. Ich drehe mich blitzschnell herum und reiße den Neuntöter hoch. Ein metallisches Sirren ertönt, und die Dolchklinge schnellt hervor.

Mit angehaltenem Atem stehen wir einander gegenüber. Das schwache Licht der Petroleumlampe, die an der Decke baumelt, spiegelt sich in unseren aufgerissenen Augen. Der Lauf seines Revolvers ist auf meine Brust gerichtet, die blanken Klingen meines Dolchs auf seine Kehle.

So viel dazu, dass ich jetzt Teil einer Gemeinschaft

bin, denke ich mit einem Anflug von bitterem Humor. Von Augenblick zu Augenblick kann alles kippen. Der Friede ist zerbrechlicher, als er sich vorhin noch angefühlt hat.

Dariel atmet schwer, seine Haare sind zerzaust und sein Blick so verwirrt, als sei er gerade erst aus dem Schlaf gerissen worden, was wohl auch er Fall ist.

»Was hast du mit ihr gemacht?«, fragt er erneut.

»Mit wem?«, antworte ich gedehnt, obwohl mir natürlich klar ist, von wem er spricht. Denkt er in seiner schläfrigen Verwirrung ernsthaft, ich hätte Odine etwas angetan?

Aber auch in mir macht sich Unruhe breit. Denn dass er so aufgebracht im Flur steht und mit seinem wichtigtuerischen Revolver herumfuchtelt, heißt, dass Odine nicht friedlich im Zimmer in ihrem Bett liegt und schlummert.

Fahrig sieht er sich um und lässt den Revolver dann einfach sinken. Hätten wir einander ernsthaft bedroht, statt unsere Waffen nur instinktiv wie zwei nervöse Ochsen aufeinander zu richten, hätte er jetzt schlechte Karten gehabt. Denn meinen Neuntöter halte ich nach wie vor fest umfasst. Aber Dariel ist mit seinen Gedanken ganz woanders. Bei Odine.

»Ich bin aufgewacht, vielleicht von einem Geräusch … Ich weiß nicht.« Mit der freien Hand wischt er sich die Haare aus der verschwitzten Stirn. Mir fällt auf, dass sein Oberkörper nackt ist und seine Hose schief geschnürt, als hätte er sie gerade erst hastig angezogen. Wie unvernünftig, sich ganz unbekleidet schlafen zu legen. Das würde mir nicht passieren, schließlich weiß man nie, welche unvorhergesehenen Gefahren einen aus dem Schlaf reißen. »Sie ist nicht mehr im Zimmer.«

Wir überlegen nicht lange und richten unsere Waffen nicht weiter gegeneinander. Schon haben wir ein gemeinsames Ziel. Freunde sind wir vielleicht nicht, aber eine Zweckgemeinschaft. Ihm liegt viel an Odine. Ich brauche sie, um hinter das Geheimnis zu kommen, das mich beschäftigt. Wir beide wollen sie finden.

»War jemand im Haus? Hat jemand sie verschleppt?« Er klingt angespannt.

Ich halte mich nicht mit Fragen auf. Zeit zu verlieren, ist der größte Fehler, den man auf der Jagd begehen kann – und vermutlich auch auf der Suche nach verloren gegangenen Prinzessinnen.

Dass jemand reingekommen ist, um sie zu entführen, glaube ich nicht. Davon wäre ich früher hochgeschreckt. Es sei denn, der- oder diejenige hätte die Fähigkeit, sich beeindruckend leise fortzubewegen.

Einer der Dorfbewohner? Wohl kaum. Die haben mich mit einer Mischung aus Misstrauen und Abscheu betrachtet, Odine jedoch nicht. Außerdem habe ich im gesamten Dorf niemanden gesehen, dem ich eine lautlose Entführung zutraue.

Megara? Sicher nicht. Ich vertraue nicht schnell, bin jedoch sicher, dass sie keinem von uns etwas Böses will. Außerdem kann ich tiefe Atemzüge hinter ihrer Schlafzimmertür hören, wenn ich für einen Moment selbst die Luft anhalte und angestrengt lausche.

Xaron? Andere Jäger, die ausgesandt wurden? Nein, nicht so schnell. Dazu ist es noch zu früh, die Wege sind zu weit. Bislang kann niemand außer Xaron von meinem Verrat wissen – und der würde nicht wagen, auf eigene Faust zu handeln, ohne Marus' Segen und seine Anweisungen einzuholen.

Eine Bestie? Eine blutrünstige Kreatur, die geräuschlos ins Haus gelangt ist? Möglich. Meine Gedanken rasen. Ich stelle mir die ledrigen Schwingen und unterarmlangen Zähne eines Flederbiests vor.

Dennoch halte ich nicht an. Kalte Nachtluft schlägt mir ins Gesicht, als ich aus der Hütte stürme und mich umsehe. Mit einem kurzen prüfenden Blick versuche ich mir einen Überblick zu verschaffen. Keine Spur von Odine.

Weit kann sie nicht sein. Es ist nicht lange her, dass mich das Geräusch aufgeschreckt hat. Dariel hat mich aufgehalten, aber nicht so lange, dass Odine sich weit entfernt haben kann.

Das Dorf ist wie ausgestorben, alle Fensterläden sind geschlossen, die Türen zu. In der Finsternis liegt die Siedlung in einem tiefen, festen Schlaf. Niemand bemerkt mich, als ich loseile und mich nach Odine umsehe.

Die Phiole. Ich hatte sie mit etwas Stoff umwickelt, um die Wärme nicht unmittelbar auf der Haut zu spüren. Instinktiv habe ich darauf verzichtet, sie zu zerstören. Irgendetwas hat mir gesagt, ich könnte sie noch mal benötigen. Und schon ist dieser Moment gekommen.

Das Glas brennt förmlich zwischen meinen Fingern, als ich sie aus dem Stoffstreifen wickle. Das goldene Prinzessinnenhaar darin leuchtet sachte und kaum wahrnehmbar von innen heraus. Der magische Gegenstand weist mir den Weg.

Eine kräftige Hand rüttelt an meiner Schulter, Metall klimpert, weiche Nüstern schnauben mir warme Luft in den Nacken. Dariel drückt mir Lederriemen in die Hand: die Zügel eines der Pferde. Er hat sich in der Zwischenzeit rasch ein Hemd überzogen, sonst aber keine Zeit verloren.

Jetzt sind wir wieder ein Team. Das gemeinsame Ziel vereint uns. Wir nicken einander zu und nehmen Odines Verfolgung auf.

KAPITEL 11

Odine

Das Mädchen zieht mich erbarmungslos weiter, ohne sich darum zu kümmern, dass die Gräser mich schneiden und dass es in meiner Seite sticht. Sie verleiht mir Flügel, unsere Füße scheinen den Boden kaum zu berühren. Ich weiß nicht, ob wir vor etwas wegrennen oder auf etwas zu.

Ich renne über die endlose Wiese, den Klippen entgegen.

Das Bild wechselt, alles um mich ist anders, und ich kann unmöglich entscheiden, was real ist und was nicht: Auf einmal bin ich im Dorf, hole Wasser aus dem Brunnen, lache und scherze mit meinen Freundinnen.

Wieder ein Wechsel. Als wäre ich aus einem Traum erwacht und in einem anderen Traum gelandet. Oder als hätte eine magische Macht mich in eine andere Situation teleportiert.

Ich liege im weichen Gras, habe die Arme hinter meinem Kopf überkreuzt und suche Bilder in den Wolken. Ich bin nicht allein. Ein Gesicht schiebt sich vor den Wolkenhimmel, schöner als alle Traumbilder, die ich dort oben bestaune. Als der Mann eine Blume pflückt und sie mir ins Haar steckt, verdunkelt sich der Himmel, und die Wolken ziehen sich zu. Ich lächle und lasse zu, dass er mich in seine Arme zieht.

Ich renne – und er ist hinter mir her. Er wird mich einholen, ich weiß es.

Vor mir tost der Ozean. Gischt spritzt bis zu mir nach oben. Vor meinen Füßen geht es steil bergab, die schroffen Klippen fallen fast senkrecht ab und münden ins aufgewühlte Meer. Zu stürzen bedeutet den sicheren Tod. Zu bleiben bedeutet Schlimmeres.

Ich drehe mich zu ihm um. Will wider besseres Wissen an seine Menschlichkeit appellieren, ihn um Gnade bitten. Oder notfalls kämpfen.

Da steht er vor mir, der Mann, dem ich bereitwillig meine Küsse geschenkt habe und der mich nun niemals mehr in Frieden lassen wird, solange ich lebe.

Ich? Das ist jetzt Nisha. Aber was ist der Unterschied? Wo ende ich, wo beginnt sie?

Gerade noch war er Furcht einflößend wie eine Bestie. Jetzt lächelt er wieder. So sanft und liebevoll, dass ich einen Herzschlag lang fast darauf hereingefallen wäre und ihm mein Vertrauen geschenkt hätte. Er streckt die Hand nach mir aus, ich will sie ergreifen. Doch Nisha schreit mir in meinem Kopf eine Warnung zu. Wie kann jemand so lächeln und dahinter eine solche Grausamkeit verbergen? Aber ich glaube Nisha, weil ich ihre Furcht spüre, als wäre es meine eigene.

»Ich liebe dich«, sagt er mir.

Was er damit meint, weiß Nisha. Und ich weiß es auch.

Wie von selbst öffnet sich mein Mund.

»Niemals werde ich dir gehören.« Die Worte, verächtlich ausgespuckt, sind nicht meine, sondern Nishas. »Träum davon, so viel du willst. Du kannst mich nicht haben. Lieber sterbe ich.«

Es verstört mich, dass er immer noch lächelt, während er erwidert: »Es tut mir leid, das zu hören.«

Dann zieht er seine Waffe.

KAPITEL 12

Oona

Das Mondlicht verwandelt das wogende Gräsermeer in einen silbrigen Ozean, dessen Wellen im Wind vor und zurück rollen, vor und zurück, in einem endlosen, gleichmäßigen Rhythmus.

Wie schnell sie gelaufen sein muss. Zu Fuß, ohne Pferd. Allein, ohne jemanden, der sie entführt hat. Denn jetzt erblicke ich sie, und da ist überhaupt niemand bei ihr.

Scharf ziehe ich die Luft ein, als ich sie dort sehe, eine schmale Gestalt am Rand der Klippe. Den ganzen Weg muss sie gerannt sein. Warum um alles in der Welt sollte sie das tun? Wieso verlässt sie das sichere Haus, um sich allein hier draußen herumzutreiben? Es war ein gutes Stück bis zu den Klippen.

»Nein«, knurrt Dariel neben mir und treibt sein Pferd an. Das dichte Gras dämpft die donnernden Hufschläge. Ich will es ihm gleichtun, aber Odines Pferd kämpft gegen mich an, wirft den Kopf hin und her, sodass ich Mühe habe, die Zügel festzuhalten. Ich beiße die Zähne zusammen. Ich habe geglaubt, dieses Mistvieh hätte sich an mich gewöhnt. Aber ohne Odines beschwichtigende Anwesenheit hat die Stute offenbar nicht die geringste Lust, mich auf ihrem Rücken zu akzeptieren. Nach wenigen Augenblicken sind wir beide schweißgebadet, und ich beginne mich zu fragen, ob ich zu Fuß schneller gewesen wäre.

Dariel prescht voran. Aber kurz bevor er Odine erreicht, kommt sein Pferd so abrupt zum Stillstand, als wäre es gegen eine unsichtbare Wand gerannt. Wiehernd bäumt es sich auf, die Hufe wirbeln durch die Luft.

Ich habe zu ihm aufgeschlossen. Weich lande ich im Gras und direkt neben Dariel, als ich abspringe.

Es ist nicht mehr weit zu Odine. Sie steht mit dem Rücken zu uns. Der Nachtwind spielt mit ihren langen Haaren. Sie hat diese seltsam starre Haltung, wie wenn sie schlafwandelt.

»Ihre Füße«, murmelt Dariel.

Ich weiß, was er meint. Sie ist barfuß. Und ihre Füße bluten. Sie muss schlimme Schmerzen haben. Wäre sie bei Bewusstsein.

Doch das ist sie nicht, wie mir jetzt klar wird. Ich weiß es, noch bevor sie sich zu uns umdreht.

Ohne uns zu sehen, starrt sie in unsere Richtung. Auch diesmal fällt mir auf, dass ihre Augen nicht veilchenblau sind, sondern intensiv grün. Worauf ist ihr Blick gerichtet? Oder auf … wen?

Erschrocken reißt sie die Augen auf, ein Ruck geht durch ihren Körper, und sie krümmt sich zusammen. Mit beiden Händen fasst sie sich an die Brust. Ist sie verletzt? Hat irgendetwas sie getroffen – ein Pfeil, der aus dem Nichts kam? Nein, da ist nichts. Zumindest nichts, was ich von hier aus sehen kann.

Sie taumelt einen Schritt zurück, noch weiter auf die Kante zu. Ich keuche auf, renne schneller. In dem Moment will ich sie nur davor retten, in die Tiefe zu stürzen. Es geht mir nicht einmal darum, sie vor dem Sturz zu bewahren, damit ich mehr über Marus erfahren kann. Ich will einfach nicht, dass sie stirbt. Warum auch immer.

Sie lässt die Hände wieder sinken, richtet sich auf. Schüttelt leicht den Kopf, als wollte sie eine Benommenheit abschütteln. Erneut wendet sie sich um, dreht sich dem Abgrund entgegen. Sie steht jetzt so nah an der Kante, dass ihre Zehen über die Klippe stehen müssen. Verdammt, was macht sie da? Sucht sie den Tod?

Sie beugt sich vor.

»Nein! Odine!«, brüllt Dariel. Seine Stimme kippt. »Verdammt, komm da weg!«

Seite an Seite rennen wir auf die Prinzessin zu. In ihrem weiten weißen Hemdchen sieht sie so zerbrechlich aus, als könnte ein kräftiger Windstoß sie einfach über die Kante werfen. Doch so, wie sie sich vorbeugt, ist gar keine Böe nötig, um sie nach unten zu befördern.

Jede Sekunde zählt.

Wenn wir sie nicht erreichen, ist das ihr Ende.

KAPITEL 13

Odine

»Dort«, wispert sie, »dort!«

Nur dieses eine Wort, immer wieder. Immer drängender.

Etwas ist da. Etwas, was ich sehen soll.

Der Wind wird zum Sturm, er flüstert Geschichten in mein Ohr, sodass ich Nisha kaum mehr höre. Ich will mich dem Wind hingeben, seinen Fabeln lauschen und mich von ihm wegtragen lassen.

Traum oder Realität? Noch immer ist mir das nicht klar. Ich bin benommen, und in meinem Kopf herrscht dichter Nebel.

Aber das hier ist wichtig. Ich muss mich zusammenreißen. Muss herausfinden, warum Nisha mich hierhergeführt hat.

Noch ein Stück. Noch weiter vorbeugen.

Was ist da?

Ich sehe nichts, gar nichts. Nur Schaumkronen auf dunkelgrauen Wellen, die vor meinen Augen verschwimmen. Nur Weiß und Grau und Schwarz. Dazu Formen, die unentwegt ihre Form ändern. Mir wird schwindelig. Der Boden unter meinen Füßen hebt und senkt sich ganz sachte im Rhythmus der Wellen. So stelle ich es mir vor, auf einem Schiff zu stehen. Geschieht das wirklich, oder liege ich in meinem Bett in der Herberge und werde von meinen Traumbildern in die Irre geführt?

Mein Magen wird flau, als stürzte ich. Noch habe ich festen Boden unter meinen Füßen. Oder ist auch das ein Trugbild? Ich schließe die Augen, spüre die hochspritzende Gischt auf meinem Gesicht und schmecke das Salz auf meinen Lippen.

Arme umfangen mich fest, reißen mich zurück in die Realität. Ein Geruch steigt mir in die Nase, der mir vertraut geworden ist und doch immer noch aufregend neu ist. Jemand ist da. *Er* ist da. Nicht der Mann aus meinen und Nishas Träumen. Sondern derjenige, bei dem ich in Sicherheit bin. Ich bin nicht allein. Meine Knie geben unter mir nach, ich muss mich an ihm festhalten. Meine Finger krallen sich in sein Leinenhemd.

Aber obwohl er mich hält, habe ich immer noch das Gefühl, ins Bodenlose zu stürzen.

KAPITEL 14

Oona

Er hält sie und zieht sie vom Abgrund weg, in den sie gestarrt hat. Seine Arme schlingt er um sie, als wollte er sie nie wieder loslassen. Bleich und starr steht sie da und lässt es geschehen. Dann klammert sie sich an ihn.

»Dort«, murmelt sie monoton, während sie allmählich zur Besinnung kommt und ihr Blick klar wird, »dort.« Sie ist es wieder, sie ist wieder ganz sie selbst.

Ich halte mich nicht damit auf, sie zu umsorgen – es reicht, wenn er das tut. In Lebensgefahr ist sie nicht mehr, das reicht mir. Jetzt muss ich herausfinden, was um alles in der Welt hier los ist.

Vorsichtig bewege ich mich zum Rand und spähe hinab. Noch ist es dunkel, doch der blasse Lichtschein am Horizont reicht aus, um die Schatten noch schwärzer und die Formen noch schärfer erscheinen zu lassen. Der Fels sieht so rau und schroff aus, als könnte man sich an seinen Kanten schneiden. Vergeblich kämpft das Meer gegen den Stein an, brüllend und tobend. Augenblicklich ist mein Gesicht von einem feuchten Film überzogen, wenngleich ich mich hoch über dem Ozean befinde. Die Windböen peitschen feine Tröpfchen zu mir empor.

Etwas muss dort unten sein. Etwas, was Odine hier herausgelockt hat – wenngleich ich mittlerweile überzeugt davon bin, dass sie nicht bewusst weggelaufen ist. Ihr Gesichtsausdruck hat alles verraten. Sie ist wieder geschlafwandelt.

Meine Augen verengen sich, mein Blick wandert über die Vorsprünge und Einbuchtungen der Felswand.

»Da sind … Höhlen.« Natürliche Aushöhlungen im Stein, Felsspalten, die möglicherweise ganz oberflächlich sind, vielleicht aber auch tief ins Gestein reichen.

Und dort, wohin Odine geblickt hat … Was ist das?

Ich beuge mich weiter vor. Wasser leckt über blanken Stein. Wann immer sich die heftigen Wogen für einen Moment zurückziehen, legen sie etwas frei, was ein flacher Vorsprung sein könnte. Doch trotz meiner geschärften Sinne kann ich nichts Klares erkennen. Das Tageslicht reicht noch nicht aus, und das Wasser versperrt mir immer wieder die Sicht.

Ich widerstehe dem Drang, mein Kit herauszuholen und mir Blut abzunehmen. Die Magie würde mir helfen, besser zu sehen. Doch in dem Fall ist es nicht nötig. Jeder Einsatz von Blutmagie hat einen

Preis. Die Kräfte erfordern ein Opfer. Etwas von meiner Lebensenergie, etwas von meiner Menschlichkeit. Und in diesem Fall bin ich nicht bereit, das Opfer zu erbringen.

Odine lässt sich neben mir auf die Knie nieder. Ihr Gesicht ist weiß wie Kreide, ihre Füße sind wund und die Beine von blutenden Kratzern übersät. Schlafwandeln hin oder her – ich frage mich, wie sie zu diesem Gewaltmarsch körperlich in der Lage war. Dieses Mädchen hat sein bisheriges Leben damit verbracht, in Plüschsesseln zu sitzen und sich von Dienern Früchte servieren zu lassen. Sie wurde nicht zu einer Kriegerin, einer Waldläuferin, einer Jägerin ausgebildet.

Aber sie klagt nicht, sondern schaut ebenfalls wie gebannt in die Tiefe.

»Nisha«, flüstert sie, »sie hat mich hierhergeführt. Etwas muss dort unten sein.«

»Dann gehen wir runter und sehen nach.« So einfach ist das.

Dariel atmet tief durch. Auch er ist blass um die Nase, als er in die Tiefe schaut, versucht die Problematik aber rational anzugehen. »In Ordnung. Wir brauchen … Kletterausrüstung. Seile. Haken. Ein Seil habe ich hier in meiner Satteltasche, aber das reicht nicht aus. Im Dorf bekommen wir mit Sicherheit sämtliche Ausrüstung. Wir legen los, sobald der Tag angebrochen ist.«

Verächtlich schnaube ich. Dann suche ich mit den Händen sicheren Halt am Stein, schiebe mich langsam über die Kante und mache mich an den Abstieg.

»Odine, hast du den Verstand verloren? Du kannst dich doch kaum auf den Beinen halten. Bei allen Bestien … Siehst du nicht, wie deine Hände zittern?«, höre ich Dariel über mir schimpfen. »Ja, klar willst du sehen, was da unten ist. Aber lass mich gehen. Ich sehe nach. Verdammt, dann lass mich wenigstens zuerst gehen!«

Ich ignoriere das Geplapper und Odines empörte Antworten. Sollen sie doch darum streiten, wer sich in Gefahr bringt und wer nicht und ob die Prinzessin jemanden braucht, der sie rettet. Ich fühle mich wie elektrisiert. Trotz der kalten Nachtluft ist mir glühend heiß. Das, was ich suche, ist so nah – und ich weiß noch nicht einmal, was es ist.

Stück für Stück klettere ich hinab. Mit den Händen finde ich Halt am zerklüfteten Stein und kralle mich daran fest. Mit den Füßen schiebe ich mich in Vertiefungen und suche blind nach jeder noch so kleinen Erhebung, die mein Gewicht tragen könnte. Ein falscher Handgriff, eine einzige Fehleinschätzung könnten meine letzten sein. Aber ich verliere nicht den Kopf, sondern bleibe ruhig und konzentriert. Wer Angst bekommt, hat schon verloren.

Über mir wird immer noch darüber gezankt, wer von beiden sein Leben arglos wegwerfen sollte.

»Ja, Oona wurde aber auch ihr ganzes Leben auf Situationen wie diese vorbereitet!«, poltert Dariel.

Ein Seil taucht neben mir auf und baumelt an der Felswand herab. Ich greife nicht danach, ich brauche es nicht. Vertraue nicht darauf, dass die zwei das obere Ende sicher befestigt haben. Meinen eigenen Fähigkeiten und meinem Körper vertraue ich mehr als diesem Hilfsmittel, auch wenn es der einfachere Weg sein könnte.

Der Wind peitscht mir meine Haare ins Gesicht und raubt mir die Sicht. Er zerrt an mir, versucht, mich in den brodelnden Ozean zu werfen, und heult vor Wut, als es ihm nicht gelingt. Ganz nah halte ich mich am Stein, mache mich flach. Rauer Fels kratzt über meine Haut.

Durch meine Stiefel spüre ich undeutlich, wohin ich meine Füße setzen kann. Ganz langsam arbeite ich mich vor, suche nach einem sicheren Tritt. Plötzlich bricht ein Stück Fels ab, mein Körper sackt ab. Instinktiv klammere ich mich mit den Händen fester an die Wand. Steine poltern in die Tiefe. Schmerz schießt in meine Hände, die alles andere als zart sind.

Das viele Training mit Waffen hat schwielige Verhärtungen hinterlassen und mich gegen Schmerz unempfindlich gemacht. Trotzdem muss ich die Zähne fest zusammenbeißen, als sich scharfe Vorsprünge in meine Finger bohren. Mit meinem ganzen Gewicht hänge ich an dieser harten Kante. Meine Finger verkrampfen sich.

»Alles in Ordnung da unten?« Odine klingt besorgt.

Ich spare mir die Antwort. Verschwende keinen Atem. Verharre ganz still, bis ich sicher bin, dass ich mich ausbalanciert habe.

Tief schneidet der Fels in meine Finger ein, Blut quillt hervor. Und schon spüre ich, wie eine warme Kraft durch meinen Körper pulsiert. Mein eigenes Körpergewicht scheint mit einem Mal geringer zu sein. Schmerz mischt sich mit dem Hochgefühl der Magie, die mir trotz der geringen Dosierung sofortige Erleichterung verschafft.

Weiter. Nicht anhalten, sonst ermüden meine Muskeln erneut. Handbreit um Handbreit klettere ich tiefer hinunter.

Mein erster Eindruck war richtig: Zahlreiche Spalten und Höhleneingänge bohren sich in den Felsen. Manche sind nicht tief, doch bei anderen kann ich kein Ende erkennen. In meinem Rücken steigt die Sonne höher und wirft ihre ersten Strahlen übers Meer.

Einer meiner Füße tritt bei der nächsten Bewegung plötzlich ins Leere. Eine Höhle tut sich unter mir auf. Vor Anstrengung ächze ich, als ich mich zur Seite schwinge und vorsichtig um die Öffnung klettere.

Endlich fester Boden unter meinen Füßen. Der Vorsprung, den ich von oben bereits erahnen konnte, ist beinahe auf einem Niveau mit dem Meeresspiegel, sodass die Wellen ihn meistens ganz knapp bedecken. Das Salzwasser umspült meine Knöchel, ich spüre seinen Sog, wann immer es sich zurückzieht. Vor mir tut sich eine Höhle auf. Das Licht der Morgendämmerung fällt in den Eingang, doch weiter hinten liegt alles in tiefer Finsternis.

Kurz schaue ich nach oben. Odine baumelt am Seil und bemüht sich, daran herunterzuklettern. Darüber ist Dariels Gesicht zu erkennen, das blass vor Sorge ist. Wie es aussieht, hat sie sich durchgesetzt und versucht sich als Erste an der halsbrecherischen Aktion.

Ich warte nicht auf die zwei. Wer weiß, wie lange es dauert, bis sie hier angekommen sind – wenn sie es überhaupt lebend schaffen.

»Hier unten ist ein Eingang!«, brülle ich, um das Tosen des Wassers zu übertönen. Dann tauche ich in die kalte Dunkelheit ein.

KAPITEL 15

Odine

Bei allen Gottheiten. Bei allem, was mir helfen und beistehen kann.

Was mache ich hier eigentlich?

Dariel hat so schrecklich recht. Es ist blanke Unvernunft, was wir hier tun. Ich fühle mich wie erschlagen, habe kaum genug Energie, um mich auf den Beinen zu halten. Und trotzdem versuche ich jetzt, eine Klippe hinabzuklettern.

Ja, wir hätten warten können, bis es hell ist. Was auch immer da sein mag, ist vermutlich schon sehr lange da. Es wäre auch in einigen Stunden, Tagen, sogar Wochen noch da gewesen.

Aber in dem Punkt bin ich wie Oona. Keinen Augenblick länger hätte ich warten können. Ich muss jetzt augenblicklich herausfinden, wieso Nisha mich hierhergeführt hat.

Außerdem müssen wir damit rechnen, dass die Jägergilde dicht auf unseren Fersen ist. Zeit zu verlieren, können wir uns nicht erlauben.

Darum hänge ich an diesem Seil, an das ich mich

klammere, als hinge mein Leben davon ab – was auch der Fall ist. Vorhin war ich so seltsam benommen, dass ich weder Schmerz noch Kälte gespürt habe. Jetzt bricht beides mit doppelter Wucht über mich herein.

Meine Muskeln verkrampfen sich und sind ganz starr. Es kostet mich Mühe, meine steifen Finger vom Seil zu lösen, etwas tiefer neu anzusetzen, immer wieder fest danach zu greifen. Mit den Füßen wandere ich langsam an der Felswand hinunter.

Das dünne Nachthemd hat Wind und Kälte nichts entgegenzusetzen, schon ist es von der hochsprühenden Gischt durchnässt und klebt an meinem Körper. Ein Wimmern kommt über meine Lippen.

»Das kann nicht gut gehen«, murmelt Dariel wütend über mir.

Ich schaffe es nicht, den Kopf zu heben und zu ihm hochzuschauen. Stück für Stück rutsche ich am Seil nach unten. Die rauen Fasern reiben meine Handflächen auf.

Dariel stößt einen Fluch aus. Ich merke, dass er auch zu klettern beginnt. Bald ist er direkt über mir, er stellt sich geschickter an als ich – wenngleich er nicht ansatzweise so flink ist wie Oona, für die andere Regeln zu gelten scheinen.

Ihre Stimme ertönt von unten. Sie hat etwas entdeckt. Meine Energie brauche ich, um mich am Seil festzuhalten. Nicht, um nachzufragen, was los ist.

Dariel ist nah bei mir. Er kann nicht viel tun, um mir zu helfen. Genauso wenig könnte ich ihn retten, wenn er den Halt verlöre und abstürzte. Nur mit einer Hand hält er das Seil, mit der anderen sucht er Halt am Felsen. Auf diese Weise gelingt es ihm, neben mich zu klettern. Kurz schafft er es, sich so weit zu mir zu lehnen, dass seine Stirn meine berührt.

»Wir kriegen das hin.« Das wilde Stürmen des Meeres verschluckt seine Worte fast vollständig.

Aber ich höre, was er sagt. Und ich glaube ihm. Ich schaue ins warme Braun seiner Augen, das mir inmitten all der grau-weißen Kälte um uns herum wie ein sicherer Zufluchtsort erscheint, und nicke.

KAPITEL 16

Oona

Die Höhle ist tiefer, als ich dachte. Fast völlig blind folge ich dem schmalen Gang, der ins Innere des Gesteins führt. Immer wieder kullern Steine unter meinen Füßen zur Seite, immer wieder muss ich Halt suchen.

Bei jedem Schritt begleitet mich das dröhnende Meeresrauschen, das hier drinnen noch lauter und dumpfer klingt. Wie Blut, das durch Adern fließt. Als wäre das Höhlensystem, das die Klippen durchzieht, ein lebender Organismus. Es erinnert mich an die Festung der Blutjäger. Auch dort ist das Tosen des Meeres allgegenwärtig, erfüllt jeden Winkel und jede Ritze.

Plötzlich ertönt ein anderes Geräusch. Sobald ich es wahrnehme, halte ich inne, erstarre fast zu Stein. Halte den Atem an. Lausche in die Finsternis.

Da ist es wieder. Eine sachte Vibration in der Luft. Ein ... Flattern.

Und schon weiß ich, was da ist. Es ist nicht das erste Mal, dass ich einem Flederbiest begegne.

Wie von selbst greift meine Hand nach dem Neuntöter. In dieser Höhle hat die Bestie einen unschätzbaren Vorteil. Sie kann mich sehen – ich sie nicht.

Angespannt lausche ich. Nur die Geräusche verraten mir, wo die Bestie ist. Doch das Meeresrauschen macht es mir schwer.

Als ich das Schlagen ledriger Schwingen höre, wirble ich mit einem Keuchen herum. Gerade noch rechtzeitig. Struppiger Pelz streift meine Wange, Zähne schlagen unmittelbar neben meinem Ohr klackend zusammen. Nur um Haaresbreite hat die Bestie mich verfehlt. Hätte sie mein Gesicht erwischt, hätten sich die nadelspitzen Zähne tief in meinen Schädel gebohrt. Ich wäre nicht die erste Jägerin, die ihr Leben an ein Flederbiest verliert.

Über mir entfernt sich das Flattern. Die Höhle muss höher sein, als ich dachte.

Doch ich bin nicht derart naiv, zu denken, die Bestie könnte aufgegeben haben. So leicht gibt sie sich nicht geschlagen, nur weil ihr erster Angriff fehlgeschlagen ist. Schon gar nicht, wenn sie mein Fleisch wittert, in das sie ihre Zähne schlagen will.

Dass ich ihr ausweichen konnte, war nicht nur Geschick, sondern auch Glück. In pechschwarzer Finsternis kann ich nicht riskieren, mich auf einen langen Kampf einzulassen. Je schneller ich sie erledige, desto besser.

Ich taste nach meinem Kit, das die Hohlnadeln beinhaltet. Ich kenne es in- und auswendig, mit den Fingerspitzen erkenne ich den Inhalt blind. Ein kleiner Stich, dann fließt Blut aus meiner Ader in die Nadel.

Es passiert so plötzlich, dass ich diesmal kaum rechtzeitig reagieren kann. Ich höre das Flederbiest nicht einmal. Das leise Rascheln des Lederetuis und das Klimpern der Nadeln haben mich abgelenkt. Der Geruch verrät sie. Modriger Bestienatem.

Ich lasse mich fallen, für mehr ist keine Zeit. Aber ich bin nicht schnell genug. Ein scharfer Schmerz an meinem Hals. Diesmal hat sie mich gestreift. Ich fasse mir mit der freien Hand an die Kehle und ertaste etwas Warmes, Feuchtes.

Blut sickert in den Griff des Neuntöters – und die Waffe, die ein Teil von mir ist, beginnt, sachte zu leuchten.

Der Schimmer reicht aus, um die Bestie zu sehen, als sie erneut auf mich niederstößt. Die Fratze, die im schwachen Schein der Waffe aufblitzt, könnte einem Albtraum entsprungen sein. Eine riesige Fledermaus – doch der kahle, runde Kopf mit dem gewaltigen Maul passt nicht dazu. Sie scheint nur aus Zähnen zu bestehen. Unzählige Zähne, so lang wie mein Unterarm, dünner als mein kleiner Finger. So spitz zulaufend wie feine Nadeln. Ein tödliches Gebiss.

Ich schwinge die Sense. Die lange, krumme Klinge beschreibt einen perfekten Kreis – und trifft. Beinahe ohne Widerstand gleitet sie durch den Hals der Bestie.

Polternd kullert der abgetrennte Kopf mit den scheußlichen Zähnen aus dem Lichtkegel, den meine Waffe in die Dunkelheit wirft, und verschwindet in den pechschwarzen Untiefen der Höhle.

Als das Licht des Neuntöters nachlässt, ist es dennoch nicht mehr stockdunkel. Etwas ist vor mir. Ein schwaches, blasses Leuchten, auf das ich zusteuere. Mein Herz schlägt schneller. Was auch immer sich hier verbirgt – ich bin ihm ganz nah. Die Wände werfen das Echo meiner Schritte zurück, die sich beschleunigen. Ich folge dem Gang um eine Kurve und finde mich in einer runden Höhle wieder.

Woher fällt das Licht herein, das diesen unterirdischen Steinraum erfüllt? Die Decke ist so hoch, dass ich nicht genau erkenne, was sich dort oben verbirgt. Ist es Tageslicht, was ich hier wahrnehme? Gibt es zerklüftete Schächte, die von hier bis ganz nach oben ins Freie führen?

Es spielt keine Rolle. Was zählt, ist, was ich hier vor mir habe.

Eine natürliche Aushöhlung im Stein, vermutlich viel älter als all die Städte und anderen menschengemachten Monumente Garas. Doch etwas an diesem Ort ist nicht natürlich entstanden, sondern nachträglich hierhergelangt.

Das tiefe Rot weit hinten in der Höhle erinnert

mich auf den ersten Blick an Blut, das auf dem Boden vergossen wurde. Flüssiges Blut, eine gewaltige Lache. Ich blinzle, und der Eindruck verfliegt. Es ist keine Pfütze, sondern roter Stoff, der auf dem Stein ausgebreitet liegt.

Die Zeit und die Feuchtigkeit haben ihn matt und mürbe gemacht, aber trotz des Halbdunkels erkenne sogar ich, dass es sich um kostbare Textilien gehandelt haben muss. Ein Kleid, das an Pracht kaum zu überbieten ist, gefertigt aus feinster Spitze in Bordeaux. Der herrliche, weite Rock in einem Purpurton, der einst sicherlich verführerisch geschimmert hat.

Es ist nicht nur ein Kleid. Da ist mehr. Locker fällt das Textilstück um einen Körper. Oder etwas, was mal ein Körper gewesen ist.

Ein Kribbeln schießt auf einmal durch meinen gesamten Körper, von der Kopfhaut bis zu meinen Füßen. Wie stickig die Luft hier drinnen ist, fast zu dick, um sie zu atmen. Aber mir ist bewusst, dass sich das nur in meinem Kopf abspielt und die Luft sich in Wahrheit überhaupt nicht verändert hat. Die Anspannung macht mich verrückt.

Schluss mit dem Unsinn. Wie angewurzelt dazustehen, das rote Kleid und das, was sich darin befindet, anzustarren, bringt mich nicht weiter.

Wenige energische Schritte, dann bin ich bei ihr. Bei dieser Frau.

Das Licht, das von irgendwoher in die Höhle fällt,

spiegelt sich auf ihren blanken Knochen und lässt sie schimmern, als wären sie poliert. In einer der leeren Augenhöhlen hat sich eine Krabbe eingenistet, die sich tiefer in ihr Versteck zurückzieht, als sie die Erschütterungen meiner Schritte spürt.

Ungläubig blicke ich auf ein weibliches Skelett in einem atemberaubenden roten Kleid.

KAPITEL 17

Odine

Ich weiß es, noch bevor ich sie sehe.

Ein Bienenschwarm tobt durch meinen Kopf. Ich hebe beide Hände an meine Ohren, um das Summen zu ersticken, das jeden Winkel meines Verstandes ausfüllt.

Nisha.

Den ganzen Weg sind Dariel und ich durch die Finsternis gestolpert, nachdem uns der Abstieg über die Klippen mit Mühe und Not geglückt ist. Haben uns an der Wand entlanggetastet. Haben beide aufgeschrien, als wir in einen pelzigen großen Körper getreten sind – ein gewaltiges Tier, tot, doch noch warm. Zweifellos Oonas Werk.

Und jetzt sind wir hier, in dieser steinernen Kathedrale, in die der Gang führt.

Oona hockt auf dem Boden, hebt den Kopf und schaut mir entgegen. Ihre Augen reflektieren das Licht auf merkwürdige Weise, nicht wie die eines Menschen, sondern wie die einer Katze. Silbrig schimmernd werfen sie den schwachen Lichtschein zurück. Doch für mich ist jetzt nur eines relevant: das, was vor ihr liegt.

Wie von selbst setzen sich meine Füße in Bewegung, ich habe ihnen nicht den Befehl dazu gegeben. Langsam gewöhne ich mich daran, dass mein Körper einen eigenen Willen hat und sich mir widersetzt.

Das rote Kleid. Es ist das Kleid aus meinem Wahrspruch, das Kleid der Roten Witwe. Es ist nicht meines, sondern ihres.

Alles an mir fühlt sich wie betäubt an, und mein Gesicht ist kalt wie Eis, als ich an Oona vorbeigehe und vor Nishas Leichnam auf die Knie falle.

KAPITEL 18

Oona

Sie kniet neben ihr nieder, neben dem Skelett der Frau im roten Kleid. Es ist ein seltsam rührendes Bild: die goldhaarige Prinzessin im weißen, weiten Nachthemd, die ihren Kopf neigt und nach der bleichen Knochenhand greift. Und das Skelett im blutroten Kleid, das unendlich lange in dieser Felsenhöhle knapp über dem Meer gelegen haben muss. Die Jahre haben die Gebeine brüchig gemacht, sie bröckeln in Odines Hand. Behutsam hält Odine sie fest.

Ein so intimer Moment, dass man sich als Zuschauerin fast wie ein Eindringling fühlt.

Auch Dariel scheint das zu spüren. Er bleibt zögerlich im Höhleneingang stehen und verschränkt die Arme. Ein schweigender Wächter, der Odine stets im Blick hat.

Ich will gerade den Blick abwenden. Mir geht es nicht um Nisha. Die Toten sind fort, mit ihnen will ich mich nicht befassen. Keine Zeit für Gefühlsduselei.

Doch da fällt das diffuse Licht auf etwas Glattes, Glänzendes. Etwas, was den Schein reflektiert und mich für einen Augenblick blendet. Etwas, was zwischen den mattroten Rüschen am Oberteil des Kleides hervorblitzt.

Augenblicklich bin ich dort, lasse mich ebenfalls auf die Knie nieder und schiebe den alten, brüchigen Stoff vorsichtig mit der Dolchklinge meines Neuntöters beiseite. Odines strafenden Blick ignoriere ich. Sie sieht mich an, als beginge ich ein Sakrileg und störte eine heilige Stätte. Aber um ihre Befindlichkeit kann ich mich nicht kümmern.

»Aus dem Weg«, fauche ich sie an. »Sieh doch, da ist was.«

Meine Kehle ist eng, mein Mund trocken.

Eine gläserne Phiole hängt an einer feinen Goldkette um den Hals des Skeletts. Ich kann kaum glauben, was für eine Form sie hat. Ich muss sie in die Hand nehmen, betasten, hin und her drehen und von allen Seiten betrachten, um zu verarbeiten, was ich da vor mir habe.

Erst ein Mal habe ich eine Glasphiole in einer solchen Form gesehen: ein dünnwandiges Gefäß in der Gestalt eines menschlichen Herzens an einer ebensolchen Goldkette. Das andere Exemplar hing um Marus' Hals.

»Was ist, Oona?«, fragt Odine neben mir leise. »Was hat das zu bedeuten?«

Ich kann nichts erwidern. Ich will keine Antwort geben, solange ich es selbst nicht begreife. Mir ist übel.

Dafür, dass es schon so lange hier liegen muss – immerhin ist der Leichnam vollständig verwest, und nur die blanken Knochen sind übrig –, ist das Kleid erstaunlich gut erhalten. Zwar sind die Fasern etwas mürbe und ausgebleicht, doch der Stoff fällt nicht komplett auseinander, wenn man ihn anfasst. Nach vielen Jahren des Herumliegens hätte ich erwartet, dass er zu Staub zerfällt. Das ist mitnichten der Fall.

Ich zwinge mich, rational zu überlegen und mich nicht von meinen Gefühlen leiten zu lassen. Der ansonsten größtenteils unversehrte Stoff des Kleides ist an einer Stelle beschädigt, wie ich jetzt sehe.

Mit den Fingerspitzen ziehe ich ihn auseinander. Und sehe zwischen den Rippen einen Neuntöter.

TEIL 4

KAPITEL 1

Odine

Der Mann war schön und freundlich. Er hatte eine weiche Stimme und benutzte schöne Worte.

Er kam immer wieder ins Dorf. Er fragte, wie es den Menschen erging, nachdem er sie von der Plage der Dornvögel befreit hatte. Er sorgte sich um sie.

Erst brachte er die Rettung, und dann brachte er den Tod. Denn nicht etwa die Sorge trieb ihn ins Dorf.

Das Mädchen war so schön, dass die Vögel den Atem anhielten, wenn sie vorbeiging. Sie war tapfer und schlau und herzensgut und wusste selbst gar nicht, wie hübsch sie war. Noch weniger ahnte sie, dass allzu hübsche Gesichter Raubtiere anlocken können.

Die Reißzähne der menschlichen Bestie versteckten sich hinter dem charmanten Lächeln. Der Mann erschlich das Vertrauen des ganzen Dorfs. Auch das Vertrauen des Mädchens.

Doch als sie begriff, was er von ihr wollte, wies sie ihn zurück. Seine Gefühle erwiderte sie nicht. In ihrem Herzen war keine Liebe für ihn.

Was er wollte, konnte sie nicht geben.

Was sie geben wollte, war ihm nicht genug.

Und bald schlug ihr Vertrauen um in nackte Angst. Er sprach von Liebe, doch das Feuer in seinen Augen beängstigte sie. Er sprach von Zärtlichkeit, doch was sie in seinem Blick las, war etwas anderes. Es war der Blick, mit dem reiche Kaufmänner Goldmünzen zählten. Der schöne Mann betrachtete sie mit Habgier und Besessenheit.

Sie floh, doch vor ihm konnte sie nicht davonlaufen. Denn er war kein Mensch, er war mehr als das. Vor einem wie ihm gab es kein Entrinnen. Niemand, bei dem sie Unterschlupf suchte, konnte sie vor ihm schützen. Und bald bebte nicht nur das Mädchen, sondern das ganze Dorf vor Angst.

Getrieben von dem, was er für Liebe hielt, verfolgte der Jäger seine Beute. Eines Tages kehrte sie nicht mehr zurück. Jeder, der sie kannte, wusste, dass sie nicht einfach davongelaufen war. Sondern dass der Jäger seine Beute erlegt hatte.

So trieb der Blutjäger Marus das Mädchen Nisha in den Untergang.

Nachdem Megara verstummt ist, ist es totenstill im Schankraum der Taverne. Goldenes Sonnenlicht erfüllt den Raum, der Tag ist längst angebrochen.

Nach wie vor ist außer uns niemand hier. Dass die Fremden, die ins Dorf gekommen sind, in der Herberge eingekehrt sind, hat sich mit Sicherheit bis ins letzte Haus herumgesprochen. Aber scheu hält man von uns Abstand, niemand lässt sich hier blicken. Obwohl sie auch hungrig sein müssten, bekommen Dariel und Oona offenbar keinen Bissen herunter. Ich hingegen schlürfe die kräftige Suppe gierig, die Megara zum Frühstück aufgetischt hat.

»Jeder hier kennt die Geschichte von Nisha und dem Jäger, der sie zur Strecke gebracht hat.« Megara klingt müde. »Jeder weiß, was passiert ist. Und wir haben eine Lehre daraus gezogen. Traue niemandem, dessen Worte zu sanft sind. Traue nichts, was zu gut erscheint, um wahr zu sein. Und im Grunde genommen …« Kurz und hart lacht sie auf. »Im Grunde genommen traut man am besten niemandem, der nicht von hier ist. Man weiß ja nie.«

»Er hat sie getötet, weil er sie nicht haben konnte«, murmelt Dariel.

Ich lege den Löffel beiseite und eine Hand auf meine Brust. Kurz schließe ich die Augen, als Nishas Präsenz wie eine Woge durch meinen Körper rauscht. Wie ein Echo spüre ich ein weiteres Mal ihre Angst und ihren Schmerz. »Ja, das hat er. Nisha hat es mir gezeigt. Ich habe es gespürt.«

Wir haben ihren Körper der See übergeben. Ich hatte das Gefühl, sie wollte es so. Und mittlerweile sind mir ihre Gefühle, Gedanken und Wünsche fast ebenso präsent wie meine eigenen. Als teilte ich mir den Kopf mit einer zweiten Person. Ich bin nicht mehr allein mit mir. Vielleicht war ich es in meinem ganzen Leben noch nie, doch erst jetzt erahne ich das volle Ausmaß. Die Vorstellung jagt mir einen Schauer über den Rücken und erfüllt mich gleichzeitig mit Geborgenheit. Ich bin nicht allein.

Viele Jahre lang haben Nishas Gebeine in der Höhle am Meer gelegen, in jener Ruhestätte, in der ihr Mörder sie zurückgelassen hat. Ist er manchmal dorthin zurückgekehrt, um ihrer zu gedenken? Oder hat er ihren sterblichen Überresten ein für alle Mal den Rücken gekehrt, nachdem er ihr das Leben geraubt hat? Das kann Nisha mir nicht sagen. Ist seine Besessenheit mit ihr gestorben?

»Wie hoch war die Wahrscheinlichkeit, dass wir innerhalb ganz Garas ausgerechnet in dieses Dorf stolpern? Und an der gesamten Küstenlinie ausgerechnet auf diese Steilklippe stoßen.« Dariel klingt benommen. Als weigerte sich sein Verstand, das alles zu glauben.

Ich schaue ihn fassungslos an. Vielleicht färbt Oonas Attitüde langsam auf mich ab. »Nichts davon ist Zufall. Sie hat mich geführt. Nisha hat jeden meiner Schritte gelenkt. Sie wollte, dass ich hierherkomme. Sie wollte, dass ich sie finde.«

»Aber … wie?« Dariel fährt sich ruppig mit der Hand durchs Haar. »Sie ist tot, verdammt! Da sind wir uns alle einig. Wie kann sie mit dir sprechen? Wie ist das alles möglich?«

Oona hebt den Kopf. Zum ersten Mal, seit wir zurück sind, spricht sie. Die Jägerin ist auch sonst nicht gerade der strahlende Mittelpunkt jeder Konversation, aber jetzt ist sie besonders in sich gekehrt und brütet über ihren Gedanken.

»Du lebst in einer Welt, in der es Magie gibt. Wie kannst du ernsthaft nach einer rationalen Erklärung fragen? Es gibt Dinge, die übersteigen deinen Verstand, meinen Verstand. Die muss man hinnehmen. Verstehen kann man sie nicht.«

Aber ich sehe ihr an, dass auch sie nach Erklärungen sucht. Hundert Fragen brennen in ihren blassblauen Geisteraugen.

Und mir geht es nicht anders. Nisha ist da, ich fühle ihre Nähe, aber sie kann mir die vielen Antworten nicht geben, die ich gerne hätte.

»Ich verstehe nicht, was das alles mit mir zu tun hat.« Es wird mir zu viel. Bis zum Wahrspruch verlief mein Leben so klar und einfach, seither gibt es nur noch pures Chaos. »Wieso spricht Nisha zu mir, warum zu keinem anderen Menschen? Was will sie von mir? Wieso führt sie mich zu ihrem Leichnam? Ging es nur darum, dass sie gefunden werden wollte? Das kann nicht alles sein. Ich weiß, dass es das nicht ist.«

Auf einmal frage ich mich, ob es tatsächlich meine Eltern und die anderen Adligen waren, die die Jägerin auf mich angesetzt haben. Das, was sich zwischen Marus und Nisha ereignet hat, ist so viel älter.

Es ist lange vor meinem Wahrspruch geschehen. Hat Marus irgendwelche Gründe, mich zu jagen? Aber warum jetzt auf einmal? Wie passt das alles zusammen? Es bereitet mir Kopfschmerzen. Ich verstehe es nicht, ich verstehe gar nichts.

Megaras Hand schießt so schnell nach vorn, dass ich erschrecke. Doch sie greift bloß nach meinem Kinn. Ihr Griff ist erstaunlich fest, ihre Hand hart von der körperlichen Arbeit. Es tut weh, wie sie mich festhält, aber ich protestiere nicht. Sie dreht mein Gesicht so, dass sie mich direkt ansehen kann. Einen Moment lang schaut sie mich nur an und schweigt, ihre dunklen Augen mustern mich eindringlich. Ihr Blick bohrt sich in meinen und dringt tief in meine Seele ein.

»Ich erkenne Nisha in dir, Mädchen. Nicht nur, weil du ihr äußerlich ähnlich siehst. Wenn ich dich angucke, ist es mir, als schaute ich Nisha in die Augen. Es ist, als würdest du einen Teil von ihr in dir tragen.«

KAPITEL 2

Oona

Der Hof ist in gleißendes Sonnenlicht getaucht. Nishas steinerne Miene ist unergründlich. Ich stehe vor ihr, sehe ihr ins leblose Gesicht und denke an das Skelett, das wir gefunden haben.

»Wie konnte Marus das tun?«, frage ich leise.

Alles geht in meinem Kopf drunter und drüber.

Doch nicht Marus!

Mein erster Impuls war es, alles zu leugnen und weit wegzuschieben, was ihn in einem schlechten Licht erscheinen lässt.

Doch nicht Marus, der mich als Kind aufgenommen und erzogen hat. Der mein Vormund, mein Mentor, mein Vater war. Mein Alles. Meine Welt.

Schockiert es mich, dass er damals ein Mädchen getötet haben soll?

Nein, nicht *getötet haben soll.*

Getötet hat.

Mein Gespür sagt mir, dass es stimmt. Alles ist wahr. Er hat es getan, ob mir das gefällt oder nicht.

Und die Wahrheit ist, ich bin nicht einmal wirklich schockiert. Kein Jäger kann es sich erlauben, zimperlich zu sein. Unsere einzige Daseinsberechtigung ist es, zu jagen und zu töten.

Aber doch keine Menschen! Nur Bestien.

Und doch bin ich, ohne zu zögern, losgezogen, als Marus mich aufgefordert hat, Jagd auf ein Menschenmädchen zu machen. Die Zweifel kamen mir erst später. Erst, als ich Odine gegenüberstand. Aber sie kamen mir.

Und er? Was hat er empfunden, als seine Liebe in Besessenheit umschlug? Was dachte er, als dieses verzweifelte Mädchen vor ihm weglief, ihm auf der Klippe gegenüberstand – und als seine Waffe zwischen ihre Rippen glitt? Als das Leben in ihren Augen erlosch?

Was weiß ich eigentlich über ihn, über den Mann, der mir alles bedeutet? Im Grunde genommen sehr wenig. Nichts über seine Vergangenheit, bevor er mich in die Gilde geholt hat. Nichts über seine Motive, seine Gedanken. Nur das Wenige, das er preisgibt. Er ist derjenige, der immer alles zu wissen scheint. Ich diejenige, die ihm folgt, ohne Fragen zu stellen. Ebenso wie alle anderen Jägerinnen und Jäger.

Prüfend lasse ich den Blick über die steinernen Gesichtszüge der jungen Frau wandern, die er einst geliebt hat. Ich muss an die Phiole denken, die er an einer Kette um seinen Hals trägt, solange ich ihn kenne. Das Glasgefäß, das genau die gleiche Form hat wie jenes, das wir bei Nishas Leichnam gefunden haben.

In meiner Tasche erfühle ich das glatte Glas. Als wir Nishas Skelett dem tosenden Ozean übergeben haben, habe ich zwei Gegenstände an mich genommen.

Ich halte die Phiole ins Licht. Nur ein paar trockene Blumen befinden sich darin: Veilchen und Vergissmeinnicht. Sie hat nichts Magisches an sich, es ist nur ein Schmuckstück.

Doch Marus' Gegenstück ist von Blutmagie erfüllt. Und darin befanden sich blonde Haare. Ich muss nicht lange überlegen, um zu wissen, dass es sich um Nishas Locken handelt.

Die Puzzlestücke liegen vor mir, langsam drehen sie sich sogar in die richtige Form. Einige kann ich zusammensetzen, doch das Gesamtbild ergibt noch keinen Sinn für mich. Vielleicht will ich das Bild auch einfach nicht sehen. Vielleicht sträubt sich alles in mir dagegen.

Der andere Gegenstand, den ich an mich genommen habe, ist weniger filigran. Der Neuntöter ähnelt meinem eigenen fast bis ins letzte Detail. Probeweise löse ich den Mechanismus aus, lasse die Sense hervorschnellen und wirble einmal um meine eigene Achse. Sirrend durchschneidet die Klinge die Luft. Obwohl sie so lange in der Höhle lag und der rauen, feuchten Meeresluft ausgesetzt war, ist sie so scharf wie eh und je. Der Stahl, aus dem Blutjägerwaffen gefertigt werden, ist anderen Metallen überlegen.

Hat er selbst diese Waffe geführt? Ist es Marus' Neuntöter? Seit ich ihn kenne, hat er die Festung kaum verlassen. In den letzten Jahren gar nicht mehr. Seine körperliche Verfassung hat es nicht zugelassen. Doch ich weiß, dass es auch andere Zeiten gegeben hat. Dass Marus einst wie jeder andere Blutjäger ausgezogen ist, um Bestien zur Strecke zu springen. Er war stark, schnell, tödlich. Einer der Besten, vielleicht der Beste. Nun koordiniert er nur noch, nimmt Aufträge entgegen, schickt uns andere los. Damals hat er sich noch selbst die Hände schmutzig gemacht.

Was ist geschehen? Was hat sich verändert? Ist es eine Krankheit, die ihn so gezeichnet hat?

So vieles, was ich nicht weiß. Und auch vieles, was ich ihn niemals gefragt habe. Ich habe mir gern eingebildet, wir stünden uns nahe. Doch die Wahrheit ist, er stand stets so hoch über mir, dass ich vor Ehrfurcht nicht gewagt habe, die entscheidenden Fragen zu stellen.

Hat er Nisha selbst getötet? Oder war es einer der Jäger, die damals schon für ihn arbeiteten? Ist sie durch seine eigene Hand ums Leben gekommen? Ich kann es nicht wissen, aber ich glaube es.

Odine kommt hinter mir aus der Herberge. Als sie ins Licht tritt, blinzelt sie. Ihre Haltung ist trotz der Anstrengungen der letzten Nacht aufrecht, sie hält sich wacker. Geradewegs steuert sie auf mich zu.

Fasziniert schaue ich ihr entgegen. Widerstrebend muss ich zugeben, dass sie mich erstaunt. Für nichts von dem, was sie in letzter Zeit durchgemacht hat, wurde sie ausgebildet. Wie schwer das alles für sie sein muss. Trotzdem denkt sie nicht ans Aufgeben.

In der Prinzessin steckt mehr, als ich ihr zugetraut hätte. Wenn sie sich ein Ziel gesetzt hat, nimmt sie jegliche Anstrengungen und Strapazen auf sich. Offen gestanden, hätte ich nicht damit gerechnet, dass sie die Klippen hinunterklettert und überlebt.

Aber eigentlich hätte ich mit nichts von dem, was in letzter Zeit passiert ist, in irgendeiner Form gerechnet.

»Wir brechen auf«, sagt sie. »Dariel sattelt die Pferde. Megara hat uns angeboten, dass wir länger bleiben können.« Röte steigt ihr in die Wangen. »Obwohl wir sie nicht einmal für diese eine Nacht in ihrer Herberge bezahlen können. Unsere letzten Ersparnisse sind für Kleidung und Nahrung draufgegangen. Sie will uns wirklich helfen. Aber wir dürfen keine Zeit verlieren.«

Ich nicke. Natürlich stimmt das. Xaron, Marus, all die anderen Jäger. Die ganze Welt scheint uns auf den Fersen zu sein.

»Was ist mit dir?« Als sie mir eine Hand auf die Schulter legt, erstarre ich, doch ich zucke nicht zurück. »Kommst du mit uns, Oona? Wie geht es für dich weiter?«

Ich straffe die Schultern und recke das Kinn, um zu verbergen, wie verloren ich mich fühle. Wie geht es für mich weiter? Die Frage habe ich mir unzählige Male gestellt, seit meine Welt aus den Fugen geraten ist.

»Ich gehe nicht zurück zur Festung. Nicht nur, weil dort eine vermutlich harte Strafe auf mich wartet, nachdem ich meinen Auftrag verweigert und Xaron angegriffen habe.«

»Nicht nur deswegen?« Forschend sieht sie mich an. »Warum noch?«

Ein Teil von mir hofft nach wie vor darauf, dass Marus mir verzeihen würde –, nachdem er mich bestraft hätte. Er schätzt mich wirklich. Dass ich seine Favoritin bin, ist keine Einbildung. Würde ich mich aufrichtig entschuldigen und ihm meine Treue schwören, würde er Gnade walten lassen und mich wieder aufnehmen. Davon bin ich überzeugt.

Vielleicht würde er dir auch einen Neuntöter zwischen die Rippen rammen und dich verrecken lassen wie Nisha, wispert eine boshafte Stimme in meinem Hinterkopf.

»Das würde er nicht«, murmle ich.

»Was?« Verwirrt sieht Odine mich an.

»Ich kann nicht dorthin zurück«, sage ich lauter. »Marus ist nicht der, für den ich ihn gehalten habe. Ich habe ihn mein Leben lang vergöttert. Jetzt weiß ich nicht mehr, was ich denken soll. Aber ich weiß, dass ich mich in ihm getäuscht habe. Ich kann nicht unter seiner Führung leben und mich so verhalten, als wüsste ich von nichts.«

Mein geliebter Mentor ist ein Mörder, der ein Mädchen tötete, weil sie seine Liebe nicht erwiderte. Er ließ mich ein weiteres Mädchen jagen, um es in seine Fänge zu bekommen.

»Es gab keinen Auftrag, oder?«, fragt sie zaghaft, als wüsste sie nicht so recht, wie sie es formulieren soll. »Ihr Blutjäger, ihr beginnt die Jagd, nachdem ein Auftrag eingegangen ist und ein Preis festgelegt wurde. So hast du es erklärt.«

Ich weiß, worauf sie hinauswill. »Ja, so ist es.«

Odine schluckt und drängt ihre Tränen tapfer zurück, doch dabei sieht sie wieder so unschuldig und blutjung aus wie die Prinzessin, die sie ist. Die Prinzessin, die fast ihr ganzes Leben lang wohlbehütet und sorgenfrei verbracht hat.

»Ich dachte die ganze Zeit, meine Eltern wollten mich zu fassen kriegen, weil der Fluch der Roten Witwe Unglück über sie bringen könnte. Aber darum geht es gar nicht, oder? Darum ging es von Anfang an nicht. Es hat nichts mit diesem verdammten Wahrspruch zu tun. Meine Eltern sind vermutlich zufrieden damit, dass ich weit genug weg bin und mein Unglück nicht auf sie abfärben kann. Darüber hinaus ist das alles für sie ganz … belanglos. Es sind nicht meine Eltern, sondern Marus, habe ich recht? Marus selbst steckt hinter dem Auftrag.«

Ich zögere, bevor ich antworte. »Ich weiß es nicht genau. Ich kann auch nur Vermutungen anstellen. Marus weiht weder mich noch die anderen Jäger in die Hintergründe ein. Er trifft die Entscheidungen. Er spricht mit den Menschen. Wir führen nur aus. Wir tun, was er uns sagt. Als er mich losgeschickt hat, um dich zu finden, habe ich nicht viele Fragen gestellt. Ich wollte einfach nur das tun, was von mir erwartet wurde. Aber ich glaube, dass du recht hast.«

Mittlerweile bin ich sicher, dass es keinen Auftrag gab. Niemand hat ihn dafür bezahlt, Odine zu fangen. Er selbst wollte das. Er wollte sie.

Ihre Augen schimmern feucht. »Ich verstehe das alles nicht. Ich kenne ihn nicht. Ich bin nicht Nisha, ich bin ihm kein einziges Mal begegnet. Was um alles in der Welt kann er von mir wollen?«

Sie fürchtet ihn so sehr. Obwohl er ein Fremder für sie ist, zittert sie beim Gedanken an ihn vor Angst. Und das Schlimme ist, dass sie recht daran tut. Ihre Angst ist nicht unbegründet. Ich selbst beginne ihn zu fürchten, den Mann, der mein Ziehvater ist.

»Ich verstehe die Hintergründe auch nicht«, gestehe ich. Ich wünschte, ich könnte ihr mehr sagen.

»Aber eines weiß ich: Marus darf dich nicht in seine Finger bekommen.«

Odine atmet durch. »Das wird er nicht. Wir reiten gleich los. Geradewegs nach Silberfels. Dort geht es aufs nächstbeste Boot, das uns mitnimmt. Und dann ... Irgendwohin. Bloß weg von hier. An einen Ort, der heller und freundlicher ist als Gara. An dem es keine Bestien gibt und keine Flüche. Keine Jäger, die dunkle Magie nutzen. Und ... weg von Marus. Ich habe ihn nie selbst gesehen, und ich habe nicht vor, daran etwas zu ändern. Was ich durch Nishas Augen gesehen habe, reicht mir. Ans andere Ende der Welt würde ich fliehen, wenn mich das davor bewahrt, diesem Menschen eines Tages gegenüberstehen zu müssen.«

Ich weiß nicht, ob sie am anderen Ende der Welt vor ihm sicher ist. Ob es irgendeinen Ort gibt, an dem er und die Jägerinnen und Jäger sie nicht aufspüren werden. Doch das sage ich ihr nicht. Die Hoffnung ist alles, was sie antreibt.

»Du hast meine Frage noch nicht beantwortet.« Sie legt den Kopf schief. »Was wird aus dir, Oona? Wie geht es für dich weiter?«

Was ich jetzt sage, hätte die Jägerin Oona noch vor nicht allzu langer Zeit nicht mal gedacht. Es geht gegen alles, woran ich in meinem bisherigen Leben geglaubt habe.

»Ich helfe euch. Ich will euch bei der Flucht unterstützen. Ich komme mit nach Silberfels. Und … mit aufs Schiff. Wohin auch immer es fahren wird. Wenn ihr mich mitnehmt. Wenn ich mitkommen darf.«

Verdammt, warum bin ich auf einmal so sicher? Odine und Dariel zu unterstützen und ihnen zur Flucht aus Gara zu verhelfen, bedeutet endgültig, alle Verbindungen zu meiner Vergangenheit zu kappen. Mein gesamtes Leben, wie ich es kannte, ist damit vorbei. Alles wird anders sein. Vermutlich würde Marus mir verzeihen, wenn ich jetzt reumütig zurückkehrte. Er wird es aber gewiss nicht tun, wenn ich Odine und Dariel weiterhin zur Seite stehe.

Trotzdem treffe ich die Entscheidung, zu gehen. Fort von Marus, vor dem mir graut, seit ich zu ahnen beginne, wie er wirklich ist. Grausam. Skrupel- und rücksichtslos. Ein Mann, der ein Mädchen verfolgte und tötete, weil es ihn nicht wollte. Ich springe kopfüber in eine Zukunft, von der ich nicht weiß, wie sie aussehen wird, weil mein Gewissen mich dazu zwingt, mich auf Odines Seite zu stellen. Wenn ich die beiden darin unterstütze, eine Überfahrt zu organisieren, gibt es für mich kein Zurück mehr.

Aber wollen sie mich überhaupt dabeihaben? Wollen sie meine Unterstützung?

Hufgetrappel ertönt hinter mir. Dariel hat die beiden Pferde geholt, die wir gestern untergestellt haben. Aber da ist noch ein drittes Pferd, ein sehr hässliches Pony mit krummen Beinen und struppigem schwarzem Fell voller kahler Stellen. Fassungslos starre ich es an.

Schadenfroh grinst Dariel übers ganze Gesicht. »Der Händler hat versichert, es ist dasjenige seiner Tiere mit den besten Nerven. Ich denke, es hat nicht einmal vor einer Jägerin Angst. Außerdem war es spottbillig. Megara hat es gekauft und besteht darauf, dass wir das Geschenk annehmen.«

Odine strahlt mich an. »Wir sind ohnehin davon ausgegangen, dass du uns begleiten wirst. Du gehörst doch jetzt zu uns.«

KAPITEL 3

Odine

»In den vergangenen Wochen habe ich mehr im Pferdesattel gesessen als in all den Jahren zuvor. Ich kann nicht behaupten, dass mir das zusagt.«

»Höre ich da Gejammer, Prinzessin?« Dariel klingt unangemessen fröhlich.

»Mag ja sein, dass dein Hintern in all den Jahren als Reitlehrer die Form eines Sattels angenommen hat, sodass dich das Gereite nicht mehr stört«, kontere ich.

»Hättest du so fleißig trainiert, wie ich es als dein Reit- und Fechtlehrer gefordert habe, hättest du jetzt besseres Sitzfleisch«, versetzt er.

»Hornhaut am Gesäß war eben nie etwas, wovon ich geträumt habe.«

»Genauso wenig, wie deine Prioritäten bisher auf einer vernünftigen Fußarbeit beim Fechten oder einer sauberen Technik im Galopp lagen.«

Empört schnappe ich nach Luft. Versucht er jetzt ernsthaft, Streit anzufangen? Herausfordernd grinst er mich an.

»Und trotzdem bin ich sicher, dass du im Wettreiten ganz schön gegen mich abstinkst«, posaune ich großspurig hinaus und treibe meine graue Stute an. Trotz meiner Worte weiß ich, dass Dariels Reitkünste meinen nach wie vor endlos überlegen sind. Meine einzige Chance besteht in einem unfairen Frühstart.

»Bis zur Felsformation da drüben!«, brülle ich über die Schulter zurück, ducke mich flach über den Hals der Stute und lasse die Zügel locker, in der Hoffnung, dass sie einfach rennt, so schnell sie kann, ohne auf meine mangelhaften Kommandos zu warten. Das Pferd begreift sofort – oder nutzt einfach die Freiheit, die ich ihm gebe.

Der Wind peitscht mir die hellgraue Mähne des Tieres ins Gesicht. Pferdegeruch steigt mir in die Nase. Unter mir donnern die Hufe dahin.

»Du Betrügerin!«, schreit Dariel mir zu, um Wind und Hufgeräusche zu übertönen. Als ich den Kopf zur Seite drehe, sehe ich ihn neben mir. Auch er treibt sein Pferd zu einem rasanten Galopp an.

Seite an Seite jagen unsere Pferde dahin. Ich kann nicht anders, ich muss einfach lachen, weil ich mich mit einem Mal so federleicht fühle. Dariel grinst mir zu, bevor er an mir vorbeizieht.

Das kann ich nicht auf mir sitzen lassen. »Lauf! Wäre doch gelacht, wenn wir das Rennen verlieren. Wir können das schaffen, Maus.«

Der Name ist auf einmal da, obwohl ich nicht nach ihm gesucht habe. Das samtig graue Fell, die wachen, dunklen Augen, die oft so erschrocken dreinblicken und doch einen munteren Ausdruck haben: Sie hat etwas von einer Maus, aber im besten Sinne. Als hätte sie meine Worte verstanden, holt sie noch weiter aus, ihre Galoppsprünge sind geschmeidig und weitgreifend.

Es mag kein eleganter Name sein, kein heroischer. Aber aus irgendeinem Grund habe ich das Gefühl, die Stute ist damit einverstanden.

Und für einen Moment ist die Welt viel heller, die Schatten sind nicht mehr so dunkel, die Farben leuchtender.

KAPITEL 4

Oona

Kopfschüttelnd sehe ich ihnen hinterher, als sie auf ihren Pferden davonjagen und dabei lachen wie zwei unbeschwerte Kinder. Wie kann man nur so sein? Wie kann man so schlagartig umschalten, zwischen Ernst und Spiel? Ich weiß nicht, wann ich zuletzt so ausgelassen war. Es muss gewesen sein, bevor ich in die Blutjägerfestung gekommen bin. Die zugige Burg mit den ernsten, harten Jägerinnen und Jägern war nicht der Ort, an dem ich albern herumtollen konnte. Und der einzige Jäger, der in meinem Alter war, hatte es mehr darauf abgesehen, mich fertigzumachen, als mein Spielgefährte zu sein.

»Oona, wo bleibst du? Seid ihr Jägerinnen alle so langsame Reiterinnen?«, tönt Dariels Stimme herüber.

»Oder willst du es dem armen Pony in die Hufe schieben, dass du so weit zurückbleibst?«, triezt mich Odine.

Ich runzle die Stirn. Im Ernst? Die Prinzessin und ihr einstiger Fechtlehrer denken, sie könnten mich abhängen? Lächerlich. Sogar mit diesem Pony schaffe ich es, sie zu schlagen, und wenn ich das Tier tragen muss.

Schon treibe ich das kleinwüchsige Pferd zum Galopp an oder versuche es zumindest. Das hässliche Tier schnappt kurz nach meinem Bein, doch dann scheint auch sein Ehrgeiz zu erwachen, und es schwingt die krummen Beine. Ein Grinsen tritt auf mein Gesicht.

Kurz nach Odine und Dariel erreiche ich die Felsformation. Hätte ich gegen Xaron verloren, hätte mich das gewurmt. Aber in diesem Fall ist es irgendwie in Ordnung.

Odines Wangen sind gerötet, sie wirkt erhitzt, und ihre Augen glänzen.

»Ich kann es kaum erwarten, was jenseits des Ozeans auf uns wartet«, sagt sie plötzlich.

Dariel lächelt warmherzig. »Ich auch. Ich habe so viel darüber gehört, aber meine eigenen Erinnerungen sind verschwommen. Es ist ein Abenteuer. Aber vor allem werden wir dort in Sicherheit sein. Wohin auch immer es uns verschlägt.«

Es ist rührend, wie optimistisch die zwei die Flucht betrachten. Als gäbe es anderswo keine Gefahren. Als wäre man automatisch in einem Paradies, sobald man den Fuß auf fremdes Land setzt. Und als hätten Feinde jedweder Art keine Möglichkeit, einem zu folgen, wenn man das Land verlässt.

Aber ich spüre, dass mich ihr Enthusiasmus ansteckt. Auch für mich gibt es einen Neuanfang. Einen, nach dem ich nie gefragt habe. Auch ich brenne auf einmal darauf, zu sehen, wie es anderswo sein mag.

Erwartungsvoll sieht Odine mich an. Verdammt, betrachtet sie mich als eine Art Freundin? Ich weiß nicht so recht, was ich sagen oder tun soll.

»Ich freue mich auch darauf«, sage ich zögerlich und merke, wie hölzern ich klinge.

»Ich weiß«, zwitschert sie und fällt mir kurzerhand um den Hals.

KAPITEL 5

Odine

Ich spüre ihre Anwesenheit jetzt die ganze Zeit, unentwegt. Sie ist in meinem Kopf, spricht zu mir, auch wenn ich ihre Worte oft nicht verstehe und die Bilder, die sie mir sendet – ferne Erinnerungen aus einem Leben, das nicht meines ist –, verschwommen bleiben. In manchen Momenten betrachtet sie die Welt stumm durch meine Augen, sieht einfach nur zu, aber ich merke, dass sie da ist.

In anderen Momenten bin ich nicht sicher, wer von uns am Steuer sitzt. Dann bin ich müde, abgelenkt, schläfrig ... und habe plötzlich etwas in der Hand, wonach ich nicht gegriffen habe. Befinde mich ein paar Schritte weiter. Und frage mich verwirrt, ob ich für einen Moment weg war, während Nisha agiert hat. Unwillkürlich fasse ich mir dann an die Stirn, als könnte ich so Kontakt zu ihr aufnehmen.

Ist sie jetzt gerade da? Ist sie immer da? Spürt oder hört sie meine Gedanken? Weiß ich überhaupt selbst, was ich über sie denke?

Tagsüber kann ich das alles einigermaßen ausblenden. Da bin ich so beschäftigt, habe so viele Überlegungen und Pläne im Kopf, denke so viel über die Zukunft nach, rede mit Dariel darüber, wie jene Orte in der Ferne sein mögen, an die es uns verschlagen könnte.

Aber jetzt ist es dunkel und leise um mich herum. Jetzt bin ich allein mit meinen Gedanken. Und mit Nisha.

Es ist mitten in der Nacht. Als ich vorhin eingeschlafen bin, saß Oona noch am Feuer und starrte in die Flammen, was mir ein beruhigendes Gefühl gab. Ist man mit einer Blutjägerin unterwegs, muss man sich wenigstens nicht vor umherschleichenden Bestien ängstigen, die nachts über einen herfallen könnten. Überhaupt gibt es dann Weniges, wovor man sich fürchten muss.

Aber jetzt bin ich hochgeschreckt, sitze schlaflos in unserem improvisierten Lager, und mein Herz rast nervös, ohne dass ich weiß, wovor genau ich mich in diesem Moment ängstige.

Es gibt so vieles, was dafür infrage kommt. All diese Ängste, die unter der Oberfläche brodeln und dann hochkommen, wenn es still um mich wird. Die Furcht vor Marus, dem großen Unbekannten, den ich nur in Nishas Erinnerungen gesehen habe. Der bloße Gedanke an ihn schnürt mir die Kehle zu. Die Angst vor Jägerinnen und Jägern, die hinter mir her sind. Angst vor Bestien und dem Leben außerhalb der Schlossmauern, das immer noch neu für mich ist, obwohl es sich so anfühlt, als wäre ich bereits ewig hier draußen unterwegs. Die fremde und doch vertraute Präsenz Nishas in meinem Kopf, die ich nicht begreife und die mir ein Rätsel bleibt. Und ja, auch die Vorstellung, alles Bekannte hinter mir zurückzulassen und in eine unbekannte Ferne aufzubrechen, wenngleich ich mich darauf auch freue.

Oona bewegt sich auf ihrem Lager. Die Jägerin braucht wenig Schlaf, und anfangs dachte ich manchmal, sie würde sogar ganz ohne auskommen. Ich bildete mir ein, sie wäre die ganze Nacht wach und starrte uns aus ihren gespenstisch hellen Augen an, ohne zu blinzeln. Jetzt hat sie sich am Feuer zusammengerollt, die dicken roten Haare liegen wie eine Decke über ihren Schultern.

Wenn sie sich so zusammenkugelt, wirkt sie viel jünger. Genau genommen, so alt, wie sie ist und wie auch ich es bin: achtzehn Jahre. Im Schlaf verlieren ihre Gesichtszüge die abweisende Härte. Sehe ich sie so, kann ich mir kaum vorstellen, eine Jägerin vor mir zu haben, die davon lebt, Bestien zur Strecke zu bringen, und die ein ganzes Dorf auslöschen könnte.

Auch Dariel rührt sich jetzt. Er öffnet die Augen, in die sofort ein beunruhigter Ausdruck tritt, als er mich dasitzen sieht.

»Alles ist in Ordnung«, flüstere ich ganz leise, um Oona nicht zu wecken.

Dabei ist nicht alles in Ordnung. Jetzt gerade fühle ich mich schrecklich verloren. Es ist einer jener Momente, in denen es sich anfühlt, als spülte mich eine unberechenbare Strömung wild hin und her, ohne dass ich Einfluss auf die Richtung und damit mein Schicksal nehmen könnte.

Dariel versteht sofort, auch ohne dass ich ihm erklären muss, was ich selbst nicht begreife. Er nimmt meine Hand, führt sie an seinen Mund. Weich berühren seine Lippen meine Haut. Der unschuldige Kuss fühlt sich so intim an, dass mir für einen Moment schwindelig wird. Ein Schauer fährt durch meinen Körper, ein angenehmes Prickeln, das mich lächeln lässt und die Schatten vertreibt.

Prasselnd verleibt sich das Feuer das Holz ein, das wir abends gesammelt haben. Rot glühende Linien durchziehen die Äste wie ein Netz aus leuchtenden Adern. Fauchend sprühen Funken hoch, als ein Stock zerbricht und in der Glut untergeht.

Ich rücke näher zu Dariel. Unsere Gesichter sind dicht beieinander. Im rötlichen Licht des Feuers kann ich ihn sehen, sein Lächeln, seinen warmen Blick. Ich schließe die Augen und neige meinen Kopf ein wenig, sodass meine Stirn gegen seine stößt.

»Odine«, sagt er leise und hört sich noch ganz schlaftrunken an.

Wie gern ich meinen Namen aus seinem Mund höre.

Da werden seine Atemzüge auch schon wieder tiefer, und er schläft wieder ein.

Auch ich finde jetzt wieder in den Schlaf. Seine Stirn an meiner zu spüren, lässt keinen Platz für dunkle Gedanken. Es ist, als würde sein Optimismus auf mich überschwappen. Ich fühle mich sicher und geborgen. Meine Hand liegt immer noch in seiner. Mit einem Lächeln auf den Lippen schlafe ich ein.

Als ich am nächsten Morgen erwache, weil Oona die Pferde sattelt und dabei extralaut mit den Metallteilen klappert, um uns aus dem Schlaf zu reißen, liegen Dariel und ich immer noch Stirn an Stirn. Und immer noch hält er meine Hand.

KAPITEL 6

Oona

Silberfels.

Ich war noch nie hier. Einige Male hat mich die Jagd auf Bestien in den Norden geführt, in die Nähe der Stadt. Die Kälte, die sogar an den wenigen sonnigen Tagen in der Luft liegt, ist mir vertraut. Ebenso wie der Nebel, der an den meisten Tagen über dem Land hängt, der das Licht dämpft und alle Farben blass und ausgewaschen aussehen lässt. Doch nach Silberfels selbst hat es mich noch nie verschlagen.

Stolz und trutzig thront die Stadt am Rande dieses Kontinents, am Rande Garas, der Welt, die ich kenne. Die schmalen Häuser mit den spitzen Dachgiebeln reihen sich wie Zinnen einer gigantischen Burgmauer aneinander.

Einen einladenden Eindruck macht die Stadt nicht. Sie wirkt ebenso verschlossen wie die Gesichter der Bewohnerinnen und Bewohner, die, in dicke Kleidung gehüllt, geschäftig über die Kopfsteinpflasterstraßen eilen. Tapfere, entschlossene Menschen müssen es sein, die hier die Stellung halten, die von hier in

See stechen, dem wilden Ozean entgegentreten. Die mit Booten und Schiffen hinausfahren und sich den unberechenbaren Stürmen und Strömungen stellen. Netze voller Fisch an Land ziehen oder Handel betreiben, um exotische Waren nach Gara zu bringen.

Und auch hier ist das Rauschen des Meeres allgegenwärtig. Es rollt durch die Straßen und Gassen, hallt aus Ecken wider, prallt am Stein ab. Der Ozean singt ein wildes Lied, das niemals endet.

Hier sind wir jetzt. Ich fliehe mit den Menschen, ohne die ich gar nicht fliehen müsste. Ohne die ich mein gewohntes Leben weiterführen könnte und die alles geändert haben. Indem sie mir eine Freundlichkeit gezeigt haben, die ich zuvor von niemandem erfahren habe. Und indem sie mir eine Menschlichkeit in mir selbst gezeigt haben, von deren Existenz ich nichts ahnte.

Es tut mir trotz allem körperlich weh, Marus zurückzulassen. Ohne auch noch ein einziges Mal mit ihm gesprochen zu haben. Ohne mit ihm darüber zu reden, was ich erfahren habe.

Als er mich losgeschickt hat, war alles in Ordnung. Er war mein Mentor, mein Anführer, meine Familie, mein Alles. Dann verschob sich die Welt, als ich meiner Beute gegenüberstand und in die Augen eines Menschen blickte.

Das Sehnen zerreißt mein Herz. Es zieht mich zurück nach Hause, in die einzige Heimat, die ich kannte. Gleichzeitig leitet mich mein Herz so weit weg wie möglich von diesem Ort.

Unsere Stiefel hallen auf den feuchten Pflastersteinen wider. Einfach nichts in dieser großen Stadt scheint trocken zu sein. Als hätte sich der stetige Sprühnebel der Wellen, die ans Ufer prallen, als feuchter Film über den Boden, die Mauern und jeden einzelnen Gegenstand gelegt.

Odine hat ihre auffällige blonde Haarpracht versteckt, so gut es ging. Sie hat sie zu einem Zopf geflochten und unter der Kapuze verborgen, um nicht mehr als nötig aufzufallen. Sorgenfalten graben sich in ihre Stirn, ihre Lippen sind fast so blass wie ihre Wangen.

Jetzt wird es ernst. Das ist uns allen klar. Jegliche Leichtigkeit ist verflogen.

»Ich suche einen Stall, um die Pferde unterzustellen. Vielleicht haben wir Glück und finden eine Überfahrt, auf der wir sie mitnehmen können. Aber bevor wir tagelang auf ein Schiff warten, das Platz für uns und die Tiere hat, lassen wir sie besser zurück«, stellt Dariel pragmatisch fest.

Zustimmend nicke ich. Ein paar Tage zu warten, wäre ein unkalkulierbares Risiko. Jede Stunde, die wir vergeuden, bringt die Jäger näher an uns heran. Daran zweifelt keiner von uns.

»Ich gehe zum Hafen und höre mich dort um«, beschließe ich.

Gleichzeitig schauen wir beide zu Odine. Hat sie überhaupt ein Wort von dem gehört, was wir gesagt haben? Sie wirkt völlig weggetreten und starrt ins Nichts. Grübelt sie nur, oder steckt mehr dahinter?

Behutsam stoße ich sie von der Seite an. Nicht fest, doch sie zuckt zusammen, als hätte ich sie geschlagen.

»Ja«, murmelt sie, nachdem noch ein beunruhigend langer Moment verstrichen ist. »Ihr habt recht. Lasst uns keine Zeit verlieren.«

Dariel und ich tauschen einen Blick aus. In seinen Augen lese ich die gleiche Sorge, die auch ich empfinde. Schlagartig kann sie zwischen der unbeschwerten, fast kindlich-fröhlichen Odine und der sorgenvollen, in sich gekehrten Odine hin- und herschalten.

Wenn ich sie so sehe, wünsche ich mir das lachende Mädchen zurück, das sich auf die anderen Kontinente und einen neuen Start gefreut hat.

KAPITEL 7

Odine

Ich kann den Blick nicht von den Schiffen abwenden. Es sind Giganten, die langsam und schwerelos über das dunkle Wasser schweben. Sie durchschneiden die dichten Nebelschwaden, die über das Meer kriechen und mich an den Atem mystischer Drachen erinnern, über die mir Nerina einst Geschichten erzählte. Mächtige Handelsschiffe gibt es hier, mit hohen Masten und ausladenden Segeln. Kleinere Fischerboote, in denen Eimer und Netze liegen. Das Holz ist von den Stürmen und dem Salz der See gezeichnet, ebenso wie die Gesichter der Menschen hier. Die Planken knarren leise, wenn die Wellen die Schiffe schaukelnd heben und senken. Geheimnisvolle Schnitzereien und fratzenhafte Galionsfiguren zieren die Rümpfe.

Fröstelnd ziehe ich den Umhang enger um mich. Diese allgegenwärtige Nässe kriecht durch jedes Kleidungsstück. Ein wenig erinnert sie mich an unsere Zeit im Sumpf, doch hier ist die Luft härter und schneidender. Ich schmecke das Salz bei jedem

Atemzug. Als ich die Lippen aufeinanderpresse, knirschen darauf die feinen Kristalle.

Die Aussicht darauf, meinen Feinden zu entkommen, hat mich kurzzeitig mit einem Hochgefühl erfüllt. Ich habe mich so erleichtert gefühlt, als wir auf Silberfels – unseren Ausweg – zusteuerten und das Ziel immer näher rückte. Gara den Rücken zu kehren, erschien so aufregend und vielversprechend, dass ich meine Ängste vorübergehend vergessen konnte. Aber nun haben sie mich wieder eingeholt.

Ich versuche, tapfer zu sein.

Gara ist ein dunkler Ort voller Zähne und Klauen. Ein Ort, erfüllt von Legenden und Sagen, der darauf wartet, einen zu verschlingen. Voll von Bestien und Gefahren.

Gara ist meine Heimat, die einzige, die ich bisher kannte. Aber ich weiß, dass es da draußen mehr gibt. Dass da eine Zukunft auf mich wartet, wenn ich es schaffe, von hier zu entkommen.

Dariel ist direkt neben mir. Er hat die Pferde in einem Stall untergebracht. Jetzt stehen wir auf der Kaimauer, warten auf Oona und hängen unseren Gedanken nach, die sich träge wie die Schiffe vor uns bewegen.

Auch Dariel ist heute ernst und verschlossen. Bei uns allen ist die Stimmung gedrückt. Für uns alle bedeutet diese Flucht einen großen Schritt. Wir alle verlieren viel.

Ich? Es ist nicht so, als hätte ich eine Wahl gehabt. Mir hat das Schicksal diese schwere Entscheidung aufgedrängt. Meine Stellung als Prinzessin habe ich verloren und mit ihr meine Familie, mein Zuhause, meine Sicherheit, meinen Komfort. Der einzige Fixpunkt in meinem Leben, auf den ich mich noch verlasse, ist Dariel.

Er? Meine Kehle wird eng, wenn ich darüber nachdenke, dass er all das nicht hätte tun müssen. Er hat weniger zu verlieren als ich. Nur seine Anstellung am Hof meiner Eltern, an der er ohnehin nicht hing. Auch er blickt einer ungewissen Zukunft entgegen.

Was, wenn der Weg, den er beschreiten wird, mich nicht mehr so viel länger beinhaltet? Wenn sich unsere Wege nach der Überfahrt – wohin auch immer – doch trennen? Vor Angst wird mir schwindelig.

Er ist mein Begleiter. Überdeutlich ist mir bewusst, wie wichtig er für mich ist. Wie fragil das Fundament ist, auf dem meine Existenz derzeit ruht und auf dem ich meine Zukunft aufbaue: Ein einzelner Mensch trägt meine Grundmauern auf seinen Schultern. Wankt er, dann schwankt mein gesamtes Leben. Beschließt er zu gehen, bin ich verloren. Eine kleine Entscheidung seinerseits könnte mich in den Untergang stürzen. Ich glaube daran, dass alles gut werden kann, solange ich zumindest ihn an meiner Seite habe. Wäre er nicht mehr da – wäre ich ganz allein –, was wäre dann? Ich will es mir nicht ausmalen.

Wie abhängig ich bin. Die Unsicherheit macht mich schlagartig ganz nervös. Meine Brust fühlt sich eng an, sodass mir das Atmen schwerfällt. Nur mühsam bekomme ich Atemzug für Atemzug der scheußlich rauen Luft in meine Lunge. Meine Handflächen werden noch feuchter, als sie es wegen der Meeresluft ohnehin schon sind. Als eine große Welle so heftig gegen die Kaimauer prescht, dass mir Wasser bis ins Gesicht spritzt, zucke ich erschrocken zusammen. Heute, an diesem entscheidenden Tag, liegen meine Nerven blank.

»Dariel. Wenn wir ankommen, wo auch immer …«

»Ja?«

Meine Brust ist so eng, und die Worte, die darin feststecken, blähen sich so auf, dass ich fast glaube zu platzen. Und dann kann ich sie einfach nicht mehr zurückhalten, wie kantige Kieselsteine rollen sie mir aus dem Mund.

»Ich weiß, dann ist es an der Zeit für deine Entlohnung. Ich halte mein Wort, natürlich. Sobald wir vom Schiff sind, bekommst du das Collier. Aber ich könnte deine Begleitung weiterhin gebrauchen. Wir finden bestimmt eine Vereinbarung. Meine Schwester Nerina. Sie stand mir immer nah. Als der Wahrspruch mir das Bild der Roten Witwe zeigte, wandte sie sich gegen mich, so wie alle. Aber seitdem ist Zeit vergangen. Sie hatte die Möglichkeit, sich zu beruhigen. Sie ist doch immer noch meine Schwester! Wenn ich es schaffe, ihr eine Nachricht zukommen zu lassen … Wenn ich ihr sage, dass ich Schmuck, Wertgegenstände, Geld benötige … Dann wird sie mich ganz gewiss nicht im Stich lassen.«

Ich bin ziemlich sicher, dass Nerina ebenso wenig von mir hören will wie der Rest meiner Familie. Abgesehen davon, dass ich erst einmal einen Weg finden müsste, um von wer weiß wo eine Nachricht zurück nach Gara zu senden. Es wäre schwierig, vielleicht unmöglich. Wenige Schiffe verkehren zwischen Gara und anderen Inseln und Kontinenten. Dennoch bin ich bereit, alles zu versuchen, um weiterhin etwas in der Hand zu haben, was Dariel an mich bindet. Er darf mich nicht verlassen, um jeden Preis muss ich das verhindern. Jeder Anreiz, bei mir zu bleiben – jedes Druckmittel, um ihn zu halten –, alles wäre mir recht, solange ich mich nur darauf verlassen könnte, dass er mich nicht allein lässt.

Fassungslos starrt er mich an, als hätte ich ihm eine schallende Ohrfeige verpasst. In dem Moment bereue ich es schon. Doch die Worte sind ausgesprochen, sie lassen sich nicht zurücknehmen. Hässlich hängen sie zwischen uns in der Luft.

»Dieses verdammte Collier!«, stößt er hervor. Der bittere Tonfall schneidet mir ins Herz. »Als hätte ich dich nur deswegen begleitet. Meinst du, ich riskiere mein Leben immer wieder für ein paar glitzernde Steine?«

Ich presse die Lippen zusammen. »Davon gehe ich aus.« Tue ich nicht. Das ist eine Lüge.

Er ist blass geworden, doch seine warmen braunen Augen sind dunkel. »Das ist es, was man dir beigebracht hat, nicht wahr? Dass Menschen nach deiner Pfeife tanzen, weil du mit Macht, Einfluss und Geld geboren wurdest. Dass jeder käuflich ist. Dass du Menschen glänzende Münzen oder funkelnden Schmuck in die Hand drücken kannst und sie daraufhin alles tun, was du willst.«

Seine Worte sind wie Nadelstiche. Sie bohren sich in meine Haut, meinen Kopf und mein Herz. Sie schmerzen, weil sie zutreffen.

Doch das ist das Letzte, was ich in diesem Moment zugeben würde.

Haltung bewahren, Odine, hallt die Stimme meiner Mutter mahnend durch meinen Kopf.

Ich drücke den Rücken durch und halte den Kopf aufrecht, als wäre ich auf einem Ball, auf dem alle Augen auf mich gerichtet sind und jeder auf einen Ausrutscher von mir wartet. Von klein auf habe ich gelernt, mich zu beherrschen.

»Es wird dich überraschen, aber jeder hat einen Preis«, entgegne ich in vollstem Bewusstsein darüber, wie hochmütig ich klinge. Meine Wangen glühen, doch ich versuche, mir nicht anmerken zu lassen, wie aufgewühlt ich bin.

»Und nun versuchst du, mich zu kaufen?« Er hingegen tut nichts, um seine Gefühle zu verbergen. Sie stehen ihm deutlich ins Gesicht geschrieben. Enttäuschung. Abscheu.

Ich fühle mich schmutzig. Warum habe ich diese Dinge gesagt? Ich muss beschwichtigen, die Wogen glätten, die gerade so viel höherschlagen als jene auf dem Meer in diesem geschützten Hafenbecken.

Ich will doch nur nicht, dass du gehst, schreie ich innerlich. *Ich will doch nur, dass du bei mir bleibst.*

Aber diese Worte kommen mir nicht über die Lippen. Die Wahrheit bleibt mir im Halse stecken.

»Ich versuche, eine Vereinbarung zu treffen, nicht mehr und nicht weniger«, presse ich mühsam hervor.

Ich versuche, dich an mich zu binden, damit du mich nicht allein lässt. Weil ich außer dir nichts und niemanden habe. Und weil ich ... dich liebe. Verstehst du das nicht?

»Wenn du denkst, ich würde dir für Gold oder Edelsteine folgen, weißt du nichts über mich. Oder du willst mich beleidigen.« Er spuckt die Worte förmlich aus. Und klingt dabei, als wollte er mich in dem Moment am liebsten im Meer ersäufen, gleich hier und jetzt zwischen den Schiffen und Booten.

»Das ist nicht deine größte Sorge«, wispert Nisha auf einmal in meinem Kopf, so unvermittelt, dass ich beinahe aufgeschrien hätte. So klar höre ich sie fast nie. Jedes einzelne Wort, als wäre da wirklich jemand, der mich laut und deutlich angesprochen hat.

»Was?«, knurrt Dariel mürrisch.

»Nichts«, murmle ich und verschränke die Arme vor der Brust. Meine Augen brennen, Gischt benetzt meine Wangen. Ich halte den Atem an, bis ich glaube, dass meine Brust birst.

KAPITEL 8

Oona

Als ich zum vereinbarten Treffpunkt an der Kaimauer komme und wieder auf Odine und Dariel stoße, merke ich sofort, dass sich etwas verändert hat. Die Luft ist so dick, dass ich sie mit einem scharf geschliffenen Schwert schneiden könnte. Schweigend starren beide aufs Hafenbecken hinaus.

Ich räuspere mich, um mich bemerkbar zu machen. »Alles ist organisiert. Dass wir nichts zahlen können, abgesehen von den paar Münzen, die Megara uns mitgegeben hat, hat selbstverständlich nicht für Begeisterungsstürme gesorgt. Doch ich habe unsere Arbeitskraft angeboten und betont, dass wir uns nicht zu schade sind, uns die Hände schmutzig zu machen. Wir werden schon irgendwie damit durchkommen, dass du, Odine, nicht gerade dafür geboren bist, ein Deck zu schrubben oder schwere Sachen zu schleppen. Dariel und ich können sicher einen Teil deiner Arbeit erledigen, damit es nicht so auffällt.«

»Ich kann auch anpacken«, faucht sie. »Mag ja

sein, dass ich nicht so stark bin wie Dariel oder gar wie du. Aber hör auf, mich wie nutzlosen Ballast zu behandeln.«

Ich ziehe eine Augenbraue hoch. »Wow, immer mit der Ruhe. Niemand hier hat dich als Ballast bezeichnet.«

Nun ja, möglicherweise hat Dariel das getan, bevor ich aufgetaucht bin. Das würde die angespannte Stimmung und die verhärteten Mienen erklären. Aber mir ist die Zeit zu kostbar, um zwischen den beiden zu vermitteln und geduldig die Streitschlichterin zu spielen.

»Das Schiff legt morgen früh ab. Wir nehmen die *Monarchin der See*. Ein alter Kahn, der seinem hochtrabenden Namen nicht gerecht wird und wirklich schon bessere Tage erlebt hat. Aber eine andere Wahl haben wir nicht. Im Morgengrauen sollen wir uns einfinden. Dann stechen wir in See. Es geht in Richtung Norden.«

Nie würde ich es zugeben, aber alles in mir sträubt sich dagegen, mich auf ein Schiff zu begeben. Jägerinnen und Jäger zeigen zwar keine Angst, und auch ich habe mir diese Emotion schon lange abgewöhnt. Aber begeistert bin ich nicht. Den festen Erdboden zu verlassen und nur von ein paar Holzplanken getragen über den offenen Ozean zu schaukeln, kann ich schwerlich als vernünftig bezeichnen.

»In Ordnung.« Dariel ist ungewöhnlich wortkarg.

Odine nickt nur.

Was für ein Traum. Wir alle brennen offensichtlich für diese Reise. Die Stimmung könnte kaum besser sein. Ein Glück, dass Schiffe von Wind und nicht von guter Laune angetrieben werden. Sonst würden wir morgen früh mit unserer *Monarchin der See* nicht einmal das Hafenbecken verlassen.

Die Nebelschwaden, die über das Meer ziehen, verdichten sich und strecken ihre geisterhaften Finger nach dem Ufer aus.

»Eine Seefahrt. Wie schön! Allerdings bin ich ein bisschen gekränkt, weil du mich nicht eingeladen hast.« Die spöttische Stimme lässt mir das Blut in den Adern gefrieren.

Xaron war schneller, als ich dachte. Und Marus hat mit seinem Auftrag nicht lange gefackelt.

Mein Magen schnürt sich schmerzhaft zusammen. Gleichzeitig erwachen meine antrainierten Kampfinstinkte. Meine Hand zuckt wie von selbst zum Neuntöter. Langsam drehe ich mich um.

Xaron ist nicht allein gekommen. Natürlich nicht. Sechs dunkel gekleidete Gestalten sind es insgesamt, die sich uns lautlos genähert haben. Aufgereiht stehen sie uns gegenüber, ragen wie geisterhafte Figuren aus dem Nebel, der nun knöchelhoch und beinahe blickdicht über die Pflastersteine wabert.

Mich verlässt der Mut. Es ist vorbei.

Als ich Xarons süffisantes Grinsen sehe, weiß ich es: Ich habe keine Chance. Mich zu besiegen, dürfte ihm eine größere Genugtuung bereiten, als die Beute in Form von Odine zur Festung zu schleppen. Für beides wird er die Lorbeeren ernten und ein dickes Lob von Marus abstauben.

Ich sehe schon vor mir, wie er sich abends am Feuer vor den anderen Jägerinnen und Jägern mit seinem Erfolg brüstet. Wie er genüsslich in allen Einzelheiten berichtet, der abtrünnigen Oona eine Lektion erteilt und den Auftrag erfüllt zu haben, an dem sie gescheitert ist.

Seine tiefblauen Augen glitzern. Er besitzt sogar die Unverschämtheit, mir in diesem Moment zuzuzwinkern. Ich will meine Faust in sein viel zu hübsches Gesicht rammen.

Neben ihm steht Gira. Wir sind bisher immer miteinander ausgekommen, doch jetzt starrt sie mich feindselig an. Das wundert mich nicht. Ich habe mich gegen den Jägerorden gestellt und damit gegen sie. Auch Jon ist da. Die weißen Haare hat er zu Zöpfen geflochten. Nicht aus Eitelkeit, sondern damit die Mähne ihm beim Kampf nicht die Sicht raubt. Er schafft es nicht mal, mir in die Augen zu schauen.

Dann ist da noch Bjorn, der sich eng an Giras Seite hält und nervös an seinem Neuntöter herumnestelt, ohne mich aus den Augen zu lassen.

Außerdem Silla und Varomar, beide aschblond und mit fast schwarzen Augen, die in der Festung kaum ein Wort sagen und sich auch jetzt im Hintergrund halten.

Xaron fasst in den Ausschnitt seines schwarzen Hemdes. Die schlichte Phiole, die nun an einem Lederband in seiner Hand baumelt, wirkt unter dem bewölkten Himmel matt. Er steht zu weit von mir entfernt, um genau erkennen zu können, was sich darin befindet. Aber ich weiß es auch so. Es muss eines meiner Haare sein: widerspenstig und kupferrot.

Er wirbelt das Lederband mit dem gläsernen Anhänger durch die Luft, sodass es um seine Finger rotiert. Dann schnappt er die Phiole aus der Luft und lässt sie wieder unter seiner Kleidung verschwinden.

Die formvollendete Verbeugung, die er darauf folgen lässt, ist wie blanker Hohn. Als wären wir bei Hofe und er forderte mich zum Tanz auf.

»Nachdem aus der geplanten Bootstour offensichtlich nichts wird … Darf ich die Damen bitten, uns zur Festung zu begleiten?«

Alle anderen Menschen sind wie auf ein geheimes Kommando hin verschwunden. Der Hafen ist wie leer gefegt. Verlassen schaukeln die vertäuten Schiffe auf dem Ozean, keiner ist mehr auf Deck. Niemand läuft mehr den Pier entlang. Die Fenster und

Türen der Wohn- und Lagergebäude sind allesamt zu, die Fensterläden geschlossen. Wie Ratten sind die Menschen in ihre Löcher geflohen.

Gut für sie. Wenn hier ein Kampf entbrennt, wollen sie wahrlich nicht hier sein und zwischen die Fronten geraten.

Verkriecht euch, ihr Ratten, und seid uns nicht im Weg.

Ich schließe die Hand fester um den Griff meines Neuntöters.

»Ich weiß nicht, was Marus mit Odine vorhat. Aber er bekommt sie nicht. Sie hat niemandem etwas getan. Sie wird friedlich ihrer Wege ziehen und Gara verlassen. Es gibt keinen Grund, sie aufzuhalten. Wenn ihr uns gehen lasst, muss es keinen Kampf geben. Dann muss kein Blut fließen.«

Xaron lacht leise. Zu Recht. Wenn sechs Mitglieder der Jägergilde einer einzelnen Jägerin gegenüberstehen, gehört nicht viel Fantasie dazu, um das Ende des Kampfes vorherzusehen. Dariel oder gar Odine zähle ich gar nicht. Sie würden der Wucht des Angriffs keine Sekunde standhalten.

»Klar. Wir setzen uns noch schnell zu einem Picknick zusammen. Plaudern ein bisschen über alte Zeiten. Und dann schütteln wir einander freundlich die Hände und ziehen unserer Wege. Ich denke, das wird auch Marus gut gefallen. Bestimmt hätte er Verständnis dafür.«

Gira stößt ihn von der Seite an. Sie spricht leise, aber ich verstehe trotzdem, was sie zu ihm sagt. »Hör verdammt noch mal mit diesen Witzchen auf. Marus hat keinen Zweifel daran gelassen, wie wichtig der Auftrag ist. Wir sollten keine Zeit verlieren.«

Unwillig verzieht er das Gesicht. Ich sehe ihm an, wie gern er etwas Scharfes erwidern würde. Marus hat ihm die Verantwortung für diesen Auftrag übertragen, und darauf bildet er sich ziemlich viel ein. Er kostet jeden Moment aus und will in seinem Höhenflug nicht auf den Boden der Tatsachen geholt werden. Typisch für dieses nervige Großmaul. Wie gern hätte ich darauf verzichtet, ihn wiedersehen zu müssen.

Aber Xaron weiß, dass Gira recht hat. Und vor dem Oberhaupt der Gilde hat Xaron noch mehr Respekt als vor seinem Ego, da ist es vorbei mit seiner großen Klappe.

»Hör zu, Oona. Du weißt, dass wir euch nicht entkommen lassen. Jedes Wort darüber ist Zeitverschwendung. Marus will, dass wir die Prinzessin ausliefern. Also tun wir das. Übrigens will er nicht nur die Prinzessin in Ketten vor sich sehen.«

Ich fletsche die Zähne. So wurde aus der Jägerin die Beute. »Tu uns beiden einen Gefallen. Du weißt, ich bin dir im Kampf überlegen. Erspar mir die Mühe und dir die Blamage und verschwinde, bevor ich dir vor den anderen den Hintern versohle.«

Natürlich wird er das nicht tun, er wird uns selbstverständlich nicht ziehen lassen. Das ist mir auch klar. Aber zumindest ist es mir gelungen, ihn wütend zu machen, und das verschafft mir ein kleines bisschen Genugtuung. Sein Kiefer mahlt, das Blau seiner Augen verdunkelt sich.

»Marus brennt darauf, zu erfahren, was du so lange hier draußen tust. Wo du dich herumtreibst, statt deinen Auftrag auszuführen. Und warum du mich angegriffen hast, als ich zu deiner Unterstützung gekommen bin, solltest du ihm besser auch erklären.«

»Ich bin sicher, du hast keine Zeit verloren, mich zu verpetzen und dich bei Marus ausgiebig auszuheulen.«

In Xarons Blick flackert es.

Dariel hält sich eng an meiner Seite. Ohne dass wir uns abgesprochen haben, rücken wir ein Stück vor, sodass wir zwischen Odine und den Jägern und der Jägerin stehen.

»Verschwindet von hier.« Dariel umklammert seinen Revolver so fest mit der Hand, dass seine Fingerknöchel weiß hervortreten. Der Lauf ist geradewegs auf Xarons Kopf gerichtet.

Dariel und ich haben uns einige Male über diese neuartige Art von Waffen und deren Funktionsweise unterhalten. Ich weiß, dass dieser Revolver nicht sonderlich zielgenau ist und noch dazu das Risiko birgt, gar nicht oder direkt in der Hand des Schützen loszugehen. Beides wäre fatal.

»Wir wollen keinen Ärger. Wir drei verschwinden von hier, und ihr hört nie wieder von uns. Aber eines kann ich euch sagen: Odine bekommt ihr nicht.« Dariels Stimme hat einen bedrohlichen Unterton angenommen, den ich ihm kaum zugetraut hätte.

Obwohl ich am eigenen Leib erfahren habe, was diese Schusswaffe anrichten kann, glaube ich keine Sekunde daran, dass er damit weit kommen wird. Selbst wenn es ihm gelänge, einen der Jäger auszuschalten, würden ihn die anderen auf der Stelle überwältigen.

Mitleid durchfährt mich. Der arme, tapfere Kerl. Die ganze Zeit hat er Odine beigestanden und sie geschützt. Nicht etwa wegen des belanglosen Schmuckstücks, das sie ihm als Bezahlung versprochen hat. Selbst mir ist klar, wie viel ihm an ihr liegt. Und jetzt wird er für sie sterben.

Es ist tragisch. Ich kann nichts tun, um die beiden Menschen zu schützen, die so tapfer allen Widrigkeiten getrotzt haben und die mir doch tatsächlich ans Herz gewachsen sind.

Xaron beachtet Dariel nicht einmal. Wenn nötig, wird er ihn töten, ohne mit der Wimper zu zucken.

Ich habe keine Chance gegen sechs so starke Gegner.

Aber ich werde mich nicht kampflos ergeben. Schon gar nicht ihm.

Eine Drehung am Neuntöter. Die Klinge, die hervor springt, benutze ich selten: die lange, schlanke Schneide des Zweihandschwertes. Mit beiden Händen umfasse ich den Griff und halte die Waffe zwischen mich und Xaron. Die glänzende Klinge teilt mein Blickfeld in zwei Hälften.

Als geschlossene Einheit steht mir die Reihe der Jägerinnen und Jäger gegenüber. Zu jedem und jeder Einzelnen von ihnen suche ich Blickkontakt. Zu Gira mit dem Narbengesicht, die ich gern mag. Zu Jon, der mehr Bestien erlegt hat als irgendjemand. Bjorn, der so freundlich lächeln kann und manchmal nicht hart genug erscheint, um als Jäger bestehen zu können –, auf den man sich aber blind verlassen kann, wenn man mit ihm losgeschickt wird. Zu Silla und Varomar, den Unzertrennlichen, die sich so ähnlich sehen wie Geschwister, die mir aber ein völliges Rätsel sind.

Ich werde nicht zulassen, dass sie mich zur Festung zurückschleifen. Was bedeutet, dass mich das gleiche Schicksal ereilen wird wie Dariel: Auch ich werde hier mein Ende finden.

KAPITEL 9

Odine

Innerhalb weniger Augenblicke hat sich das Blatt gewendet. So vollständig, dass ich mich benommen frage, ob das alles nur ein schlimmer Traum ist.

Die Flucht lag in so greifbarer Nähe. Ich dachte wirklich, wir hätten es geschafft. Und jetzt ist alles vorbei. Von einem Moment auf den anderen.

Dariel und Oona haben sich vor mir aufgebaut. Sie haben ihre Waffen gezogen, doch gegen die Überzahl der Jägerinnen und Jäger können sie nichts ausrichten. Ich weiß, wie tödlich Oona ist. Doch diese Männer und Frauen sind ebenso wie sie: dazu gemacht, zu kämpfen und zu töten. Jeder und jede von ihnen ist mit übermenschlichen Reflexen und Kräften ausgestattet, von denen ich nur träumen kann.

Sachte scheint der Boden zu schwanken, als hätte sich das Meer unter die Pflastersteine geschoben, um sie im Rhythmus des Ozeans zu heben und zu senken. Meine Wangen glühen. Irgendwo im Hintergrund meiner Gedanken höre ich Nisha, doch ich verstehe nicht, was sie schreit.

Oona. Und Dariel.

Xaron will eigentlich nur mich – weil Marus mich will, aus welchem Grund auch immer.

»Xaron!« Es ist das erste Wort, das ich spreche, seit unsere Feinde aufgetaucht sind. Ich erschrecke selbst darüber, wie laut meine Stimme ist.

Sein Kopf schnellt zu mir. Der Wind, der über den Ozean zieht, peitscht ihm die schwarzen Haare ins blasse Gesicht. Seine Augen sind blau wie kaltes, tiefes Wasser. Ich muss nichts weiter sagen. Er begreift auch so. Augenblicklich zieht sich ein breites Grinsen über sein Gesicht.

Er streckt die Hand einladend in meine Richtung aus. »Nur dich, Prinzessin. Nur dich muss ich zurückbringen. Dein Liebster ist nicht relevant für Marus. Er darf weiterleben.«

»Und Oona?« Jetzt zittert meine Stimme doch. »Das ist meine Bedingung, Jäger. Oona und Dariel werden verschont. Beide. Ich bin sicher, dein Meister wird über Oonas Bestrafung hinwegsehen, wenn er dafür mich bekommt. Darum geht es hier doch eigentlich.«

Lächerlich. Als würde so eine Vereinbarung im echten Leben funktionieren.

Aber der Jäger nickt. »Du hast mein Ehrenwort.«

Das Ehrenwort eines Jägers. Damit muss ich leben, darauf vertrauen, ohne zu wissen, wie stabil ein solches Wort aus einem solchen Munde ist.

»Auf keinen Fall«, zischt Dariel. So aufgebracht habe ich ihn noch nie gehört.

Oona wirft mir über die Schulter hinweg einen vernichtenden Blick zu, bevor sie sich wieder nach vorn zu der Jägerin und den Jägern wendet.

Es muss schnell gehen. Andernfalls werden die beiden niemals zulassen, was ich vorhabe. Ich habe nur diesen einen Versuch.

Ohne weiter darüber nachzudenken, renne ich los. Ich stürme blindlings auf Xaron zu.

Er grinst mich an. Nur noch ein paar Schritte. Ich weiß nicht, ob und wie Oona und Dariel reagieren – habe keine Zeit, mich umzuschauen.

Meine Hand findet Xarons. Er bekommt mich zu fassen, zerrt mich an sich heran. Ich schnappe nach Luft, stolpere auf ihn zu, pralle gegen ihn. Er packt mich.

Er hat mich so herumgewirbelt, dass ich mit dem Rücken zu ihm stehe. Hinter mir spüre ich seinen stahlharten Körper. Vor mir sehe ich Dariel und Oona, beide in der Bewegung eingefroren. Sie müssen versucht haben, mich einzuholen, verharren jetzt aber ganz still.

Vermutlich wegen der eiskalten Klinge, die sich blank geschliffen gegen meine Haut drückt. Fest, aber so, dass noch kein Blut fließt.

Die Enttäuschung in Dariels Blick. Oonas Wut. Das ist das Schlimmste für mich.

Schlimmer noch als das Scheitern unserer Flucht. Schlimmer, als dass ich jenen Monstern in die Hände gefallen bin, vor denen ich weglaufen wollte und die mich mehr ängstigen als alle Bestien Garas.

Aber da lodert wilde Hoffnung in meiner Brust: Er wird sie verschonen. Er wird sein Versprechen halten.

Noch immer hält er mich fest. Ich höre sein Lachen gar nicht, ich spüre es nur an der leichten Vibration seiner Brust, die gegen meinen Rücken gepresst ist.

Achtlos stößt er mich zur Seite, einer anderen Jägerin in die Arme. Einer Frau, deren Gesicht von schrecklichen Narben entstellt ist, die sich wulstig über ihre Haut ziehen. Wie Stahlklammern umschließen mich ihre Arme. Ich bäume mich in ihrem Griff auf, stemme mich gegen sie, versuche, mich zu befreien. Doch es bereitet ihr nicht die geringste Mühe, mich zu halten.

»Still, Prinzessin.« Ihre Stimme ist ruhig, nicht einmal unfreundlich. »Es hat keinen Sinn.«

Sie hat recht, hat es nicht. Ich kann trotzdem nicht aufhören, gegen sie anzukämpfen. Denn in diesem Moment erkenne ich, dass ich getäuscht wurde. Tränen vernebeln meine Sicht, Tränen der Wut und Enttäuschung. Ein reißender Schmerz geht durch meine Brust.

Dariel.

Oona.

Aus den Augenwinkeln sehe ich verschwommen, was passiert. Dass Xaron und seine Gefolgsleute auf ein wortloses Signal hin losschnellen.

Höre Oonas zornigen Schrei, der halb menschlich, halb wie das Fauchen einer Bestie klingt.

Der ohrenbetäubende Knall, der in meinen Ohren nachhallt: Dariels Revolver.

Dariels Keuchen – vor Schreck, Anstrengung oder Schmerz?

Ich schluchze auf. Schlage mit meinen Fäusten nach hinten gegen den Bauch der Jägerin, trete wild nach ihr. Sie ist stämmig gebaut, muskulös, aber nicht viel größer als ich. Dennoch ist es, als kämpfte ich gegen eine Mauer an. Gegen eine mir hoffnungslos überlegene Gegnerin. Ich heule, schlage um mich. Schmettere meinen Kopf zurück, mein Hinterkopf trifft ihre Nase.

Sie stößt einen dumpfen Fluch aus. Wirft Stoff über mich – einen Umhang? Eine Decke? Ich kann nichts sehen, mich nicht mehr bewegen. Ich schreie, bis meine Kehle rau ist. In meinem Kopf schreit Nisha.

Kampfeslärm, immer noch.

Und dann ist es auf einmal erschreckend still.

Starke Hände heben mich hoch. Der Atem wird mir schlagartig aus der Lunge gepresst, als ich bäuchlings auf einem Pferderücken lande. Ich ringe nach Luft, während mich meine Tränen zu ersticken drohen.

Jeder Galoppsprung des Pferdes ist ein Schlag in meine Magengrube. Mir ist schlecht und schwindelig, bereits jetzt schmerzen meine Rippen. Jemand sitzt mit mir auf dem Pferd. Als ich mich in der Hoffnung winde, hinunterzufallen, um mich dann befreien zu können, spüre ich eine harte Spitze, die sich durch den Stoff in meine Seite bohrt: eine Waffe, ein Schwert oder Dolch. Ein deutliches Zeichen.

Und wennschon. Was habe ich zu verlieren? Jede Hoffnung ist zunichte, unsere Pläne sind gescheitert. Ich schaffe es nicht einmal, mich vom Pferd zu stürzen. Nie zuvor stand mir meine eigene Machtlosigkeit so deutlich vor Augen. Keine Ahnung, was mit Oona und Dariel ist. Aber ich muss davon ausgehen, dass sie den Kampf am Hafen nicht überlebt haben.

Irgendwann gebe ich auf. Schlaff hänge ich quer über dem Sattel, lasse alles mit mir geschehen. Versuche, nicht nachzudenken, keinen Gedanken zuzulassen, und versinke in trübem Grau und Schwarz.

Hufschläge mehrerer Pferde donnern dahin. Die Jägerinnen und Jäger reiten schnell, preschen über das Land. Ich weiß, wohin.

Meinem Schicksal entgegen, auf das ich keinen Einfluss mehr habe.

Marus entgegen.